Ernst Issberner-Haldane

Die medizinische Hand- und Nagel-Diagnostik

Ernst Issberner-Haldane

Die medizinische Hand- und Nagel-Diagnostik

Das Standardwerk
der
medizinischen Chirologie

Mit 35 Abbildungen
und 205 Zeichnungen

BAUER
Verlag Hermann Bauer
Freiburg im Breisgau

CIP-Kurztitelaufnahme der Deutschen Bibliothek:

Issberner-Haldane, Ernst:
Die medizinische Hand- und Nagel-Diagnostik: d.
Standardwerk d. Chirologie/Ernst
Issberner-Haldane. – 11. Aufl., 31.–35. Tsd. –
Freiburg im Breisgau: Bauer, 1984.
ISBN 3-7626-0053-8

11. Auflage 1984
31. bis 35. Tausend.
ISBN 3-7626-0053-8

Satz und Druck: Zobrist & Hof AG, Liestal/Schweiz.
Bindung: Walter Verlag GmbH, Buchbinderei, Heitersheim.
Printed in Switzerland.

Inhalt

Über den Autor 7

Geleitwort 9

Vorwort des Verfassers zur 6. Auflage 1963 10

Vorwort zur 10. Auflage 1981 11

Erster Teil

Hand- und Nagel-Diagnostik

1. Hand-Diagnostik 17

   Einführung 17 · Allgemeines 17 · Besonderes 35 · Krankheit mit Bezug auf Rasse 40 · Wie und wodurch entstehen die Zeichen? 41

2. Nagel-Diagnostik 47

3. Erklärung der Bezeichnungen 57

   Bezeichnungen der einzelnen Handteile 58 · Die Haut 60 · Handform 61 · Venusberg 63 · Jupiterberg 63 · Saturnberg 65 · Apolloberg 66 · Merkurberg 66 · Marsberg 67 · Mondberg 67 · Handlinien 68 · Verletzungszeichen 83 · Vererbungszeichen 84 · Chirologische Drüsenmerkmale 86

4. Alphabetisches Verzeichnis der Krankheitszeichen und Hinweise 89

5. Chirosophie und Psychoanalyse 103

Zweiter Teil

Psycho-Diagnostik

Die medizinische Handdiagnostik
im Dienste der Seelenheilkunde

1. Organismus und »Schichten« der Seele 111

2. Über die Psychoanalyse und ihre Systeme 135

3. Die Chirologie als Hilfsmittel für die Seelenheilkunde 139

4. Psycho-Diagnosen 155

Dritter Teil

Handdiagnostische Merkmale
bei erblicher Belastung 165

Vierter Teil

Abbildungen 177

Über den Autor

Ernst Issberner-Haldane wurde am 11. Juni 1886 in Kolberg in Pommern geboren. Schon in früher Jugend naturverbunden, feinspürig denkend und erlebend, waren Botanik, Zoologie, Heilkunde, Religion und metaphysische Zusammenhänge seine besonderen Interessen. Im Alter von zwölf Jahren machte ihn sein Bruder, ein Theologe, auf die Handlesekunst aufmerksam. Er begann als Siebzehnjähriger sich intensiv damit zu beschäftigen und die Handlesekunst zu studieren, dabei Graphologie und Physiognomie gleicherweise näher betrachtend. So wurde die Chirologie sein intensivstes Studium und seine Liebhaberei.

Während seiner Militärzeit nahm er jede Gelegenheit wahr, sein Wissen durch praktische Wertungen und Studien der alten Literatur zu vertiefen. Später erkannte Ernst Issberner-Haldane, daß die damals vorliegenden neuen Bücher dieses Spezialgebietes unzuverlässig waren; nur wenige der gebrachten Merkmale waren sinnvoll. Diese wenigen guten Merkmale bildeten nun das Fundament, auf dem er, unter Berücksichtigung statistischer Ergebnisse, weiterbaute. Während ausgedehnter Reisen in alle Welt (1910 bis 1914, unter anderem nach Australien, Neuguinea, Südamerika) besuchte er in Indien Fakire und Yogis, durch deren Unterweisungen er viele wertvolle Erfahrungen über die Hand- und Nagel-Diagnostik sammeln und diese Wissenschaft neu begründen konnte.

Aufgrund seiner wissenschaftlichen Arbeiten über medizinische Hand- und Nagel-Diagnostik und die metaphysischen Zusammenhänge von Krankheit und Gedankenleben (Psycho-Somatologie) erfuhr Ernst Issberner-Haldane Ehrungen aus aller Welt: 1912 Professor h.c., 1926 Ehrenmitglied der Plasmologischen Gesellschaft in Barcelona, 1953 Ehrenmitglied der International Society of Neuropathic Physicians.

Während des Ersten Weltkriegs wurde Ernst Issberner-Haldane in Zivilgefangenschaft gehalten. Diese Zeit nutzte er, um sein Wissen von der Hand zu bereichern und zu vervollständigen. Nach dem Krieg lebte er in Berlin, wo er weiterstudierte. Er wurde Mitglied der Arbeitsstätte für Menschenkunde an der Universität Berlin (Prof. Dr. med. H. Friedenthal). In dieser Zeit gründete er auch seine Beratungspraxis und schuf sich einen ausgezeichneten Ruf als wissenschaftlicher Charakterologe, seelischer Berater, Vortragsredner und Fachschriftsteller. Seine Gutachten, zum Beispiel für Berufseignungsprüfungen, und seine Handanalysen, zu deren Erstellung er Lichtbilder, Handschriftproben, Handabdrücke und Handfotos erhielt, waren in vielen Ländern der Erde gefragt.

Zahlreiche Ärzte und Heilpraktiker suchten und erhielten seinen Unterricht. Ernst Issberner-Haldane gab der Heilwissenschaft anhand von über einhundertfünfzig Merkmalen eine neue objektive und zuverlässige Ergänzungs-Diagnostik, die heute hoch geschätzt und praktisch angewandt wird.

Seine Lehrwerke erreichten hohe Auflagenzahlen und werden immer wieder neu aufgelegt; sie werden auch von verschiedenen »Autoren« plagiiert – ohne Quellenangaben.

Der weltweite, geistige Anhang, den sich Ernst Issberner-Haldane durch umfassendes Wissen und großes Können, durch Vorträge und Beratungen geschaffen hatte, machten ihn zu einer sachkundigen »Auskunftsstelle« für Yoga- und Rosenkreuzerlehren, Atemkunde, Theosophie, Urreligion, Metaphysik, Psychologie und Parapsychologie. Dies war auch der Grund, warum er im Dritten Reich verfolgt und interniert wurde.

Nach dem Zweiten Weltkrieg begann er mit zähem Fleiß und ungebrochenem Willen, seine Praxis in Berlin wieder aufzubauen; er wurde nur von dem einen Gedanken geleitet, vielen Suchenden geistige und seelische Hilfe zu geben. Von 1952 bis zu seinem Tod 1966 lebte und lehrte Ernst Issberner-Haldane in Frankfurt, wo seine Lebensgefährtin Rita Issberner-Haldane noch heute in ihrer Heilpraxis mit den chirologischen Erkenntnissen ihres verstorbenen Gatten arbeitet.

Geleitwort

... Das vorliegende Werk Issberner-Haldanes über wissenschaftliche medizinische Handlesekunst hat in Laien- und erfreulicherweise auch in Ärztekreisen siegreichen Einzug gehalten. Wir, die wir als biologische Ärzte zu persönlichen Freunden und Bekannten Issberner-Haldanes gehören, wissen, was er als Bahnbrecher auf diesem Gebiete geleistet hat. Wir haben als Ärzte, die wir häufig mit ihm in Berührung stehen, Gelegenheit, die Ergebnisse sowohl der Krankheitsanalyse, der Diagnose als auch der Prognose mit den Ergebnissen unserer klinischen Untersuchungsmethode zu vergleichen. Dabei schneidet im allgemeinen die klinische Untersuchungsmethode einerseits ungünstiger ab, anderseits erfordert sie eine viel längere Zeit. Wer als Arzt wirklich ehrlich bestrebt ist, diese Erkenntnisse, die ihm bis dahin unbekannt geblieben sind, zu erreichen, dem rate ich, sich in das Gebiet der Hand- und Nageldiagnostik zu vertiefen, unermüdlich zu vergleichen und vorurteilsfrei zu prüfen. Die moderne Diagnostik verdankt Herrn Issberner-Haldane eine wesentliche Bereicherung ihrer Untersuchungsmethoden. Wir, die wir ihn kennen und seit Jahren seine Methode am Krankenbett ausprobiert haben, ... wünschen ihm und seinem Buch den besten Erfolg.

Berlin, 1925 *Dr. med. Reinhart Steintel*

Vorwort des Verfassers zur 6. Auflage 1963

Im Jahre 1921 veröffentlichte ich erstmals die Ergebnisse meiner jahrelangen Forschungen und statistischen Erhebungen auf dem Gebiet der wissenschaftlichen Chirologie in Form eines Lehrbuches im Verlag K. Siegismund, Berlin. Trotz des geringen Umfanges behandelte ich bereits darin als erster Autor die medizinisch-diagnostischen Merkmale, die Handlinien und Fingernägel bieten.

Auf diese Veröffentlichung hin erhielt ich aus Ärztekreisen immer wieder und immer dringlicher die Anregung, das Gebiet der Hand- und Nageldiagnostik in einer besonderen Bearbeitung zusammenzufassen. Auch die Leserschaft erkannte, daß die Hand- und Nageldiagnostik für alle Heilberufe ein unerhört wichtiges und zeitsparendes Hilfsmittel ist.

Das Werk erschien erstmals 1925 und erlebte in kurzer Folge vier Auflagen, eine Tatsache, die zur Genüge für das Interesse spricht, das diesem Arbeitsgebiet in breiten Kreisen entgegengebracht wurde. Eine weitere Auflage kam nicht zustande, da die Nationalsozialisten mir nicht nur meine Freiheit, sondern auch meine umfangreichen Sammlungen und mein Archiv raubten.

Die Nachfrage nach dem Werk hielt während der letzten Jahre unverändert an. Die lange Wartefrist ist dem Werk zugute gekommen, da auf diese Weise auch neue Erfahrungen Berücksichtigung finden konnten.

So übergebe ich nach langer Pause diese neueste Bearbeitung der Öffentlichkeit in der Überzeugung, auch damit den interessierten Kreisen, insbesondere den Ärzten und Heilpraktikern, die an biologischer Krankheitserkenntnis und -heilweise interessiert sind, ein wertvolles Hilfsmittel in die Hand zu geben.

Frankfurt am Main, 1963. *Ernst Issberner-Haldane*

Vorwort
zur 10. Auflage 1981

Als Ehefrau und Schülerin meines verstorbenen Gefährten kam es mir zu, seine Monographie, die von ihm wiederentdeckte und begründete medizinisch-wissenschaftliche Hand- und Nageldiagnostik, durchzusehen und dabei in ihrer Darstellung nach Möglichkeit auf die Bedürfnisse des heutigen Lesers einzugehen. Der von Ernst Issberner-Haldane gewählte Aufbau des Werkes in erzählender Darstellungsform mit eingestreuten Verweisen auf den separaten Bildteil ist beibehalten worden. Der über einen langen Zeitraum hinweg erarbeitete dokumentarische Wert und Charakter dieses Grundlagenwerks sollte nicht durch Umstellung und Überarbeitung in Gefahr kommen. So war es nicht möglich, die Bilder an bestimmter Stelle in den Textteil einzufügen, da sie aufgrund ihres hohen Informationsgehalts im gesamten Text vielfach zitiert sind.

Ich habe mich jedoch bemüht, heutigen Benutzern, denen das früher notwendige ständige Blättern zwischen Text- und Bildteil lästig ist, entgegenzukommen. Das gesamte »Alphabetische Verzeichnis der Krankheitszeichen und Hinweise« (Seiten 89 bis 101) ist so aufgeschlüsselt worden, daß die Erwähnung eines Bildes zum Anlaß genommen wurde, den gesamten Text zu diesem Stichwort unmittelbar bei dem Bild wörtlich zu wiederholen. Durch die bei diesen Bildtexten ebenfalls ersichtlichen Hinweise auf gegebenenfalls weitere Bilder zum selben Stichwort lassen sich die Erkenntnisse zu einzelnen Krankheitsbildern abrunden und es sind zahlreiche Möglichkeiten zum Bestimmen und Einkreisen von Krankheiten gegeben. Somit wird eine gute Transparenz der Zeichnungen erreicht. Bei diesem Verfahren haben sich allerdings zwangsläufig Textwiederholungen und -überschneidungen ergeben, die jedoch bewußt in Kauf genommen wurden.

Es soll noch einmal hervorgehoben werden, daß es sich bei der vorliegenden Arbeit um das erste Grundlagenwerk zur medizinischen Hand- und Nageldiagnostik handelt, das in seinen Anfängen bereits vor sechzig Jahren erstmals aufgrund eigener Forschungen und langjähriger vergleichender Beobachtungen (jedes Krankheitszeichen ist über dreihundertfach geprüft worden, bevor es als gesichert angesehen wurde) von Ernst Issberner-Haldane vorgelegt worden ist. Mein 1966 verstorbener Gefährte arbeitete selbst jahrzehntelang, bis zu seinem Tod, in seiner umfangreichen Praxis mit diesen Merkmalen. Auch in meiner eigenen langjährigen Praxis als Heilpraktikerin konnte ich die Richtigkeit seiner Darstellungen immer wieder bestätigt finden und erfolgreich mit diesen arbeiten. Bereits zum Erscheinen der ersten Auflage und seitdem jahrzehntelang hatten den Verfasser zahlreiche anerkennende Zuschriften erreicht mit vielen Bestätigungen, daß mit seinen Hinweisen gut gearbeitet werden könne.

Wenn nun allmählich in unserer modernen Zeit die medizinische Bedeutung der chirologischen Merkmale immer mehr anerkannt wird und Interessierte eigene vergleichende Untersuchungen anstellen, so ist auch das zu begrüßen, denn jede Wissenschaft, auch die »junge« Chirologie, soll und muß sich weiterentwickeln. Allerdings ist gerade bei der schwerwiegenden Aussagekraft der medizinischen Hand- und Nageldiagnostik streng zu prüfen, ob sich die neuen Erkenntnisse wirklich in jahrzehntelang fundierte Analysen ergänzend einfügen; nur das sollte Maßstab für ähnliche Ausarbeitungen sein.

Es ist das bleibende Verdienst der Grundlagenforschung von Ernst Issberner-Haldane, daß sie jedem Diagnostiker als Ergänzung seiner Arbeit dienen kann, speziell auch in bezug auf die Prophylaxe.

Das vorliegende vollständig überarbeitete und erweiterte Werk kann also wertvolle Aufschlüsse über den Mitmenschen vermitteln, verbunden mit der Freude an einer sachlichen Aussage, die dem Befähigten hilfreich ist.

Abschließend weise ich darauf hin, daß ein schon seit langem geplanter *Atlas der Chirosophie* mit ausführlich beschriebenen

Farbfotografien von Handpaaren im Oktober 1984 erscheint. Dieser Atlas wird die Arbeiten von Ernst Issberner-Haldane über wissenschaftliche und medizinische Handdiagnose weiter erläutern und das gesamte von ihm vorgelegte Informationsmaterial abrunden.

Frankfurt am Main, im Juni 1981
Hansa-Allee 9 *Rita Issberner-Haldane*

Erster Teil

Hand- und Nagel-Diagnostik

»Wenn dir meine Theorie nicht gefällt,
so laß dir meine Praxis gefallen.
Sie wird dir mehr nützen.«

. Paracelsus

1. Hand-Diagnostik

Einführung

Die hier vorgelegte »Medizinische Chiromantie« bildet den in sich abgeschlossenen zweiten Teil meines Handbuches der wissenschaftlichen Chirologie und behandelt die Eigenschaften der Formen, Farben und Zeichnungen der Hände nur so weit, wie sie für Krankheitsdiagnosen in Betracht kommen. Dieses Werk unterscheidet sich demnach grundsätzlich von dem im selben Verlag unter dem Titel *Wissenschaftliche Handlesekunst – Chirosophie* erschienenen ersten Teil, der alles das bringt, was auf Charakter und Ereignisse Bezug hat.

Allgemeines

Die Semiotik oder das System der Zeichen für Krankheiten in Gesicht, Stimme, Auge, Hand, überhaupt am ganzen Körper, war den alten Meistern der Heilkunde gut bekannt. Gerade weil sie die vielen Zeichen kannten und für die Diagnosen verwandten, erreichten sie bessere Heilerfolge als die Ärzte späterer und heutiger Zeit. Die Zahl der Meister der Heilkunde war nicht groß, denn nicht jedermann – damals wie heute – war und ist dazu befähigt, die metaphysischen, kosmischen Ursachen des Seins und Werdens so tief, wie es erforderlich ist, zu erfassen.

Pfuscher gab es zu allen Zeiten – damals wie heute –, und wir wissen aus Erfahrung, daß alles dem Wandel, dem Wechsel unterliegt, auch die Kräfte des Aufbaues und des Verfalls. In der trostlosen, geistig und seelisch degenerierten Zeit des Mittelalters gewannen die Kräfte der Zerstörung guten und weiten Boden, einerseits durch die Kenntnis höherer Kräfte und ihren

Mißbrauch für selbstsüchtige Zwecke, anderseits durch die wachsende Habgier des Materialismus. Dies zeigt sich auch besonders stark in der Heilkunde. Schon zur Zeit des großen Paracelsus, der besonders Hervorragendes, wirkliche Werte auf diesem Gebiet brachte und deshalb den Neid fast aller damaligen Gelehrten und die Mörderhand auf sich zog, wuchs die Pfuscherei durch materielles Ausnutzen von Teilwissen derart an, daß man mit bangen Gedanken der Zukunft entgegensah. Hören wir, was Dr. med. Franz Hartmann im *Grundriß der Lehren des Theophrastus Paracilsus von Hohenheim* darüber sagt: »Wohl gibt es heutzutage unter den Ärzten viele edeldenkende Menschen, aber auch viele andere, die die Stellung, die sie sich errungen haben, weniger zum Wohle der Menschheit gebrauchen, als sie vielmehr nur als ein Mittel, sich Reichtum und Ansehen zu erwerben, mißbrauchen ... In alten Zeiten wurden die Ärzte aus den Weisen, Philosophen und Priestern gewählt. Der Mensch, dem man sein Heiligstes, seine Gesundheit, anvertraute, mußte selbst heilig, liebevoll und weise sein. Die Ärzte des Mittelalters waren zum großen Teil Personen, die überhaupt zu nichts tauglich waren, davongelaufene Schulmeister, Schreiber und dergleichen, die, da sie des Lesens kundig waren, ein paar Bücher gelesen und wohl auch mißverstanden hatten, und nun wie die Pest unter den Kranken wüteten. Da wurden die dümmsten Menschen zu ›Doktoren‹ gemacht, wenn sie nur ihre fünfzehn Dukaten dafür zahlen konnten, und ihre ganze Kunst bestand in der Prahlerei.«

Das meiste der wahren Wissenschaft ging verloren, wie man dies an der Seltenheit guter alter Werke über Heilwissenschaft erkennt. (Von Paracelsus z. B. gibt es heute m. W. nur wenige, in alle Weltgegenden verstreute, geizig gehütete Werke. Ich verweise an dieser Stelle auf die inzwischen erschienenen vier großen Bände des Werkes von Paracelsus, übersetzt von Dr. med. Aschner, Wien. Sie sind eine reiche Fundgrube von Wissen und Anregungen.) Die zur Zeit des großen Paracelsus von den Pfuschern geschriebenen Bücher haben großen Anteil an dem Verfall der Heilwissenschaft, vor allem der Diagnostik. Deshalb darf man sich nicht wundern, daß das Wissen über die

Krankheitszeichen fast ganz verloren ging und es deshalb in der bisherigen Zeit nur sehr wenige und meist unzuverlässige Methoden der Diagnose gab. Paralleldiagnosen sind wenige bekannt und noch weniger im Gebrauch.

Erst in allerneuester Zeit fanden sich Ärzte, die sich mit den alten, wertvollen Methoden der Diagnostik beschäftigten und versuchten, sie zur Vollkommenheit zu entwickeln. Eine Methode – zweifellos eine der wertvollsten, weil zuverlässigsten – ist die Irisdiagnose. Andere, wie die der Hand einschließlich der Nägel, der Phreno-Physiognomik, der Haare, des Geruchs, der Stimme, der Körperbewegung oder die Diagnose durch astrologische Berechnungen, Somnambulismus usw., waren den alten Meistern der Heilkunde ebenso bekannt und geläufig, denn ihr Alter geht bis in graue Vorzeit zurück, in das Zeitalter, in dem die Heilkunde noch zur Religion gehörte. Heilkunst *ist* Religion, denn ohne Religion und Philosophie gibt es keine Heilwissenschaft! Deshalb ist bei jedem Heiler oder Arzt die erste Voraussetzung, daß er in ethischer und religiöser Hinsicht ein innerlich reiner, hochstehender Mensch ist (nicht, wie heute so oft, ein »Idealist aus Berechnung«).

In der Irisdiagnose waren es Pécely und Liljequist, die in Europa diese alte Wissenschaft wiederbelebten. Nach ihnen fanden sich andere, die das Wissen vervollkommneten, wie Hense, Madaus usw. Auf diesem Gebiet leistete auch Dr. R. Schnabel, München, der über Iriskunde ein führendes Werk und eine große Zeichentafel über Pupillendeformationen schuf, Gutes. Auch Liljequist und Thiel schrieben gute Bücher. Heute finden wir eine ganze Reihe tüchtiger Persönlichkeiten (auch unter den Schulmedizinern) auf diesem Gebiet.

Von den Diagnosen aus der Hand war nichts mehr bekannt. In der alten Literatur über Chiromantie findet man kaum Nennenswertes. Die Nageldiagnose ging indessen nicht ganz verloren. Einige wenige Zeichen blieben bekannt und in Anwendung. Es hat sich jedoch keiner die Mühe des Weiterforschens gemacht. Schon als Kind hatte ich großes Interesse für die Chiromantie. Da jedoch die deutsche Literatur, alte wie neue, sehr wenig von praktischem Wert darin bot, forschte ich in der englischen und französischen, später auch noch in den Literaturen anderer Völker. Wohl wurde mir hier Besseres geboten, aber immerhin im ganzen noch zu wenig. So sah ich mich denn gezwungen, selbst alles durchzuprüfen, weiter zu forschen und die Ergebnisse in intensivem Studium, durch Statistik und in fleißiger, kritischer Praxis, zu vergleichen. Auf meinen Reisen in Übersee hatte ich viel Gelegenheit, mein Wissen zu bereichern, während meines zweimaligen Aufenthalts in Ceylon und Indien habe ich manches Wertvolle dieses Wissens im persönlichen Verkehr mit eingeborenen Ärzten erhalten. Bei Krankenbesuchen mußte der Kranke dem Arzt die Hand hinstrecken; oft auch diente die Iris als Paralleldiagnose. Solche und ähnliche Gelegenheiten nutzte ich, um Material zu sammeln. Später habe ich für mich selbst forschen und vergleichen müssen, was ich zum Beispiel in drei Zivilgefangenenlagern ausgiebig tat. Immer waren es die Krankheitszeichen der Hand, die für mich den größten Wert darstellten – obgleich ich dabei die anderen Vergleiche in bezug auf Ereignisse des Lebens usw. nicht vernachlässigte. Heute blicke ich auf eine Praxis von über fünfzig Jahren zurück, während derer mir die Erforschung von über 160 000 Händen gleichzeitig auch als Material für meine empirischen Forschungen und deren treffsichere Ergebnisse dienten. Hierbei fand ich durch Kombination manches heraus, was ich vielhundertfältig erprobte und für richtig und zuverlässig anerkennen mußte. Was ich in bezug auf die Handdiagnosen Zuverlässiges fand, führe ich nachstehend auf.

Will jemand die Krankheitszeichen der Innenhand zur Diagnostik verwenden, wird er auch eine gewisse Kenntnis der Chirologie benötigen, denn sonst dürfte doch vieles durcheinanderkommen und die Diagnose falsch sein. Es ist deshalb auch für den Arzt erforderlich, die Handfläche zur besseren, genaueren Orientierung in Plätze einzuteilen. Der Einfachheit und Einheit halber behalte ich hier die astrologischen und sonstigen Bezeichnungen der *Handberge* und *Handlinien* bei, denn sie haben ihre gute Berechtigung, mögen sie manchem »Verstandes« menschen auch noch so fantastisch erscheinen.

Zu dem Kapitel *Wie und wodurch entstehen die Zeichen*

gehört das Bild 1 des Bildteils mit Einzeichnung der Berge im Zusammenhang mit den feinen Kraftströmen. Bild 2 veranschaulicht die Plätze der Handberge durch angedeutete Plastik, Bild 3 das gleiche durch Punktierung noch besser, so daß Verwechslungen und Mißverständnisse ganz ausgeschlossen sind. Doch sind es nicht nur die Berge allein, die in Betracht kommen, auch die Linien müssen genau beachtet werden, da an oder in ihnen ebenfalls Zeichen und Runen enthalten sein können, die wertvolle Hinweise bieten. Die Konstellation der Hauptlinien und deren Farben müssen genau beachtet werden. Vor allem weise ich auch hier wieder auf die chirologischen Grundsätze hin. Es ist ganz selbstverständlich, daß das Folgende nur dann klar und gut verstanden wird, wenn die Einführungskapitel aufmerksam durchstudiert werden.

Man sagt, die Wissenschaft habe gefunden, daß auf ca. 6½ cm^2 Handflächen 1600 Nervenenden kommen. Ich bin von wissenden und kompetenten Persönlichkeiten (Yogi) unterrichtet worden, daß auf ca. 6½ cm^2 der Handfläche auch 164 000 Astral-Nervenenden kommen, die allerdings bei den Alltagsmenschen und solchen rein intellektueller und auch primitiver Art stumpf und unentwickelt, bei hochspirituellen Persönlichkeiten aber derart entwickelt sind, daß sie durch die Hand ein hervorragendes Hellfühlen besitzen. Die in den letzten Jahren gewonnenen Erkenntnisse und Erfahrungen auf dem Gebiete der Strahlenforschung und der Parapsychologie bestätigen zur Genüge meine Ausführungen und die persönlichen Erfahrungen, die ich schon vor Jahrzehnten gewonnen habe.

Die parapsychologische Praxis beweist das Vorhandensein von feinstofflichen Wesenheiten durch deren Erscheinung. Daß ein Lebewesen – mag es noch so feinstofflich sein – einen ihm entsprechenden Organismus, also auch Nervenbahnen, besitzt, die natürlich viel feiner schwingen als unsere grobstofflichen Nerven, dürfte wohl jedem logisch denkenden und unvoreingenommenen Menschen einleuchten. Die Benennung *feinstoffliche Wesenheit* oder *Astralkörper* bleibt sich gleich, denn es geht hier nur um die Tatsache des Vorhandenseins solcher einwandfrei bewiesenen feinstofflichen Körper.

Hieraus folgt, daß, wenn die Entwicklung der Nerven sehr fein ist, auch die astralen oder kosmischen Fluidströme bewußter und feiner arbeiten, also auch besser erkennbar in einem reicheren Linienfeld sind. Somit erkennt man sofort, daß der Besitzer linienreicher Hände einen spirituellen Einschlag hat, daß die Nerven bei ihm feiner arbeiten und die Heilweise danach einzustellen ist. Je mehr Linien und Zeichen, desto besser und klarer die Diagnostik.

Zwei Pole sind es, die in ihrer Wechselwirkung unser Schicksal konstruieren und dauernd beeinflussen: Charakter und Krankheit. Die Heiligen Bücher lehren: Krankheit ist Sünde, Sünde wird erst gedacht, dann getan. Also ist verkehrtes (negatives) Denken Sünde, die Krankheit zur Folge hat. Und so ist es auch in der Tat! Wer jede Stunde, jeden Tag sich und andere beobachtet, wird diese alte Weisheit bestätigt finden.

Die Verschiedenheit und die Nuancierung des menschlichen Charakters (z. B. Menschlichkeit oder tierische Instinkte, Härte und Weichheit, Empfindlichkeit und Indolenz, Feuer und Phlegma, Beweglichkeit und Langsamkeit, Festigkeit und Flüchtigkeit, Eigensinn und Nachgiebigkeit, Herzhaftigkeit und Weichheit oder Feigheit, Standhaftigkeit und Verzagtheit, Verschiedenartigkeit der Laune und des Humors und die vielen anderen Charaktereigenschaften) sind bedingt durch:

den Grad der Assimilation des Nervenäthers,
seine größere Annäherung oder Entfernung von der Natur der elektrischen Materie,
den Grad der Verbindung desselben mit dem ganzen Nervensystem,
die Richtung, Intensität und Stabilität der Strömungen des Nervenäthers,
die Struktur und Beschaffenheit der Nerven selbst: insofern werden diese dadurch zu vorzüglichen Leitern des Nervenäthers gemacht.

Hierin ist auch der Grund sowohl der naturgemäßen Nervenwirkungen als auch der Nervenkrankheiten im eigentlichen

Sinne enthalten. Damit wird auch der Weg gewiesen, wie durch physische Mittel Charaktere umgeschaffen, Nervenkrankheiten und seelische Leiden erzeugt oder behoben werden können. Es ergibt sich also ganz klar, daß man keine genaue Trennung zwischen Seele und Körper oder seelischen und körperlichen Leiden vornehmen kann. Eines geht sehr fein in das andere über – beiderseits, daher auch die Wechselwirkung. Beides beeinflußt – um nicht zu sagen: ergibt – unser Schicksal, denn die Motive, denen unsere Handlungen entspringen, ergeben neue Gesichtspunkte (Denken), neue Verhältnisse, diese wieder neue und vielleicht andere Motive und anderes Handeln. Jede Tat hat ihre Ursache und umgekehrt. So ergibt sich das, was wir unser Schicksal nennen. Wenn man nun noch in Betracht zieht, daß man nicht immer selbst die Ursache zu seinem eigenen Handeln schuf, sondern diese sehr oft aus uns unbekannten Quellen stammt oder kam, ergibt sich hieraus die logische Folgerung, daß wir Menschen nicht Herren unseres Schicksals sind, wenn man nur ein, das jetzige, Leben in Betracht zieht. Da es aber keine Ungerechtigkeiten im Weltall gibt, sondern »alles geordnet ist nach Maß, Zahl und Gewicht«, also nach unwandelbaren Gesetzen, stehen wir vor der unumstößlichen Tatsache, daß wir Vor- und Nachleben haben. Dieses lehren auch alle Religionen, sofern es nicht hinausgestohlen oder »beschnitten« wurde. Weil jeder Mensch seine Vorleben (Präexistenzen; selbstverständlich auch als Mensch) hatte, wird hieraus leicht erklärlich, warum er einen ganz bestimmten Charakterkern und ganz bestimmte Krankheitsdispositionen hat. Ob sich letztere physisch auswirken, ist nur eine Frage der Zeit und der Umstände (Anstoß, Anreizung, Entwicklung, Gedankenwelt und bewußte Gefühlswelt). Sie müssen sich nicht auswirken, wenn der Mensch bewußt lebt, bewußt denkt!

Leider lassen sich viele Menschen von anderen etwas vordenken. Beispiel: Bei dem Umwandeln (Sterben) einer Person werden meist die Angehörigen Gram empfinden. Anstatt das Erlebnis geistig-seelisch zu durchleben und damit fertig zu sein, grämen und zermürben sie sich Monate und Jahre hindurch unnötig und nutzlos und ruinieren dadurch ihren Körper. Sie tun dies oft geradezu mit Wollust am Schmerz. Die Ursache dieses durchaus ungesunden Gefühlslebens muß allerdings der irrenden Erziehung von Seiten der Eltern und Lehrer zugeschoben werden. Gram und Sorge wirken auf die Leber ein und hemmen sie in ihrer Arbeit, das ist eine altbekannte Tatsache. Ein Volkswort heißt: »Dem wütenden Menschen läuft die Galle über.« Wut, Aufregung beeinflussen die Gallentätigkeit, durchaus nicht zum Guten! So läßt sich eine große Zahl Beispiele anführen, die obigen Hinweis auf die Polarität von Krankheit und Charakter (Denken) beweisen und metaphysisch erklären. Mehr hierüber im zweiten Teil dieses Buches.

Daraus ergibt sich von selbst, daß man bei allen physischen Leiden auch die seelische Konstitution und die Denkweise des Kranken in Betracht ziehen muß. Wenn diese Zusammenhänge erkannt und begriffen sind, ist es Pflicht eines jeden Heilers, sich darauf einzustellen. Einmal muß ja doch damit angefangen werden; also warum nicht gleich, im Interesse des Allgemeinwohls?

Die Auswirkungen auf das Schicksal ergeben sich automatisch. Daß eine Person, die gesund denkt, gesund – ohne alle Beschwerden, Schmerzen, Unpäßlichkeiten – und bei guter Laune und heiter ist, im täglichen Leben eine bessere und schnellere Arbeitskraft besitzt als eine, die sich »nicht wohl« fühlt, ist selbstverständlich. Ein Kaufmann, der in Gram und Schwermut versunken oder schwer magenleidend ist, wird wohl selten gute Erfolge haben oder gute Geschäftsabschlüsse machen. Das ist meine eigene Beobachtung. Dies greift doch schon in das Schicksal ein, »ob es einem gut oder schlecht geht«.

Gerade in dieser Beziehung ist die Handdiagnostik von höchstem Wert, weil man durch sie sofort alles ersehen kann: das Woher und Warum; die geistige, seelische und physische Konstitution und Einstellung. So klar, so einfach, so leicht erkennbar: in so kurzer Zeit fast alles in allem, das ist bis heute nur durch die Handdiagnostik möglich!

Intuition oder Einfühlen ist hierfür durchaus nicht erforderlich. Das möchte ich hier gleich festgestellt haben. Man mag es tun, wenn man Lust und Kraft dazu hat – zum Verschwenden. Wem die gegenseitige Wirkung von Denken und Krankheit noch nicht klar ist, will ich es hier genauer erklären.

Jede Wandlung im Gefühls- und Gedankenleben unserer Persönlichkeit ruft, weil sie geistiger Natur ist, Änderungen im Gesamtorganismus hervor, also auch in der Hand, mögen diese »Eindrücke« und Änderungen auch noch so feiner Natur sein. Die sich immerwährend vollziehenden feinen und feinsten Schwingungen und Schwankungen in unserem Organismus kommen uns durch die sehr feinen Wechselwirkungen nicht zum Bewußtsein, wenn wir nicht andauernd darauf achten, uns selbst studieren. Sie lassen sich jedoch messen. Diese Wechselwirkungen der Kräfte, des Aufbaus und Verfalls, können wir deutlicher beobachten bei Gesundheit, Freudigkeit und Krankheit, Traurigkeit, Gram, Sorge, Ärger, Wut usw. Einen gewissen Grad gleichmäßig und langsam sich verstärkenden Aufbaus mit minimalstem Abbau nennen wir Harmonie und Gesundheit. Ganz ohne Verfall gibt es nichts! Alles hat zwei Pole, Einseitiges existiert im Weltall nicht.Davon, wie wir die Polarität regulieren, hängt es ab, ob wir uns wohlfühlen oder krank sind. Man darf nun das Wort »krank« nicht so auffassen, als ob es immer Schmerz oder Bettlägerigkeit bedeute. Im allgemeinen ist es schwer, die Grenze zwischen »gesund« und »krank« zu ziehen, denn die meisten Menschen meinen, wenn sie krank seien, müßten sie auch Schmerz empfinden. Dies ist aber ein großer Irrtum. Schmerzen sind der Warnruf des Körpers. Wenn Schmerzen fühlbar sind, ist das Leiden längst über das Anfangsstadium (Krankheitsanlage oder -neigung ist geistig schon vorhandene Krankheit) hinaus. Es ist beispielsweise bekannt, daß man bei Gallen- und Nierensteinen anfangs keinen Schmerz zu fühlen braucht, obgleich die Steine schon recht groß sein können. Man kann zwanzig Jahre bettlägerig sein, man kann einen Mund voll hohler Zähne haben, deshalb braucht man doch keine Schmerzen zu haben.

Das ist krank, weil nicht gesund. Ähnliche Beispiele gibt es tausendfach, jeder kann sie beobachten. Entweder es ist alles gesund oder nicht gesund, dann ist es eben leidend in irgendeiner Hinsicht, d. h. krank. Ein Mittelding gibt es da nicht. Das weiß auch jeder Arzt, denn bei einzelnen Leiden, z. B. nach der (mit Salvarsan- und Quecksilbermitteln) behandelten Syphilis sagt der Arzt gewöhnlich: »Sie dürfen sich als geheilt betrachten!«

Heute, in dieser Zeit des Hastens und Jagens, sagt man, die Menschen seien nervös. Wenn man diese nervösen Menschen betrachtet, sind viele von ihnen dem Zusammenbruch sehr nahe. Das erstere sieht man fast gar nicht mehr als krank an, wohl aber das letztere, obgleich letzteres aus ersterem hervorgegangen ist. Ähnlich verhält es sich mit der Hysterie. Beobachten wir ferner einen Menschen, der oft jähzornig ist, so kommen wir, wenn wir tiefer denken, zu der klaren Überzeugung, daß er krank ist. Ein gesunder und deshalb harmonischer Mensch wird nie jähzornig sein!

Natürlich liegt ein tiefer Grund vor. Minderwertige geistige Eigenschaften sind es, die auf die Seele, das Verbindungsglied zwischen Geist und Körper, unheilvoll einwirken. Ein Zurückweichen des Blutes findet statt und damit wird die Blutzirkulation erschwert. Es tritt Hemmung ein, dann Spannung. Der Spannung folgt ganz plötzlich die Entspannung: der Druck macht sich Luft, alles kommt in erhöhte Tätigkeit: Blutaufwallung, Anhäufung der Kraft, alles drängt zur Tat. Genau so, doch langsamer, schleichender und zehrender, ist dieser Vorgang bei Dauerzorn und Ärger, Gram, Kummer. Die Entspannung fehlt, und die dauernde Hemmung der Zirkulation hat ein Nichtbeleben, daher Austrocknen des Gewebes, ein Welken und Zehren zur Folge, wodurch die Haut dann ein schlaffes, blasses, graues, bei stark brünetten Menschen evtl. auch grünliches Aussehen erhält. Das Körpergewicht sinkt, durch die Stockung des Blutkreislaufs entsteht eine Anhäufung derjenigen Stoffe (Schlacken, Asche, Salze usw.), die sonst bei normalem Wohlbefinden, d. h. guter Zirkulation, ausgeschieden werden. Bekannt ist auch Gallensteinbildung durch Ärger. Innere Harmonie ist Grundbedingung zur Gesundheit, zum Wohlbefinden.

(Anmerkung. Dies sollten vor allem feinnervige Menschen beherzigen, die zur »Erholung« auf Reisen gehen. Eine Umgebung, die disharmonisch ist, wird nie Erholung im wahren Sinne des Wortes garantieren können. Deshalb ist das Alleinsein im Walde, an der See, im Gebirge, fern von Menschenherden und Herdenmenschen, das Wohltuende und Heilbringende. Innere, seelische Harmonie ist Grundbedingung zur Genesung. Wer ist heute aber innerlich harmonisch? Sehr wenige! Warum? Weil viele Menschen ihre Seelenkraft verkümmern, ja die Seele selbst absterben lassen, im materiellen Denken versumpfen und für alles Höhere und Höchste nicht einen Gedanken haben. Sie scheuen die Wahrheit und besitzen keine Religion. Ihre Seele ist vergiftet, und deshalb auch ihr Körper. Ist die Seele aber krank, so ist es auch ihr Körper. Die Psychoanalyse bestätigt es. Krankheit ist Sünde gegen den Körper, die die Sünde gegen den Geist in sich schließt. Siehe hierzu auch mein Werk *Kosmische Religion. Der Weg zum gesunden und natürlichen Denken, Fühlen und Tatleben.* Bezüglich Zusammenhang zwischen Gedanken und Krankheit siehe *Die Seele des Menschen: Realpsychologie* vom selben Autor.)

Ausgehend von der Tatsache, daß jede organische Tätigkeit des menschlichen Körpers chemischer Natur ist, also mit Zufuhr, Verbindung, Verbrennung, Reinigung, Verbrauch und Schlacke arbeitet, ist es selbstverständlich, daß der gute Betrieb infolge Störung leidet und gehemmt wird, und daß die Störungen beseitigt werden müssen, wenn geordnete Verhältnisse – Gesundheit, Harmonie – hergestellt werden sollen. Nun ist nicht jeder Mensch ein Chemiker oder Maschinenbauer, kann also infolge seiner Unkenntnis nichts an dem regulieren, wovon er keine Kenntnisse hat. Ich will hier durchaus keine großen anatomischen Abhandlungen bringen, die den Nichtkenner verwirren würden, sondern nur einige Hinweise, die auch dem einfachen Durchschnittsverstande klar verständlich sein werden und ihm einen Einblick in die Funktionen der Verdauungsorgane geben, die sehr oft den Grund verschiedener Krankheitserscheinungen in sich bergen. Für die Gesundheit eines Menschen ist die gute Funktion der Drüsen eine Hauptbedingung. Vor einigen Jahren sagte ein als sehr tüchtig bekannter Arzt zu mir: »Unser Wohlbefinden hängt so sehr von dem bißchen Leber ab!« Anfangs erschien mir dies nicht ganz klar, doch gewohnt, derartiges nachzuprüfen, kam ich zu dem Resultat, daß es so ist. Die Leber bringt Säfte hervor, die u. a. zur Verdauungsregelung erforderlich sind. Läßt die Tätigkeit der Leber nach, durch Schwächung, Schwellung, Schrumpfung, Verstopfung, Lähmung ihrer Nerven usw., so läßt auch die Abfuhr der Säfte nach, worunter die Verdauungstätigkeit und deshalb der ganze Organismus, somit auch das Wohlbefinden leiden. Aber eins kommt zum anderen. Ist die Verdauungstätigkeit gestört, so wird dadurch auch der Blutumlauf schwächer, was wiederum zur Folge hat, daß die Schlacken ungenügend ausgeworfen werden. Diese fangen an, sich hier und dort anzusetzen (genau wie sich bei einer Dampfmaschine in dem Kessel und in den Röhren Stein und anderer Niederschlag festsetzt). Es entsteht eine Verstopfung, deren Folgen wir als Gicht, Arterienverkalkung usw. kennen. Es muß also für gute Lebertätigkeit (Reinigung) gesorgt werden. Ein sehr einfaches, billiges und zugleich bestes, unschädliches Mittel hierfür ist die Heißwasserkur. Täglich ein bis zwei Glas heißes Wasser getrunken, und dies als Kur vier bis sechs Wochen fortgesetzt, wirkt Wunder. Allerdings muß man Kakao meiden, denn Kakao ist eher schädlich als nützlich für Genußzwecke (mag er noch so viel angepriesen werden). Er verstopft die Leber, enthält Harnsäure bildende Stoffe, von denen jeder Mensch ohnehin genügend im Körper hat und dies meist durch Rheuma gewahr wird. Allen, denen ich die Heißwassertrinkkur anriet, hat sie gut geholfen, selbst da, wo chronische oder erbliche Fälle vorlagen.

Ein anderes sehr wichtiges Organ ist die Niere. Wenn man bedenkt, daß die Nieren etwa 25 000 Kanälchen haben, und welche ungeheure Arbeit beide Nieren als Filter leisten, liegt der Gedanke sehr nahe, daß ein Nachlassen ihrer Tätigkeit verschiedene Schädigungen des ganzen Organismus nach sich ziehen. Ungenügende Ausscheidung der Schlacken usw., die für den Organismus unbrauchbare Reste aus der aufgenommenen

Nahrung sind, vermindert den Stoffwechsel, verschlechtert das Blut. Dies wirkt auf die »Pumpe« des Körpers, unser Herz, zurück und verlangt von ihm erhöhte Kraftleistung. Wir sehen also, daß verringerte oder schlechte Drüsentätigkeit stets nachteilig auf das Herz einwirkt. Gerade Herz, Nieren, Magen, Leber und Galle stehen in enger Verbindung und sind eines vom anderen abhängig in ihrer Arbeit. Aus diesem Grunde kann man auch oft in der Hand erkennen, daß mit den Zeichen, die Verdauungsstörungen anzeigen, zugleich auch andere Zeichen vorhanden sind, die mangelhafte Nieren- oder Lebertätigkeit, oftmals auch beides, registrieren; auch zwei Zeichen für nervöse Herzschwäche, die verschiedene Ursachen haben. Oft lagen Sorgen, nervöse Spannungen oder Gram vor, also seelische Einflüsse, die auf Kriege und ihre Begleitumstände zurückzuführen waren. Oftmals aber auch – in den meisten Fällen, wo es sich um »Schwäche der Herznerven« handelte –, war die Ursache darin zu suchen, daß der Körper für lange Zeit während des Krieges mit Nahrungsmitteln traktiert wurde, die Chemikalien enthielten, die auf die Dauer jedes noch so gesunde Herz mehr oder weniger schädigen müssen! Erinnert sei nur an die vielen »Ersatz«- und »Ersatz-Ersatz«-Lebensmittel und vor allem an das verunreinigte (um nicht zu sagen verdorbene) Brot; ebenso an die dauernd mit Soda und Natron bereiteten Mahlzeiten der Zivil- und Kriegsgefangenenlager-, Volks- und Kasernenküchen – »Damit der Geschlechtstrieb herabgemindert beziehungsweise eingeschränkt wird.« – (Ich spreche hier aus persönlicher vierundeinhalbjähriger Erfahrung in mehreren Gefangenenlagern.)

Eine andere Ursache der Herznervenschwäche ist die Einführung von Gift in den Körper, mag es sich nun um ein giftiges Schlafmittel, das oft tief in den Organismus dringt und sehr schädigende Wirkung hat, oder um Morphium, Chloroform, Äther, Arsenik, Aspirin, Veronal usw. als »Medizin« oder Nikotin (durch Lungenrauchen) oder Alkohol handeln. Funktion der Organe ist es, das Blut und somit den Körper rein zu erhalten; wenn aber Gifte eingeführt werden, die die normale Herztätigkeit stören, müssen auch naturgemäß andere Organe

– und dadurch der ganze Organismus als Betrieb – darunter leiden. Diese Erkenntnis ist für jeden durchaus notwendig! Goethe sagt im *Faust:* »Blut ist ein ganz besonderer Saft.« Das Blut ist das Medium (Vermittler) der feinen aufbauenden Kräfte, die bis in die kleinsten Zellen des Körpers dringen. Das Blut und die Nerven sind die Vermittler zwischen den feinen Astralkräften und dem grobstofflichen Körper. Wären diese beiden Vermittler in ihren Bestandteilen nicht halb astraler und halb stofflicher Natur, dann würden sich die geistigen Einflüsse durch Zeichen als vorherige Anzeichen für kommende Krankheiten und andere Ereignisse nicht so leicht erkennbar machen. Es ist selbstverständlich, daß sich in einer Hand mit sehr vielen Linien – feinerer Schwingungskraft der Seele, weil feinere Nerven – die Zeichen besser (weil an Zahl mehr) erkennen lassen.

Es ist nicht meine Art, mich auf andere Autoren zu berufen, doch will ich es hier ausnahmsweise tun, um den Schulwissenschaftlern eine Referenz aus ihrem eigenen Stande zu geben. Nachfolgend einige Auszüge aus der Schrift *Handlesekunst und Wissenschaft* des Herrn Dr. Schrenck-Notzing:

»... Von der Berührungs-, Wärme und Schmerzempfindung ist die Muskelempfindung, d. h. die Empfindung der Muskelinnervation, zu unterscheiden, die man auch als sechsten Sinn bezeichnet hat. Dieser ›kinästhetische Sinn‹ besteht in der Empfindung aller von den Muskeln, Bändern und Sehnen ausgehenden Eindrücke, besonders über die Lage der Glieder und von der aktiven oder passiven Tätigkeit und Kontraktion der Muskeln sowie der Gewichtsunterscheidung. Im allgemeinen bleiben diese Empfindungen unbewußt, aber sie treten mit der willkürlichen Muskelbewegung ins Bewußtsein und werden durch Gewohnheit automatisch. Die motorische Energie, die in den motorischen Nervenzentren zustande kommt, stellt also einen geistigen Vorgang dar. Nun ist die Hand ganz besonders geeignet als Instrument zum Studium des psychomotorischen Prozesses (einer Resultante aus Antrieb und Hemmung), da sich auch das unbewußte Seelenleben in unwillkürlichen Muskelbewegungen, wie sie jeden psychischen Prozeß begleiten, kundgeben kann. Bei den Willensübertragungen des Cumberlandismus hat man ein deutliches Beispiel für die Richtigkeit dieser Theorie.«

»Auch die muskuläre Aktivität der Finger ist das Objekt zahlreicher wissenschaftlicher Untersuchungen geworden. Mehr noch als die Haut hängt die Muskelbewegung von psychischen Vorgängen ab; sie stellt eine der feinsten und unmittelbarsten physischen Reaktionen auf alle seelischen Vorgänge dar. Die Muskeln befinden sich nach den Feststellungen von Richter immer in einem Erregungs- oder Spannungszustand. Innervationsimpulse durch die motorischen Hirnzentren sind untrennbar mit jedem Sinneseindruck, mit jeder Empfindung und Vorstellung verknüpft. Besonders deutlich tritt dieser Ausdruck des geistigen Lebens in jenem Motilitätsorgan hervor, das wegen seiner relativen Unabhängigkeit und fein differenzierten morphologischen Ausbildung hauptsächlich den taktilen Verkehr des Körpers mit der Außenwelt besorgt, nämlich in der Hand, die stets ein bestimmtes Kriterium für jeweils vorhandene Mentalität abgibt.«

»Die kutane Sensibilität der nervösen Endorgane für die Schmerzempfindung ist ganz verschieden von derjenigen für Berührung, Druck und Temperatur. Die Papillarkörper der Epidermis können in konzentrischer Anordnung zeitweise oder auch andauernd kreisförmig über das Niveau der Haut hervortreten. Geschieht das gleiche bei den Haarwurzeln z. B. infolge Kälteeinwirkung oder psychischer Emotion, so nennt man das eine Gänsehaut. Psychologische Tatsachen dieser Art gehören zu den notwendigen Kenntnissen der Chiromantie.«

»Ebenso muß dieselbe den Unterschied der Hautfalten von den Kapillarfurchen erkennen und sich hüten vor Verwechslungen der durch Kontraktionen tiefer liegender Bündel von Muskelfasern bewirkten zufälligen Faltungen, die in ihrer Form stark variieren mit den Interpapillarfurchen. Allerdings hinterlassen die ersteren im Laufe des Lebens schließlich dauernde Spuren und Eindrücke auf der Haut. Sie haben auch den Plätzen und Lagen nach entsprechende Gründe ihres Erscheinens, folglich eine Bedeutung, die beachtet werden muß.«

»Krankhafte Abweichungen von der Norm, Ernährungsstörungen, Mißbildungen, überhaupt die ganze Pathologie der Hand in anatomischer und funktioneller Beziehung können wichtige Stichomata für die chirognomische Diagnostik darbieten. Zyanotisches Aussehen der Haut, Gelenkschwellungen, Knochenauftreibungen, Wachstumsstörungen und Deformationen der Nägel usw. lassen Rückschlüsse zu auf bestimmte Erkrankungen (Gicht, Gelenkrheumatismus, Rachitis, Anämie). Auch die Funktionsstörungen der Muskeln gehören hierher, wie beispielsweise Zittern, Lähmungen, Krampfzustände (Akinese und Hyperkinese, Ataxie, Kontrakturen, Schreibkrampf usw.). Pathogene Symptome dieser Art sind klinisch-diagnostisch wertvoll und können zu weitgehenden Rückschlüssen über den gesamten psychischen Habitus der betreffenden Person Veranlassung bieten, ganz abgesehen von der speziellen Erkrankungsform (wie zum Beispiel bei Hysterie und sonstigen Neurosen, Erschöpfungszuständen, Ernährungsstörungen, Geisteskrankheiten [besser: Gehirnkrankheiten] usw.). Auf die degenerativen Abweichungen und anthropologischen Unterschiede der Handtypen möge hier nur hingewiesen sein.«

»Sowohl für das individuelle als auch für das psychosoziale Leben besitzt der menschliche Organismus in der Hand ein Ausdrucksmittel von besonderem Reichtum. Mit einem gewissen Recht weist Anaxagoras darauf hin, daß der Mensch seine Weisheit und seine Überlegenheit großenteils dem Gebrauch seiner Hand verdanke. Den Ägyptern war die Hand das Symbol der Kraft, den Römern das der Treue. Druck und Geste der Hand bieten ein untrügliches Mittel zum Erkennen individueller Typen. Die Art und Weise, wie man bei der Grußformel ›Guten Tag‹ die Hand reicht, hinterläßt einen bestimmten Eindruck über den Charakter der betreffenden Person, zum Beispiel über ihre Willenskraft, Aufrichtigkeit, Loyalität, über herzliches oder kühles Verhalten, über Zaghaftigkeit, Bescheidenheit, Entschlossenheit oder über Verschlagenheit, impulsives Wesen, über seelisches Gleichgewicht und Erregtheit, innere Ruhe und sonstige psychische Eigentümlichkeiten.«

»Nach den Beobachtungen von Vaschide stellt das Muskelsystem der Hand ein zusammenhängendes Ganzes dar und ist als solches dem Einfluß sowohl unterbewußter seelischer Regungen als auch der Suggestion zugänglich. Aber trotz seiner großen Erfahrung ist es diesem Forscher niemals gelungen, auf suggestivem Wege zum Beispiel eine isolierte Lähmung des langen Beugemuskels für den Daumen hervorzurufen, oder auch der Strecker für die einzelnen Finger, während es nicht schwer fällt, eine Gesamtparalyse der Hand zu erzeugen. Aus dem Verhalten der Hände läßt sich aber auch leicht die Tiefe des hypnotischen Zustands erkennen, je nach dem Grad der suggerierten Krampf- oder Lähmungserscheinungen.«

»Auch die Hand des Sterbenden hat ihre besondere Psychologie. Ihre Bewegungen sind inkohärent, zur Geste und zum freien Händedruck fehlt oft die nötige Kraft. Der Versuch, die Hand zu schließen, geht in einen Krampf über. Oft preßt sich die Hand im Bettuch fest, eine Anstrengung, die das schwindende Bewußtsein festhalten soll, um sich herauszureißen aus der drohenden geistigen Umnachtung. Der Krampf der Streckmuskeln begleitet das letzte Aufgebot nervöser Energie. Die Dissoziation der muskulären Synergie, deutlich erkennbar an den Händen, wird zum Vorboten der Agonie, und das Ende ist begleitet von Krampfzuständen des ganzen Körpers.«

»Aus den vorstehenden kurzen Bemerkungen läßt sich bereits ersehen, in welcher Weise sich der menschliche Geist durch die Hand offenbaren kann. Es ist daher begreiflich, wenn die christliche Sekte der Barbariten die Behauptung aufstellte, daß die Hand eine Synthese des ganzen menschlichen Lebens darstelle.«

»Man kann schließlich in der Ausübung dieser Kunst so weit gehen wie Sicler, für den die ganze Handfläche eine Hieroglyphensprache darstellt, die er abzulesen verstand wie die Seite eines Buches. Vom mittelalterlichen Arzt wurden auch aus der Besichtigung der Hände Diagnosen und Prognosen gestellt (dies ist heute noch im Orient üblich).«

»Auch die Hand kann uns nach Analogie der Psychoanalyse intime Seiten unseres Seelenlebens entschleiern, nicht nur durch die am lebendigen Muskelspiel zum Ausdruck gelangenden psychischen Elemente, sondern auch durch den bleibenden anatomisch fixierten Niederschlag bestimmter geistiger Qualitäten und gewisser Erlebnisse des Organismus (Krankheiten, berufliche Tätigkeiten usw.). Auch die Hand ist im Laufe der individuellen Entwicklung einer Metamorphose unterworfen. Die Hand des Kindes von sechs Jahren ist eine andere als diejenige einer erwachsenen Person. Die Hand eines Mädchens ist eine andere als dieselbe Hand während des Zustandes der Gravidität. Das veränderliche Netz der Handlinien hat also eine psycho-biologische Bedeutung. Der ganze Mechanismus des Muskelspiels, der Unterschied in der Beweglichkeit der Gelenke, der Ernährungszustand der Haut mit dem darunter liegenden Zellgewebe bestimmen den Charakter und Verlauf der Linien, Furchen und Falten auf der Hand, die im Laufe des Lebens konstanten Änderungen unterworfen sind, aber dennoch mit ihren bleibenden Merkzeichen eine Art Gedächtnis für vergangene Erlebnisse darstellen.«

»Richtige Feststellungen aus Vergangenheit und Gegenwart haben für den Klienten selbst nur den Wert einer Nachprüfung der vorausgesetzten divinatorischen Begabung. Aber die wenigsten Kunden würden sich allein damit zufrieden geben. Offenbar fällt ein bestimmter, nicht durch Zufall erklärbarer Bruchteil von richtiger Zukunftsprognose nicht in den Rahmen banaler Prophezeiungen über das Eintreffen sich stets wiederholender Lebensvorfälle und Schicksale; dafür sprechen zahlreiche Zeugnisse zuverlässiger Berichterstatter.«

»Wie wir gesehen haben, hat sowohl die Handlesekunst, besonders wenn man die Chirognomie dazu rechnet, als auch die Graphologie eine reelle Unterlage, ja eine wissenschaftliche Begründung.«

(Anmerkung des Verfassers: Die Begründung der Chirologie als empirische Wissenschaft findet sich in meinem Werk *Die Wissenschaftliche Handlesekunst – Chirosophie.* Hermann Bauer Verlag, Freiburg im Breisgau.)

Obige Ausführungen des Herrn Dr. Schrenck-Notzing nehmen Bezug auf die Forschungen des Franzosen Vaschide. Die in dem genannten Buch aufgeführte Statistik Vaschides beweist in ihren recht traurigen Ergebnissen in bezug auf die Richtigkeit der Diagnosen, daß nicht sehr viel Erfahrung vorhanden war, und daß Vaschide angeblich von Personen, die sich Chirologen nannten, wahrscheinlich aber auch aus den alten Büchern der »Überlieferungen« schöpfte. Was soll Vaschide auch an wirklich Gutem bringen, wenn er an solchen Stellen und bei solchen Menschen seine Studien zu machen sucht, welche intuitiv, aber nicht rein sachlich-objektiv lesen?

Die Erkenntnis der metaphysischen Zusammenhänge und deren Einflüsse auf das Seelenleben und demzufolge auch auf den Charakter und die Krankheiten des Körpers sind uralt, aber nicht verloren. In neuerer Zeit beginnt man, wenn auch sehr schüchtern, von Seiten einiger Gelehrter auf die Möglichkeit dieser Einflüsse hinzuweisen. Ich gehe im zweiten Teil dieses Buches darauf noch näher ein, um verstanden zu werden. In meinem Buch *Kosmische Religion* bringe ich viele ganz bestimmte und scharfgezeichnete Aufschlüsse über diese Einflüsse, deren Ursachen und Auswirkungen. Besonders astrologisch Geschulte werden ihre Freude daran haben.

Besonderes

Betrachten wir im alltäglichen Leben die Gesichter der Menschen, denen wir begegnen, so fällt eine gewisse Verschiedenheit auf, die sich im Ausdruck, in der Farbe im ganzen oder auf einzelnen Stellen oder in der Bewegung einzelner Partien bemerkbar macht. Wer tiefere Kenntnisse der Körperkunde besitzt, weiß diese Zeichen und Anzeichen zu lesen, zu verstehen.

Was man in dieser Richtung vom Gesicht sagen kann, gilt auch, wenngleich etwas eingeschränkt, von den Händen. Schon bei einem Händedruck erkennt man einiges im allgemeinen, wenn man sehr genau beachtet, sogar sehr viel. Auch sieht man an der Farbe der Handhaut dieses und jenes, jedenfalls aber große Verschiedenheiten im Ausdruck, in Form und Farbe, wenn mehrere Hände verglichen werden. Es ist ganz natürlich, daß sich die Beschaffenheit einzelner Organe auch in der Hand zeigt. Warum sollte sie sich nur im Gesicht, nur in der Iris, nur durch Abklopfen zeigen?

Die Natur ist immer vielseitig. Jede Zelle enthält die ganze Konstitution, weshalb letztere aus ersterer erkennbar ist. Wo Form ist, da ist auch Gesetz. Aller Formenausdruck ist Gesetzmäßigkeit. Das Äußere ist Form und Ausdruck des Inneren, deshalb kann auch im Inneren nicht das sein, was man äußerlich nicht erkennen kann.

Aus den Schädelformen (Phrenologie) erkennt man, daß eine besondere Stelle am Kopf den Sitz einer bestimmten Eigenschaft oder Fähigkeit anzeigt. Ist diese Stelle stark ausgeprägt, wird auch die betreffende Eigenschaft stark ausgeprägt sein; ist sie flach oder eingefallen, so ist die Eigenschaft mangelhaft ausgebildet. Ist eine Nase in der Jugend nach innen gebogen, und hat der Betreffende sich dann später durch eine harte Lebensschule zu arbeiten, wird man auch beobachten können, daß der Nasenrücken eine Biegung nach außen annimmt. So ist es überall, Verkümmerung – Entwicklung. Daher läßt sich die Kopfform durch Arbeit und Entwicklung an sich selbst (im geistigen Sinne) beeinflussen, umformen; Zeitdauer etwa fünf Jahre. Auch bei der Hand ist solches durch geistige Arbeit möglich, doch in weit beschränkterem Maße. Die Zeitdauer hierfür beträgt etwa fünfzehn Jahre, für den Daumen weniger. Ich meine hier selbstverständlich nur Formung in bezug auf Plastik allein. Körperliche Arbeit hat kaum nennenswerten Einfluß. Manche Menschen glauben aber, daß sie durch schwere Arbeit Deformationen ihrer Hände oder Finger erhalten haben. Demgegenüber könnte man anführen, daß die Nägel an einem oder einigen Fingern andere Formen und Biegungen (Wölbungen) haben als der Rest. Das gibt es, aber nicht durch Arbeit, sondern weil die einzelnen Finger und Fingerglieder und auch einzelne bestimmte Teile im Handteller mit bestimmten Organen im Körper in enger Verbindung stehen. Hat ein Fingerglied, ein Nagel, eine bestimmte Stelle in der Hand besondere Formation oder Zeichen, so schließt man zurück auf das hierfür in Betracht kommende Organ. Ich erkläre dies genauer weiter unten. Gewiß kann man aus der Hand, die wenig mehr als die Hauptlinien aufweist, auch nur wenig erkennen, aber dennoch dies oder jenes an Form und Nägeln. Was ist nötig, um sich diese Art der Diagnostik anzueignen?

Gutes Unterscheidungsvermögen und gute Augen; guter Verstand; Kombinationssinn; gutes Gedächtnis, denn man muß alle Zeichen auswendig kennen; Farbensinn, um die Färbung der Haut und der Linien zu unterscheiden. Zuletzt aber nicht zum wenigsten: Praxis. Mit der Praxis kann man gleich beginnen; es gibt überall viele Gelegenheiten. Schon nachdem man wenige Hände genau angesehen hat, wird man die Unterschiede und Merkmale erkennen, besonders bei den Nägeln, und – die Leichtigkeit und Zuverlässigkeit. Zum Schluß dieser Einführung bringe ich noch einige Prinzipien, die man unbedingt gut beherrschen muß, wenn man zuverlässig sein will:

1. Es gilt für jede Art von Diagnostik: Sind Merkmale einer Krankheit erkennbar, dann ist auch das Leiden vorhanden. Das Leiden kann aber vorhanden sein, ohne daß das Zeichen erkennbar ist.
2. Ist ein Zeichen erkennbar, versuche man weitere zu finden, die das erste bestätigen. Es gibt oft solche Zeichen an verschiedenen Stellen.
3. Ein Zeichen besagt eine leichte Disposition, mehrere das Vorhandensein.
4. Das Vorhandensein der Zeichen sagt noch nicht, daß die Krankheit schon auftritt. Sicher ist aber, daß die Disposition zu dem betreffenden Leiden tatsächlich vorhanden ist.
5. Alles im Weltall muß zuerst geistig vorhanden sein, erst dann materialisiert es sich im Stoff. So sind auch alle Krankheitsdispositionen geistig schon vorhandene Krankheiten. Wann sie sich körperlich bemerkbar machen, ist nur eine Frage der Zeit. Dies kann bald sein (je nachdem die Umstände, Reizung, Entwicklung, Bedingungen dazu drängen), es braucht nie zu sein, wenn der Betreffende sich (geistig und physisch, d. h. durch Denken und Tat, Vorbeugung) rechtzeitig darauf einstellt.
6. Man muß immer beide Hände beobachten, analysieren;

oft ist in der einen mehr zu sehen als in der anderen, außerdem ergänzen sich beide.

7. Vererbungszeichen in der linken Hand zeigen die Dispositionen an, die der Betreffende aus der mütterlichen Generation übernommen hat.
8. Vererbungszeichen in der rechten Hand zeigen die Dispositionen an, die der Betreffende aus der väterlichen Generation übernommen hat.
9. »Generation« heißt hier nicht gerade Linien allein, sondern betrifft auch den ganzen Umkreis. Ein Vererbungszeichen in der rechten Hand kann besagen, daß diese Disposition übernommen wurde von: Vater, Großvater, Urgroßvater oder noch weiter zurück, oder von des Vaters Bruder, Schwester, Onkel, Tante, Mutter, Großmutter, Urgroßmutter.

   Dies gilt auch für die mütterliche Generation. Es ist bekannt, daß man viele Eigenschaften und Leiden besonders von Onkel, Tante oder Großeltern übernimmt. Außerdem mag man beobachten, was ich oft fand: Wenn ein Onkel oder eine Tante stirbt, wird der Neffe oder die Nichte krank (siehe Periodenlehre).
10. Man vergesse nicht zu beachten: Was ist durch Unfall deformiert, was von Geburt an so?
11. Das Übergangsstadium zwischen Jugend und Alter, oder zwischen erster und zweiter Lebenshälfte in bezug auf Handzeichen, zwischen linker und rechter Hand, liegt zwischen dem achtundzwanzigsten und dreißigsten Lebensjahre. Anzuwenden auf folgende Art: Ein Zeichen für Hysterie, in der linken Hand vorhanden, in der rechten nicht, bedeutet: Disposition zur Hysterie ist vorhanden, verliert sich aber im Alter von etwa achtundzwanzig Jahren. Ist das Zeichen nur in der rechten Hand, bedeutet es: Die Disposition zu Hysterie wird sich in den ersten achtundzwanzig Jahren nicht auswirken, doch besteht die Gefahr, daß sie sich nach dem achtundzwanzigsten Jahre stärker zeigt und zur Auswirkung drängt.

    Krankheitsmerkmale, die nicht Vererbungszeichen sind,

gelten in der linken Hand sehr oft für die linke Körperhälfte, solche in der rechten Hand für die rechte Körperhälfte. Ich möchte an dieser Stelle besonders darauf hinweisen, sich nicht von »neueren Forschern« irreleiten zu lassen, die etwas anderes in bezug auf die Erbmassenverteilung in den Händen behaupten. Meine Erfahrungen auch in dieser Hinsicht sind mehr als zehntausendfältig von mir und anderen erprobt und einwandfrei bestätigt worden.

12. Menschen mit sehr vielen Linien in den Händen sind immer feinfühliger, sensitiver, und reagieren besser auf die ihnen entsprechenden feinstofflichen und geistigen Heilweisen wie zum Beispiel Homöopathie, Elektro-Homöopathie, Biochemie, Kräutermedizin, Isopathie, Zimpelmittel, Vibration, Massage, Sympathiekuren, Magnetismus; alle Gifte (allopathisch) wirken hier schädigend in verstärktem Maße. Obige Heilsysteme gelten für alle Spirituellen und Spirituell-Materiellen. Für die Materiellen kommen stärkere Naturmittel in Betracht.

Hier möchte ich nicht den folgenden Hinweis vergessen: Hypnose wirkt bei spirituellen Personen stärker als bei rein materiellen, ist aber in jedem Fall abzulehnen, denn sie heilt kein Leiden! Organische Veränderungen können nie durch Hypnose geheilt werden; andere ebensowenig. Man kann Gewohnheiten abschwächen, doch kommen zumeist später die Rückfälle. Das habe ich sehr oft beobachtet, deshalb spreche ich hier von Tatsachen. Auch kann man nicht den Willen einer Person durch Hypnose stärken. Derjenige, der sich hypnotisieren läßt, muß sich naturgemäß dem Willen des Hypnotiseurs unterordnen, macht sich selbst also dadurch willensschwach. In dieser Willensschwäche wird der in Hypnose Befindliche zumindest während der Behandlung gehalten. Immer aber kann der Hypnotiseur den Hypnotisierten später noch beeinflussen, ganz wie er will und wozu er Lust hat. Das sollte doch besonders zu denken geben. Hypnose dürfte eigentlich überhaupt nur zu einem Zweck angewendet werden: zur Narkose. Sonst nie, weil sie eine Vergewaltigung ist und den Willen schwächt.

Hypnose ist jedoch nicht zu verwechseln mit Magnetismus!

Infolge der stärkeren, ja nahezu hemmungslosen Sexualität ist bei manchen Rassen eine besondere Neigung zu venerischen Krankheiten gegeben. Solche Krankheiten rufen womöglich noch eine weitere Steigerung der Sexualität hervor. Aus diesem Grunde bilden sie ein nicht abzusehendes Gefahrenmoment. Da die Sexualität immer in Verbindung mit dem Geistesleben steht, zieht Mißbrauch der Geschlechtskraft immer pathologische Zustände nach sich, die in vielen Fällen die Aufnahme in ein Irrenhaus nötig machen.

Neger sollen fast immun gegen Syphilis sein, d. h. man soll bei ihnen kaum zerstörende Wirkungen und Nachwirkungen finden. Dasselbe wird von den Menschenaffen gesagt. Die Mittelmeerrasse hat ebenfalls unter den Wirkungen dieser Krankheit wenig zu leiden. Dagegen wirkt sie sich bei den nördlichen Rassen geradezu verheerend aus. Bei den Mongolen ist die Syphilis außerordentlich weit verbreitet. Ein japanisches Sprichwort sagt: »Kein Mensch ist frei von Eitelkeit und Syphilis.« Bei mongolischen Mischlingen findet man häufig Verstopfung.

Bei den Angehörigen der Mittelmeer- und der Negerrasse übernimmt die Haut (Epidermis) einen Teil der Lungenarbeit; hier tritt das Innere nach außen. Wir haben Oberflächen- und Triebmenschen vor uns; daher auch einerseits die penetrante Körperausdünstung, anderseits die besondere Neigung zu Lungenleiden. Wo die Kleidung die Atmung der Haut verhindert, tritt diese besonders in Erscheinung. Neger in Europa werden infolge der europäischen Kleidung in verhältnismäßig kurzer Zeit lungenkrank.

Bei Mischlingen ist oft die undurchlässigere Epidermis des Nordländers in Verbindung mit der schwächeren Lunge des Südländers die Ursache, warum hier von Geburt aus eine Tendenz zu Lungenleiden vorliegt. Die undurchlässigste Epidermis hat der Mongole.

Die Mongolen und Mongoloiden neigen besonders zu Hysterie und den depressiv-manischen Gehirnkrankheiten. (Ich vermeide absichtlich die widersinnige Bezeichnung »Geisteskrankheiten«, da der Geist nicht erkranken kann.) Sie stellen das Hauptkontingent der melancholischen Pathologen. Die Mittelmeerrasse und die Neger haben den Hauptanteil an den sogenannten exaltativen seelischen Krankheitserscheinungen. Bei der mongolischen Rasse treten besonders eigenartige pathologische Erscheinungen auf, die sich in einem unwiderstehlichen Nachahmungstrieb äußern.

Der englische Gelehrte Crookshank benannte eine bestimmte Form der Herzlinie mit »Mongolenlinie«. Diese Bezeichnung ist irreführend. Die von Crookshank gemeinte Herzlinien-Form hat eine ganz andere Bedeutung, auf die ich noch im Kapitel »Merkmale für erbkranken Nachwuchs« genauer eingehen werde.

Wie und wodurch entstehen die Zeichen?

Es ist eine allgemein anerkannte Tatsache, daß jeder Körper strahlt. (Siehe auch die Forschungen von Freiherr Stromer-Reichenbach u. a.) Die Ausstrahlung des menschlichen Körpers wird Od-Strahlung oder Aura genannt. Wo etwas ausstrahlt, strahlt auch etwas nach innen! Alles ist Wechselwirkung. Die Größe und Stärke der Körperstrahlung beim Menschen wächst mit dem Grad der geistigen (spirituellen, nicht intellektuellen) Erkenntnis und mit der Quantität des persönlichen Magnetismus, der allerdings vom Wohlbefinden und darum von der Gesundheit abhängig ist. Bei dem gesunden Menschen strahlen diese Kräfte im rechten Winkel zur Fläche. Bei einem Kranken ist die Richtung der Strahlung dem Erdboden zugewandt.

Um den Kopf herum ist die Aura bedeutend größer. Hier werden die äußeren geistigen Ströme aufgenommen, wie sie auf das Kleinhirn (Unterbewußtsein) und von hier auf das Großhirn (Tagesbewußtsein) wirken. Andere Einflüsse, wie Schreck, Freude, Gram usw., empfinden wir durch das Sonnengeflecht (Solar plexus), mit dem wir im Traum auch schauen, hören, wortlos sprechen und erleben. Dieses Erleben durch Empfinden der Seele geht über auf das körperliche Gefühl. Das geschieht in folgender Weise: Das seelische Erleben ergibt eine seelische Vibration in verschiedenen Stärkegraden, von der zartesten, kaum bewußten Schwingung bis zur stärksten Erschütterung. Diese Grade der Vibration teilen sich sofort dem feineren Nervensystem des Solar plexus mit und werden von hier aus weitergeleitet in das Gesamtnervensystem. Weil dieses wieder mit der Blutbahn und den einzelnen Organen zusammenhängt, werden auch diese beeinflußt, wie z. B. bei Gram und Sorge die Leber, bei Ärger und Wut die Galle usw. Daher kommen dann auch die dauernden Beeinflussungen und anhaltenden Störungen oder Leiden dieser entsprechenden Organe. Das dürfte soweit klar sein.

Bekannt ist, daß die Nervenzentren der Hände mit dem Gehirn viel mehr verbunden sind als andere Organe des Körpers, ausgenommen das Auge, die Lippen und die Zunge. Da in der Hand verschiedene Nervenzentren vorhanden sind, die auf verschiedene kosmische Ströme eingestellt, anderseits aber wiederum sehr eng mit dem Gehirn und den einzelnen Organen verbunden sind, befinden sich die feinsten Nerven in der Hand in dauernder Schwingung und registrieren die einzelnen Grade der Vibrationen der einzelnen Organe an bestimmten Stellen der Hand. So ergibt sich dann ein Bild von Linienkonstellationen und -zeichen, das wir in einer linienreichen Hand vorfinden. Sind nur wenige Linien und Zeichen vorhanden, so zeigt dies eine robustere Natur an, die die feinsten Schwingungen nicht aufzunehmen vermag, infolgedessen auch nichts zu registrieren hat.

Zum leichteren Verständnis dieses Wirkens der Kräfte greife ich zu einem Vergleich, der sich einem besonders in der Großstadt aufdrängt. An hohen Häusern nahe den Verkehrsplätzen sehen wir am Dach die großen Lichtreklamen. Diese bestehen aus einem großen Rahmen, einer Fläche, die mit vielen Lampen angefüllt ist. In einem Raum, der nicht sichtbar ist, arbeitet ein Uhrwerk. Soll ein Werbespruch, beispielsweise «Eau de Cologne 4711«, auf der Außenfläche erscheinen, so wird ein bestimmter Kontakt berührt und ganz bestimmte Formationen von kleinen Flächen auf dem Rahmen erhalten den elektrischen Stromimpuls, so daß gerade nur diese Lampen leuchten: »Eau de Cologne 4711«. Nichts anderes! Ist es ein anderer Werbetext (geistiger Einfluß): »Sind's die Augen, geh zu ...«, so wird ein anderer bestimmter materieller oder physischer Kontakt eingestellt, und dieser Text wird sich an der Lichtfläche sichtbar machen, um wieder zu verschwinden und anderen Platz zu machen. Nun vergleiche man: Die Intelligenz am Schaltwerk = das Unterbewußtsein, das die geistigen Einflüsse von außen, aus dem Kosmos oder aus den seelischen Tiefenschichten erhält. Das Arbeiten am Apparat mit Pausen = das Gesetz der Periodenlehre. Der Apparat selbst = der menschliche Körper. Die Lichter auf der Rahmenfläche = die Nervenzentren in den Handflächen.

In dem Rahmen der Glühkörper läßt sich jeder Gedanke (geistige Einfluß) in Worte bringen, zeigen. Er kann aber auch umgangen, ausgelassen werden. In den Flächen der Hände kann sich jedes Zeichen, für dieses oder jenes Leiden, zeigen – und wird sich zeigen, wenn es geistig schon vorhanden ist durch Vererbung oder Angeborensein, Disposition. Sein Erscheinen läßt sich bei erworbenen Leiden umgehen, verhindern, wenn man rechtzeitig achtgibt, vorbeugt. Wir haben unsere Augen erhalten, damit wir sehen. Wir haben die Runensprache der Handlinien und -zeichen erhalten, damit wir sie lesen lernen. Der Wissende verhütet, der Unwissende leidet und zahlt. Erkenntnis ist alles.

Bild 1 im Bildteil zeigt die Strahlungen der Hand und der Finger. Unter den Fingerwurzeln und am Handrand entlang sowie auf dem Daumenballen sehen wir die Nervenzentren, die unter sich – aneinandergereiht – und durch das große Zentrum in der Handmitte verbunden sind. Auf der Profilabbildung sehen wir: 2: die Strahlungen der Zentren, 3: die Aura des Körpers, 4: die Strahlung von Blut- und Nervenkreislauf, 5: die Strahlungen in Wechselwirkung, 6: die unteren Beugegelenke der Finger, die gleichzeitig den Anfang der Berge bezeichnen. Die Kreise der Mitte stellen ein sehr empfindsames Nervenzentrum, eine Membrane, dar, das eng verbunden ist: C mit dem

Herzen, B mit dem Magen und A mit den Sexualorganen. (Bei schüchternen Personen tritt meist hier in diesem Mittelzentrum eine starke Vibration auf, die dort Handschweiß zeigt. Dies hängt allerdings mit Herz und Sexualorganen zusammen.) Hier zeigt sich schon eine Verbindung von Handnerven mit Organen des Körpers. Andere Verbindungen sind weiter unten beschrieben.

Es ist eine bewiesene Tatsache, daß bei einem fünf Monate alten Embryo schon die Hand-Hauptlinien in ihrer Grundformation genau eingezeichnet sind. Diese Grundformationen sind bei allen Menschen verschieden. Die Verschiedenheit dieser Einzeichnungen hat in jedem Einzelfalle individuelle und daher schicksalsbestimmende Ursachen und somit logischerweise auch ganz bestimmte Auswirkungen und Bedeutungen. Hieraus ergibt sich: Wer die Bedeutung kennt, erkennt auch die Ursachen. Die Bedeutungen sind durch jahrzehntelange praktische empirische Forschungen und deren sich immer wieder bestätigende Ergebnisse von mir festgelegt. Jahrzehntelange Statistik hat dies mehr als zur Genüge bewiesen. Mit dieser Tatsache ist übrigens auch erwiesen, daß die Handlinien und deren verschiedene Einzeichnungen nicht durch Handfaltungen entstanden sind.

Ein weiterer Beweis für diese Tatsache ist folgender: Wenn die Hauptlinien durch Faltungen bzw. Faltungsbewegungen der Hände entstehen wollten, würden sich die Abläufe der Linien-Richtungen ganz sicher nach dem Muster der Papillarlinien richten, sich dieser Ablaufsrichtung anpassen. Das tun sie aber nicht, denn diese für jede Hand besonders – und ebenfalls nach ganz bestimmten Gesetzen – verlaufenden Papillarlinienmuster entstehen erst mehrere Monate später als die in ihrer eigenbestimmten Richtung verlaufenden und schon vorhandenen Hauptlinien. Mit anderen Worten: Die Bildung der Hauptlinien besteht lange vor der Bildung der Papillarlinienmuster und wird durch diese nicht beeinflußt, wie sich ebensowenig die Bildung der bestimmten Papillarlinienmuster durch die zwischen ihnen hindurch verlaufenden Hauptlinien beeinflussen läßt. Auf der Abbildung 1 a ist beides sehr deutlich erkennbar. Diese feinen Hautfalten geben – je nach der Feinheit oder Grobheit – in Verbindung mit dem Hand-Typ die Niveau-Unterschiede in geistig-seelischer Beziehung zu erkennen, was besonders bei der Psychodiagnostik zu beachten ist. Hierüber ausführlicher weiter unten.

Da ein Embryo noch kein Tagesbewußtsein besitzt, wohl aber einen schaffenden Geist bzw. schaffende geistige Kräfte, und da das Wesen des Geistes Absicht und Zweck ist, müssen die Ursachen, die gesetzmäßig diese Linienformationen in bestimmter und daher auch vorbestimmter Weise hervorbringen, in einer Präexistenz liegen. Letzteres ist die logische Folgerung aus ersterem. Gesetz und Planmäßigkeit liegen in jedem Weltgeschehen, im Makrokosmos wie im Mikrokosmos.

Die Vibrationsfähigkeit steht immer im Verhältnis zur Erlebnisbereitschaft, und diese wieder ist abhängig von der Feinnervigkeit, nicht aber von der mehr oder minder stark vorhandenen magnetischen Kraft des Körpers. Es kann ein Mensch sehr stark magnetisch strahlen, ohne eine tiefe Erlebnisfähigkeit zu besitzen. Die Menge und die Stärke der magnetischen Kraft sind vielmehr von der Wärme und Fülle des Blutes abhängig.

Je feinnerviger ein Mensch ist, um so empfindungsfähiger ist er. Die Empfindungs- und deshalb auch Erlebnisbereitschaft kann er aber durch nur-materielles oder auch durch nur-intellektuelles Denken abstumpfen bis zum fast völligen Verlust. Letzteres wird von allen solchen Menschen betätigt, die sich – sei es aus Mangel an wahrer Religion, sei es aus Jenseitsbewußtsein oder auch aus Angst vor dem Nachher – gern auf Gefühls- bzw. Empfindungsstumpfheit oder, wie ich es bezeichne, auf »seelische Dickfelligkeit« einstellen. Hierdurch wird wohl die seelische Entwicklung hinausgeschoben, verzögert, aber eben nur das, nicht aufgehoben.

Die Verschiedenheit dieser Menschen ist sehr leicht zu erkennen: Stark und tief empfindende, erlebensfähige Menschen haben linienreiche Hände, die anderen, mehr oder minder seelisch stumpfe und erlebnisärmere Personen, weisen nur wenige Linien und Zeichen in ihren Händen auf. Die drei bis vier großen Hauptlinien sind hier nicht gemeint, da diese selbstverständlich in guter Zeichnung vorhanden sein sollen. So erklärt sich auch, daß linienarme Hände sehr schwer zu diagnostizieren sind und ihre Besitzer viel gröbere Heilmittel (niedere Potenzen) benötigen als jene Menschen, deren linienreiche Hände die erfolgreiche Behandlung mit feingeistigen Mitteln (hohe Potenzen, Magnetismus, Spagyrik) garantieren.

Wie in den Handschriften »Niveau-Unterschiede« zu erkennen sind, so sind auch solche in den Händen zu erkennen: an der Feinheit oder Grobheit der zartesten Hautlinien beziehungsweise des Hautgewebes. Je feiner die Hauttextur in Gewebe, Farbe und Festigkeit, desto höher das geist-seelische Niveau.

2. Nagel-Diagnostik

Zur besseren Übersicht bringe ich in Bild 5 des Bildteils Zeichnungen mit Nagelformen für die Nageldiagnostik. Über der Nagelzeichnung ist die Biegung (Wölbung) des Nagels eingezeichnet, worauf es sehr ankommt. Die Diagnosen nach den Farben der Nägel kann ich hier nicht illustriert bringen, will sie aber beschreiben.

Eines der größten und wundervollsten Dinge im Menschen ist das Blut. »Blut ist ein ganz besonderer Saft!« Wenngleich im Samen die grundlegende Konstitution und alles andere des menschlichen Körpers vorhanden ist, können wir doch nicht der weisen Urkraft der Natur unsere Bewunderung versagen, wenn wir Betrachtungen darüber anstellen, daß das Blut an bestimmten Stellen Knochen, an anderen wieder Haare, Nägel usw. formt. Das Material der Nägel ist dem der Haare sehr eng verwandt, denn der Bau und das Material des Nagels gleichen – wenn sehr stark vergrößert – Reihen nebeneinander und übereinander gelegter, durch Leimmasse miteinander verbundener und dann flachgepreßter Lagen von Haaren, die durch die Absonderung der in den kleinen Zwischenräumen befindlichen Drüsen genährt werden. Oder anders ausgedrückt: Man stelle sich mehrere übereinandergelegte geflechtähnliche Tafeln vor, deren Zwischenräume mit Drüsen und Leimmasse ausgefüllt sind; das Ganze ist zusammengepreßt. Drei Seiten dieser Fläche sind ziemlich gerade geschnitten, die vierte jedoch nicht. Diese vierte stellt die Nagelwurzel dar.

Die Unterseite der Nagelfläche ist mit dem Finger leicht verwachsen. Die Nagelwurzel geht jedoch etwas tiefer in den Finger hinein, und danach, wie diese in ihrem Anfang durch die Umgebung beeinflußt wird – z. B. durch Blutstauungen, Ansammlung von Salzen, Kalk usw. –, richtet sich die Wachsrichtung, die Formung des Nagels. Die Tatsache, daß in den Fingerspitzen und deren Ballen eine überaus große Menge von Nervenenden münden und so die große und feine Empfindlichkeit der Taststellen bewirkt wird, besagt zu gleicher Zeit, daß die Nagelwurzel – und auch die Unterseite der Nagelplatte – sehr eng mit dem Blut- und Nervenkreislauf in Verbindung steht. Dies wird durch das Erscheinen der kleinen weißen oder farbigen Flecke, Rillen usw. bewiesen, die mit dem Nagel in drei Monaten hinauswachsen. Gleich hier möchte ich einflechten: Wir haben drei Stellen, an denen wir den Stand der Ausscheidungen des Körpers erkennen können, der ja doch auch von der Qualität des Blutes abhängig ist. Diese Stellen sind: die Nägel und Fingerspitzen, die Haare, die Haut. Ist die Tätigkeit der Drüsen schwach, so läßt auch die Tätigkeitsenergie der Leber und Nieren nach. Dies hat zur Folge, daß die Schlacken der verbrauchten Stoffe aus dem Körper nicht auf dem gewöhnlichen Wege ausgeschieden werden, sondern sich häufen und festsetzen. Zu diesen Schlacken gehören auch Kalk und Harnsäure. Letztere bilden dann auch die sogenannte Schärfe im Blut, die sich ebenfalls im Schweiß bemerkbar macht, manchmal auch von der Kopfhaut ausgeschieden wird und das Haargewächs verdirbt bis zum Ergrauen (Absterben), Ausfall. Auch der Kopfschinn oder Grind gehört zu dieser Erscheinung (meist eine Folge von Skrofeln), ebenso stockende Zähne, gespaltene Haare. Das beweist, daß diese einzelnen Störungen als solche zu behandeln erfolglos sein muß und es deshalb unzweckmäßig ist, wenn nicht die Ursache, das Grundübel, in Betracht gezogen und behandelt wird durch Blutentmischung, Reinigung usw.

Daß in einem armen oder schlechten Boden keine Pflanze gedeihen kann, ist selbstverständlich. Auch das Haar ist eine Pflanze. Wenn also im Finger Ablagerungen vorhanden sind, beeinflussen sie das Wachstum des Nagels. Welcher Art (Ursache) die Beeinflussung ist, läßt sich an Form und Aussehen des Nagels erkennen. Beispielsweise verdicken Ablagerungen von Kalken das Nagelglied an der Stelle der Nagelwurzel, so daß solche Finger oft mit dem »knotigen Typ« verwechselt werden.

Hier muß man genau unterscheiden, was Krankheit ist und was nicht! Nun ist aber durchaus nicht gesagt, daß alle Finger dieselben Merkmale und dieselben Nagelformen aufweisen müssen. Daß alle Finger dieselben Nagelformen haben, kommt vor, ob Störung anzeigend oder nicht. Gestörte Nierentätigkeit und alles, was die Nieren angeht, ist zuerst am Apollo-(Ring-) Fingernagel zu erkennen. Auch muß man die Stärke des Nagels bewerten. Die Stärke (Härte, Weichheit, Sprödigkeit usw.) des Nagels beziehungsweise der Nägel gibt Aufschluß über die Stärke (Kondition) der Knochen. Wenn die Fingernägel stark und etwas biegsam sind, ohne zu brechen oder leicht zu platzen, so zeigt dies eine gute und gesunde Knochenkondition an. Sind die Fingernägel leicht brüchig und spröde, so sind die Knochen ebenso. Sind die Nägel sehr dünn und biegsam, so sind die Knochen, besonders das Rückgrat, sehr schwach. Dies ist selbstverständlich, denn wenn das Blut an Material für Nagelmasse sehr arm ist, so besteht auch ein Mangel an knochenbildenden Substanzen, Kalk, Kieselsäure usw.

Der *normale Nagel* muß eine glatte Nagelfläche, ohne Riefen und Rillen, einen mittleren natürlichen Glanz, rosa Färbung und eine leichte Wölbung, eine gewisse Elastizität und einen normalen Nagelmond haben.

Die *Nagelmonde* sind eine hellscheinende Substanz, die durch gesunde Herzkraft erzeugt wird. Läßt die Kraft des Herzens nach – durch Schwächung der Herznerven –, so bleibt die Zufuhr dieser weißen Substanz aus und der Mond wird kleiner bis zum gänzlichen Verschwinden. Dies ist ein Zeichen dafür, daß Herznervenschwäche (Neurose) vorhanden ist. Also: je weniger Mond, desto mehr Herznervenschwäche! Anderseits ist, wenn die Nagelmonde zu groß sind, infolge starker Herzkraft (über normal) die Erzeugung der hellscheinenden Substanz zu groß und bedeutet Neigung zu Herzschlag.

Weil ich gerade bei den Monden bin, möchte ich nicht verfehlen, auf eine sehr naheliegende Sache hinzuweisen. Es handelt sich um die *Nagelhaut*. Sie ist eine Übergangsstelle, und wie die Augenbrauen und Wimpern die Augen vor Stirnschweiß und anderen Unreinlichkeiten schützen sollen, so soll die Nagelhaut den Zugang zur Nagelwurzel vor Unreinlichkeiten schützen. Nun gibt es viele Menschen, vor allem Damen, die die Haut durch Abschneiden und Abreißen entfernen oder durch »Maniküre« entfernen lassen, und den Rest dann noch recht weit zurückschieben, damit sie den verschwindenden Mond retten. Welche Unwissenheit! Nicht genug, daß dadurch dem Nagelanfang ein gewisser notwendiger Schutz genommen wird, es stellt sich noch ein Verlust an Magnetismus ein; denn wie ich schon an anderer Stelle bemerkte, entströmen durch die Fingerspitzen feinere Kräfte. Diese strömen aber allzu reich, wenn Wunden vorhanden sind. Die zerschnittene Nagelhaut ist für den Finger eine Wunde, wenn auch eine unscheinbare. Sie muß durch Wachstum wieder und wieder ersetzt werden, und dies bedingt eine stärkere Zufuhr: also ein Mehrverbrauch der Kräfte.

Den Betreffenden kann ich nur raten, das »Verletzten ihrer Finger« zu unterlassen. Den Mond, falls er verschwunden, zaubern und ziehen Sie nicht mit Gewalt hervor, denn er ist gar nicht da. Sorgen Sie vielmehr dafür, daß die Herznerven gestärkt werden. Dann: nicht soviel sorgen und grämen, es zerstört und zerfrißt Ihre Gesundheit und deshalb Ihr Leben, das ohnehin schon sehr kurz ist und doch richtig genutzt sein will und werden muß. Dann wird auch in Ruhe der Mond zurückkommen. Die Nagelhaut soll mit einem möglichst nichtmetallenen Gegenstand (Horn, Knochen, Holz) leicht und wenig zurückgeschoben (wenn es schon sein muß); die Finger sollten beim Waschen gebürstet werden, dann bleibt die Sache in gesunden Bahnen.

Bei der Nageldiagnostik ist genau zu achten auf

die *Form* des Nagels, so wie man sie von oben sieht, wenn man die Hände flach auf den Tisch legt (kurz, lang, breit, schmal, rund, eckig, oval);

das *Profil* des Nagels, den Durchschnitt, wie man ihn von vorn sieht, wie man also den Kreis sieht beim Durchschnitt einer Röhre (normale Wölbung, Halbkreis; flache, scharfkantige, röhrenförmige, klammerartige Wölbung);

die *Zeichen,* die sich auf oder im Nagel befinden: Flecke,

Vertiefungen, Erhöhungen, Rillen (lang oder quer), abnorme Bildungen;

die *Farbe* des Nagels (rosa, rot, blaß, weiß, bläulich, blau, gelb, grün, braun, schwarz, fleckig);

die *Konstitutionen* des Nagels (dick, dünn, zart, biegsam, hart, weich, brüchig, elastisch).

Diese fünf Beschaffenheiten sind zu kombinieren und ergeben dann das Resultat. Einige Übungen werden bald erkennen lassen, wie leicht dies zu erlernen ist.

Die *Länge* des Nagels wird nach der angewachsenen Fläche (ohne das frei Überstehende) beurteilt. Die Wachsdauer dieser Fläche beträgt etwa drei Monate im Sommer und etwa drei bis vier Monate im Winter, beim Daumen sechs Monate.

Zernagte Nägel sind stets ein Zeichen für Nervosität und sekundär für Magenleiden, weil durch das Nägelkauen eine in den Nägeln enthaltene, für den Magen giftige Substanz (»Nägel sind süchtig«) in den Magen gelangt und Störungen verursacht. Ist die Farbe des Nagels noch dazu rot, d. h. dunkel, so ist Blutfülle vorhanden, die als sekundäre Eigenschaft Heftigkeit im Wesen, also auch Unzufriedenheit und Nörgelei, erzeugt.

Normale Nägel sind etwas länger als breit, elastisch, haben eine Farbe von dunklerem Rosa und eine kleine Wölbung. Die Seitenränder sind eingebettet (Bild 5 a).

Kurze Nägel sind die, die wohl eine normale Breite, aber nur die halbe Länge des normalen haben und etwas gewölbt sind: Organische Herzleiden, die angeboren oder ererbt sind. Immer Entartung (Bild 5 b).

Sehr kurze Nägel bei Frauen: Eierstockleiden; Entartung (Bild 5 c).

Seitenränder sichtbar (nicht eingebettet): Allgemeinstörungen (Bild 5 d).

Halblange Nägel, die man weder als lang noch als kurz bezeichnen kann: Disposition zu Hals-, Bronchialleiden; sekundär zu Unterleibsleiden (Bild 5 x).

Lange Nägel weisen immer auf Störungen in der Lunge hin (Bild 5 d, 5 e).

Mandelförmige Nägel sind ein Zeichen für Stoffwechselstörung, Disposition zu Lungenleiden; sekundär Disposition zu Zucker (Bild 5 e).

Halbkugelform: Tuberkulose war in der Familie vorhanden; hier ist Disposition dazu wohl vorhanden, doch braucht sie nicht zu dem entwickelten Leiden zu führen (Bilder 5 f, 5 g).

Krallenartige Nägel, der Länge nach gebogen: Disposition zu Lungenasthma, Intoleranz, Habsucht (Bild 5 h).

Krallenartige, an den Längsseiten eingebettete Nägel, ohne Biegung der Länge: Herzasthmadisposition. Erstere können beiderlei Krallenbiegung haben (Bild 5 h, Profilschnitt).

Asthmanägel (nur an Daumen und Zeigefinger) deuten darauf hin, daß Asthma in der väterlichen Generation war; an den anderen Fingern allein: in der mütterlichen Generation.

Flache Nägel (flacher Profilschnitt) deuten immer auf Milzstörungen (Bild 5 r).

Oben breite, unten spitz (in Dreieckform) zulaufende Nägel: Rückgratleiden, meist mit Herzleiden verbunden (Bild 5 k).

Keulendaumen ist immer eine Disposition zu Jähzorn, Tobsucht (evtl. sogar Mord in Form von Totschlag), ohne daß der Betreffende die wirkliche Absicht zu haben braucht. Plötzliche Erregtheit und Fehlen der hier nötigen Hemmungen durch den Verstand werden sich zeigen. Oft für Jahrzehnte nicht, manchmal öfter. Zeit und Umstände kommen sehr in Betracht. Der Nagel an solchem Daumen ist immer kurz und breit (Bild 5 p, Bild 11).

Halbkreiswölbung findet sich zuerst am Apollofinger (Ringfinger) und bedeutet dann Nierenstörung. Ist diese Nagelform an allen Fingern zu erkennen, so dauern diese Nierenstörungen schon viele Jahre an, eventuell schon seit der Geburt (Bild 5 l).

Kurzer (Herz-)Nagel, gewölbt wie Nierennagel, bedeutet Disposition zu Nierenblutungen.

Sehr hohe Wölbung (ähnlich einem Zweidrittel oder Dreiviertel eines Kreisdurchschnitts) sind Nägel einer Krebskonstitution. In der Farbe sind diese Nägel meist graulila, hin und wieder auch rosa. Man wolle hier genau auf die Wölbung achten und diese nicht mit derjenigen des Nierennagels verwechseln (Bild 5 m, Bild 32/64).

Runder Nagel mit Wölbung (wie Viertelkugel) nur am Zeigefinger allein (die anderen Nägel können andere Formen haben): Skrofeln in der Jugendzeit (Bild 5 i).

Auswärts gebogene Nagelränder (nach oben) bedeuten Nervenstörungen und Disposition zu Lähmung (Bild 5 n). Diese Form ist die der natürlichen entgegengesetzte. Die natürliche Form bedeutet Kraft, Gesundheit, Tätigkeit; diese: Hemmung, Lähmung.

Löffelartig gebogener Daumennagel mit eingefallenem Gelenk (nach außen gebogener Daumen) ist ein Merkmal dafür, daß in früherer Generation Säuferwahn vorhanden war (Bild 5 o).

Wellige Querrillen (Berge und Täler) in den Nägeln: Ausscheidungen von Schlacken aus dem Körper (Bild 5 r).

Längslinien bedeuten Darmerschlaffung. Bei Rauchern meist besonders stark am Daumennagel (Bild 5 s). Nikotin und Kakao meiden.

Längslinien mit zeitweise darin vorkommenden Verdickungen: Darmerschlaffung und Unreinigkeiten im Blut; sekundär Milzleiden (Bild 5 t).

Feine Längs- und Querrillen (selten!): Disposition zu Wassersucht (Bild 5 u).

Vertiefungen (Löcher) auf der Oberfläche des Nagels: Milzstörungen (Bild 5 v).

Abblättern des Nagels am Ende (wie bei Schiefer oder Glimmer): Wurm (Bild 5 w).

Kurze reihenartige Striche quer über den Nagel, besonders wenn noch dazu brüchig: Verkalkung (Bild 5 z).

Nagelmond fehlend: nervöse Herzschwäche, Herzneurose (Bild 5 c).

Nagelmond zu groß: Neigung zu Herzschlag (Bild 5 e).

Nagel dunkelrot in Farbe: Blutfülle (Heftigkeitsneigung);
blaß: Blutarmut;
blaß mit roten Rändern: Stauungen;
bläulich: schwache Zirkulation des Blutes (Kohlensäure);

blau: Herzstörungen;

grün: Eiteransammlung in Blut und Muskeln;

gelbe Flecke: Gehirnstörungen.

Totale Gelbfärbung: Leber- oder Gallenstörung; Gelbsucht (nicht zu verwechseln mit Nikotinflecken).

Braunfärbung (bis zu Kakaofarbe) kommt oft vor bei schweren tropischen Fiebern (Gelbes Fieber, Schwarzwasserfieber).

Grauschwarze Färbung oder Flecke: Verstopfung der Blutgefäße, Quecksilberbelastung. Diese Flecke sind verschwommen und weniger abgegrenzt.

Schwarze oder dunkle Flecke oder Punkte: Gifte im Körper; oft Vorzeichen von innerer Blutvergiftung.

Weiße Flecke oder Punkte (sog. Glückszeichen): Ausscheidungen von Unreinigkeiten; Harnsäurebelastung und Nervosität.

Leicht einreißende Nägel bei Frauen: Unterleibsstörungen.

Harte Nägel sind immer ein Zeichen dafür, daß auch feste Knochenmasse vorhanden ist.

Dünne oder weiche Nägel bedeuten schwache Knochen.

Brüchige Nägel: Disposition zur Verkalkung im fortgeschrittenen Stadium. Hier muß beobachtet werden, ob der Nagel von Natur aus brüchig war oder ob das Brüchigsein ein Resultat der Nagelpflege ist, d. h. durch Nagellack verhinderte Atmung des Nagels oder Einwirkung von Chemikalien.

Nagellack ist durchaus schädlich, und es wäre wünschenswert, daß man solche schädigenden Kosmetika durch Nichtbeachtung aus dem Handel schafft. Wer durchaus seine Nägel zu polieren wünscht, der nehme den unschädlichen Nagelpolierstein oder ähnliches, Pulver, Fett usw.

Elastisch und fest ist der normale Nagel; biegsam, aber nicht brüchig.

Am kleinen Finger ist der Nagel kleiner als an den anderen, entsprechend dem Größenverhältnis. Ist er aber im Größenverhältnis zu klein und zu kurz, zeigt dies an, daß Herzstörungen in früherer Generation vorhanden waren (linke Hand: mütterlich).

Am kleinen Finger ein schmaler, dünner, hochgewölbter

Nagel: Disposition zu Rückgratleiden, nie robuste Konstitution (Bild 5 q).

Bei der Papillar-Diagnostik beobachte man die unter dem Mikroskop stark vergrößerte Nagelhaut. Man wird darin sehr feine Kanäle finden, in denen sich das Blut fortbewegt (Bild 5 a). Es ist selbstverständlich, daß, wenn die Nagelhaut abgeschnitten oder verletzt wird, auch diese feinen Blutkanäle verletzt werden und feine Kräfte verloren gehen. Aber Modeverrücktheiten kehren sich ja nie daran, ob etwas fördernd oder schädlich ist!

Verlust des Nagels kann eintreten bei Scharlach, Zuckerkrankheit, Aussatz und Syphilis.

Kleine, dünne und brüchige Nägel mit schmutziger Färbung sind ein Zeichen für Syphilis, die von früheren Generationen übernommen wurde; daher schlechtes Blut.

Hiermit schließe ich den Teil *Nageldiagnosen* und weise nochmals darauf hin, daß diese Zeichen mit den anderen, die ich im folgenden beschreiben werde, zu kombinieren sind, um die Zeichen aus der Handform oder den Linien und Zeichen, die die Diagnose aus den Nägeln verstärken oder abschwächen können, nicht zu vergessen. Das ist sehr wichtig!

3. Erklärung der Bezeichnungen

Um besser zu verstehen, was gemeint ist, und um Irrtümern vorzubeugen, will ich denjenigen Lesern, die nur diesen Teil der Wissenschaftlichen Chirologie verwerten wollen, hier die allgemein üblichen und alten Bezeichnungen der einzelnen Handstellen und Plätze sowie der Linien und Zeichen erklären. Selbstverständlich muß man diese Bezeichnungen alle im Gedächtnis haben, wenn man sich klar zurechtfinden und gute Arbeit leisten will.

Die Zeichensymbole der Planeten werden in der Astronomie und Astrologie angewandt und sind darum nichts weniger als wissenschaftlich. Auch sind sie einfacher, kürzer und praktischer als die medizinischen Fachausdrücke. Dies Buch wurde nicht nur für Fachleute und berufsmäßige Heiler geschrieben. Außerdem will ich auch gleich vorweg dem möglichen Vorwurf der Verdunkelung vorbeugen.

Die astrologischen Zeichen oder Symbole werden auch in der Medizin angewandt, z. B. Mars für männliches und Venus für weibliches Geschlecht. Schließlich möchte ich an dieser Stelle auf zwei wertvolle Bücher hinweisen: *Medizinische Astrologie* von dem Wiener Arzt Dr. Feerhow, und *Astromedizin* von Dr. Asboga. Jeder Heiler wird hier ein sehr gutes und wirklich brauchbares Material finden, das seiner Praxis in eminentem Maße nutzen wird. Es ist nur sehr bedauerlich, daß der Deutsche im allgemeinen geistig zu schwerfällig ist und erst dann zu wertvollem Wissen greift, wenn alle Welt es längst sich zunutze machte. Man sollte bedenken, daß dies einem ganzen Volk zum Schaden gereicht.

Bezeichnungen der einzelnen Handteile

Daumen	– Daumen
Zeigefinger	– Jupiterfinger
Mittelfinger	– Saturnfinger
Ringfinger	– Apollofinger
Kleinfinger	– Merkurfinger

Als erstes Fingerglied gilt immer das Nagelglied, als zweites das darunterliegende und als drittes das dem Handteller am nächsten liegende.

Unter den einzelnen Fingern befinden sich »Polster«, Berge genannt. Die oberen vier Berge haben denselben Namen wie die betreffenden Finger. Unter dem kleinen (Merkur-)Finger liegt also der Merkurberg. Unter diesem, am Handrande entlang, der Marsberg, und unter diesem der Mondberg. Diesem gegenüber die Daumenwurzel, der Venusberg. Die etwas flachere Stelle der Handmitte, die von den Bergen begrenzt ist, heißt Marsfeld.

Die astrologischen Symbolzeichen sind leicht zu merken, wenn man sie in folgender Reihenfolge ins Gedächtnis einfügt: Bild 6: ☽ – ♂ – ☿ – ♃ – ♀ – ♄ – ☉. (Montag, Dienstag, Mittwoch, Donnerstag, Freitag, Samstag, Sonntag), ♅ – ♆ (Uranus, Neptun), ♂: männlich, ♀: weiblich.

Auf Bild 7 sind die Haupt- und Nebenlinien der Hand gezeigt, wie sie normal verlaufen sollen. Zumeist ist diese oder jene Linie in anderem Verlauf angezeigt, wenn man Hände betrachtet. Bei den später folgenden Bildern habe ich meist die betreffenden Planetenzeichen auf die Linie gezeichnet.

Marslinie (Schwesterlinie der Lebenslinie);
Lebenslinie (Vitalis);
Kopflinie (Cephalis);
Herzlinie (Mensalis);
Schicksals- oder Saturnlinie (Saturnalis);
Apollolinie (Linea solaris);
Venusgürtel (Cingulum veneris);

Magen- oder Gesundheitslinie (Hepatica);
Intuitions- oder Uranuslinie (Linea intuitionis);
Ehelinie;
Gift- oder Neptunlinie (Linea toxica);
Isis- oder Temperenzlinie am Handrande;
Armlinien oder Raszette (Restrictica).

Alle anderen vorkommenden Linien sind Ereignislinien. Auf Bild 8 sind die verschiedenen Linienformationen wie sie vorkommen können, genau gezeigt. Eine gute Linie muß auch gut im Verlauf sein, als Hauptlinie eineinhalb bis zwei Millimeter breit, und eine schöne rote oder rötliche Farbe haben. Sie kann gerade oder gebogen sein. Alle gebrochenen, zerrissenen, kettigen, gewundenen, gitterartigen und zu feinen Linien sowie solche, in denen sich Zeichen befinden, wie Punkte, Ringe, Inseln, Gitter, sind ungünstig an den Stellen. Ebenso sind feine Haarlinien und Quasten ungünstig: Krankheiten. Wie bei den Nagelfarben, so muß man auch hier auf die Farbe der Linie achten.

Bild 9 zeigt eine Zeichentafel mit genau gezeichneten Formationen. Hier ist zu merken: Alle Punkte, Flecke, Kreuze, Sterne, Ringe, Inseln und Gitter sind ungünstige Zeichen. Ob alleinstehend oder in Linien vorhanden, ist gleich, doch sind diese Zeichen in den Linien von stärkerer Bedeutung. Vierecke sind Schutzzeichen und kommen hier weniger in Betracht. Dreiecke sind immer gute Zeichen, haben aber für die medizinische Bedeutung wenig Wert, wie auch zum größten Teil die Runenzeichen oder Symbole. Punkte zeigen sich auf Handabdrücken nicht, da sie unter der Haut sitzen. In den beigegebenen Bildern von Abdrücken habe ich solche hineingezeichnet, jedoch etwas größer als in Natur, damit sie besser zu sehen sind. Die natürliche Größe eines Punktes rangiert zwischen Nadelstich und kleinem Kopf der Stecknadel.

Ich gehe nun zur Hand selbst über und behandle alles in der natürlichen Reihenfolge.

Der *Händedruck* sagt uns schon, wie der Betreffende sich fühlt. Ein fester Händedruck von fester Hand bedeutet, daß der

Eigner eine feste Konstitution hat und gewisse Verläßlichkeit besitzt. Eine weiche Hand gibt selten einen festen Händedruck. Bei einer weichen Hand fühlt sich das Fleisch weich, schlaff oder schwammig an; der Druck ist weich und leicht. Diese Personen haben eine lymphatische Konstitution und immer mit Krankheiten des Blutes oder der Säfte zu tun (viel Harnsäure, später Rheuma). Im Wesen sind sie vertraulicher, aber unzuverlässiger als jene mit festen Händen. Sie sind eindrucksfähig und ängstlich. Außerdem lieben sie den Genuß und sind träge.

Ist die Hand sehr hart, so daß man die Muskulatur wenig kneten kann (wie Gummi), dann ist Verkalkung vorhanden. (Beachte die hervortretenden Adern an den Schläfen.) Die Konstitution erfühlt man am besten, wenn man mit den Fingern die Innenhand und mit dem Daumen die Oberhand fest abtastet. Hier findet man sofort, was hart, fest (normal elastisch) oder weich ist. Der Grad dieser Festigkeit gibt den Grad der Widerstandskraft des Körpers an. Man fühle auch die Finger so ab. Diese sind oft härter als der Handteller, was besagt, daß Verkalkung schon vorhanden ist. Normale Hände, die gute Elastizität des Körpers anzeigen sollen, müssen auch biegsam sein, d. h. sie müssen sich geradestrecken lassen und eher eine Kurve nach oben zeigen als nach unten! Nach innen gekrümmte Hände sind schon Zeichen von Verhärtung (Verkalkung). Disposition leichter Art zeigt sich auch durch das Hervortreten der Adern auf dem Handrücken.

Bläuliche oder blaue Adern auf dem Handrücken zeigen an, daß viel Kohlensäure im Blute vorhanden ist. Solche Menschen brauchen reichlich frische Luft und Bewegung. Langsam und tief atmen!

Die Haut

Die Haut von bläulicher Farbe hat dieselbe Bedeutung wie blaue Adern.

Gelbliche Haut zeugt von Leber- oder Gallenstörung.

Blasse Haut zeugt von Blutarmut (Fehlen roter Blutkörper).

Rote Haut besagt Vollblütigkeit und Neigung zu Schlag.

Seidenartige (sehr feine, zarte) Haut: Disposition zu Rheuma-, Nieren-, Blasenleiden, auch Gicht, aber auch zu langer Jugendlichkeit und zartem Empfinden. Hohes Niveau.

Trockene und rauhe Haut: Disposition zu Fiebern und Hautkrankheiten.

Feuchte Haut (kühl und klamm): Neigung zu Leberleiden.

Handform

Bei Betrachtung der äußeren Hand fällt es oft auf, daß dieser oder jener Finger krumm oder gebogen ist. Auch hier muß unterschieden werden, ob dies durch Verkrüppelung oder Unfall verursacht ist oder nicht. Ist das nicht der Fall, haben diese Verkrümmungen selbstverständlich auch ihre Bedeutung für Anlagen zu bestimmten Leiden. Bild 10 zeigt eine Hand, an der alles gebogen ist. Hier wolle man sich folgendes genau einprägen:

Der *Daumenkopf* (das erste Glied, Bild 10/12) steht in Verbindung mit Kopf und Gehirn, das erste und zweite Glied (Bild 10/13) mit dem Rückgrat, der Wirbelsäule. Der Grad der Biegung des Daumens nach außen zeigt den Grad der Anpassungsfähigkeit an. Personen, die einen steifen (aber dabei gesunden) Daumen besitzen, haben wenig Anpassungsfähigkeit in bezug auf andere Menschen. Sie »biegen, beugen« sich nicht, wollen es auch nicht. Sie haben ein »steifes Rückgrat« im guten Sinne; das braucht nicht krankhaft zu sein. Hier ist Eigenwille in guter Stärke vorhanden. Daher sind sie auch verläßlich und wenig beeinflußbar. Dies ist wertvoll zu wissen für die Behandlung eines Kranken, mag die Heilmethode sein, welche sie wolle. So erkennt man am Daumen sofort, wieviel Wille, Kraft zur Selbstzucht und Suggestion, wieviel Vernunft und geistige Widerstandskraft vorhanden sind. Das erste Glied ist Maß des Willens, das zweite Glied Maß der Vernunft, das dritte Glied (Venusberg), die »Maus«, Maß des Trieblebens. Der Knoten zwischen erstem und zweitem Glied zeigt in seiner Ausbildungsstärke das Maß der Zähigkeit im geistigen Sinne. Es ist ganz selbstverständlich, daß sich ein Mensch mit kleinem, schwachem oder sehr biegsamem Daumen viel leichter und schneller beeinflussen läßt als einer, der einen starken, geraden, festen Daumen hat. Beachte auch, was ich schon unter *Nageldiagnostik* über den »brutalen Daumen« sagte.

Der Zeige(Jupiter)finger. Der obere Teil dieses Fingers, das erste Glied, steht bei der rechten Hand in Verbindung mit der Leber und bei der linken Hand mit der Milz (Bild 10/1). Der untere Teil steht in Beziehung zur Lunge; Bild 10/2.

Der Mittel(Saturn)finger. Sein erstes Glied steht in enger Beziehung mit dem Blinddarm (Bild 10/3), sein zweites Glied und dessen Beugegelenk mit dem Darmkanal, mit der Verdauung (Bild 10/4). Bei Verdauungsstörungen haben wir verdickten Knoten.

Der Ring(Sonnen)finger steht in enger Beziehung: erstes Glied mit der Niere (Bild 10/5), zweites Glied mit dem Herzen; beachte die Biegung, markiert durch die Linie (Bild 10/6).

Der kleine (Merkur)Finger steht in enger Beziehung mit den Sexualorganen und bedeutet (Bild 10/7, die Abbiegung des ersten Gliedes) bei Frauen: Uterus-Senkung; (Bild 10/8, Verdikkung, Knotung oder Anormalität): Uterus-Knickung. Bei Männern: Schwäche der Sexualorgane.

Ähnliche Anzeichen für dieselben Organe sind auch die stark hervortretenden Knöchel auf der Oberhand, wenn man eine Faust macht, und zwar je nachdem, welche Knöchel ausgeprägter sind mit den dazugehörigen tieferen Tälern daneben. Wären die Täler nicht, würden die Knöchel nicht »hervortretend« sein.

Weiter unterhalb des Zeigefingers neben dem Daumen finden wir, wenn der Daumen lose angelegt wird, eine Maus, ebenfalls auf der Oberhand. Tupft man mit einem Finger auf diese Maus, wird man sofort finden, ob sie hart, fest oder weich ist und an welchen Stellen weicher. Die Festigkeit dieser Maus ist ein untrügliches Zeichen für die Lungenkraft (Bild 10/9). Ist die Stelle, die mit 10 bezeichnet ist, weich, das andere alles fest, so besagt dies: Die Lungenkraft ist im allgemeinen gut, doch ist an der oberen Lungenpartie eine schwache Stelle. Ist die Stelle mit Bezeichnung 11 weich, dann ist es die untere Lungenpartie, die schwach ist. Wenn die ganze Lunge schwach ist, wird auch die ganze Maus weich sein, so weich, daß man mit dem Finger keinen Widerstand findet.

Sehr oft habe ich gefunden, daß, wenn eine Stelle weich ist, auch in der Innenhand das Zeichen dafür vorhanden ist, auch Tuberkulose bei einem Vorfahren vorhanden war. Vererbungszeichen, Insel im Ende der Herzlinie (Bild 21/9).

Bei der Wurzel des Apollofingers beobachtet man manchmal eine Verengung, als ob diese Stelle durch einen zu engen Ring im Wachstum zurückgeblieben, eingeengt wäre. Dies bedeutet Schwäche auf den Beinen (Bild 18/2, punktiert).

Venusberg (Bild 3/1)

Ein übergroßer Venusberg macht geneigt zu folgenden Leiden: übergroße Sinnlichkeit und deren Begleiterscheinungen; Sexualleiden; verstärkte Disposition zur Hysterie. Der obere Teil des Berges: Bronchien. Er gibt jedoch starke Lebens- und Sexualkraft sowie Gutherzigkeit.

Roter Punkt in feiner Linie: Störung in den Sexualorganen; evtl. Gonorrhöe. Bild 30/51.

Brauner Punkt oder kleiner Fleck: Gehörstörung.

Ring mit Strich durch denselben: Warnt vor Infektion und Schaden durch Ausschweifung; die Disposition wird ebenfalls dadurch angezeigt. Bild 30/51.

Gitter: Verdorbene Sinnlichkeit und leichte Aufnahmefähigkeit für Sexualkrankheiten. Bild 18/15, Bild 15.

Jupiterberg (Bild 3/3)

Ein übergroßer Jupiterberg macht immer zu folgendem geneigt: Schlaganfall, Lungen- oder Brustleiden, plötzlichem Fieber, Arterienverkalkung, Haarausfall, Blutandrang nach oben; außerdem zu Genußsucht.

Roter Punkt: Kleine Verletzung der Lunge; verstärkt, wenn in Linie, die aus der Magenlinie kommt.

Dunkler Punkt: Warnung vor ansteckender Krankheit.

Insel, am Fingerbeugegelenk hängend: Stirnhöhlenkatarrh, mitunter operativer Eingriff an der Schädeldecke. Bild 29/46, Bild 20/1.

Insel, allein und vertikal stehend: Krankheiten der Nase. Bild 20/3.

Insel, alleinstehend und waagerecht: Krankheit des Ohres. Bild 20/2.

Insel auf der Kopflinie, vertikal stehend: Augenverletzung, evtl. durch Operation. Bild 20/4.

Kleine aufsteigende Äste aus dem Beugegelenk (zwischen Berg und Finger): Leberstörung; zweites Zeichen: Zerrissene Magenlinie, Bild 24/13, Bild 16/2.

Kleine senkrechte Linie, das Beugegelenk schneidend: Kopfverletzung. Bild 29/45.

Kleine schräge Linie, das Beugegelenk schneidend, nach der Außenseite der Hand (Daumenrichtung) verlaufend: Fehlgeburt. Bild 29/43, Bild 19/3, Bild 14/1.

Dieselbe Linie, verlängert nach unten: Erschlaffung der Mutterbänder und hierdurch Disposition zu Fehlgeburt. Bei Männern: Disposition zu Bruch. Bild 29/44, Bild 17/3.

Kleine Halbbogenlinie, zwischen Jupiter- und Saturnfinger beginnend und im kleinen Halbbogen nach der Mitte des Berges verlaufend: Disposition zu beschleunigten Fehlgeburten und sonstigen Eingriffen. Bild 15/1, Bild 13/1.

Eine solche Linie in halber Länge und Ende verdickt: Zangengeburt. Bild 29/48.

Große Bogenlinie mit oder ohne Verdoppelung quer über den Berg verlaufend: Störung der Blase, meist Schwäche. Bild 25/19, Bild 13/2, Bild 19/4, 5.

Eine kurze Linie (im Verlauf zu der letzteren im rechten Winkel): Weißfluß. Bild 12/3, Bild 30/49. Bei Männern: Harnröhrenentzündung. Bild 30/49.

Ein liegendes flaches Kreuz: Überreizte Kopfnerven. Bild 23/11.

Saturnberg (Bild 3/5)

Ein übergroßer Saturnberg macht immer zu folgendem geneigt: Leiden der Milz, Ohren, Zähne, Beine; alle chronischen Leiden. Ferner Nervenreizung, Hysterie (Überreizung der Sexualnerven des Rückenmarks), Paralyse, Rheuma, Hämorrhoiden, Blutdruck nach unten. Grübelei, Schwermut.

Roter Punkt: warnt vor Entzündungen.

Rote Punkte in oder um die Herzlinie: Schadhafte Zähne. Diese Punkte sind manchmal auch nur farblose Vertiefungen. Bild 24/16.

Brauner oder dunkler Punkt: Disposition zu Krampf in der Ausreifung.

Kreuz: Warnung vor Körperverletzung durch Unfall.

Stern: dasselbe wie Kreuz, jedoch verstärkt.

Inseln: senkrecht unter dem Saturnfinger, auch weit über den Berg hinaus bis zum Handgelenk sich erstreckend: Leiboperationen, Verletzungen. Bild 12/1, Bild 20/1, 8 9, 10 11.

Gitter: Starke Melancholie.

Kleine Äste im Beugegelenk: Disposition zu Epilepsie; dazu andere Zeichen. Bild 23/8.

Kleine senkrechte Linie, das Beugegelenk schneidend: Leibverletzung. Bild 29/45 b. (Bei diesen senkrecht kurzen Schnittlinien ist es gleich, ob sie das untere oder zweite Beugegelenk schneiden!)

Zwei kurze senkrechte Linien zwischen Jupiter- und Saturnfinger: Rheuma. Als zweites Zeichen: ein großer Mondberg. Bild 26/26.

Saturnfinger:

Querlinien im ersten (obersten) Glied: Neigung zu Depressionen, bis zum Lebensüberdruß. Bild 16. Beachte dieselben Linien am ersten Daumenglied. Bild 59/1 und 59/17.

Querlinie im oberen Teil des zweiten Fingerglieds: warnt vor Gasvergiftung. Bild 62.

Querlinie im mittleren Teil des zweiten Glieds: warnt vor Vergiftung durch Medizinalgift (Fahrlässigkeit). Bild 62.

Querlinie im unteren Teil des zweiten Glieds: warnt vor Körperverletzung. Bild 56. Medizinalgifte.
Mehrere feine senkrechte Linien, über das zweite Beugegelenk laufend: warnen vor Vergiftung durch verdorbene Lebensmittel. Bild 18.

Apolloberg (Bild 3/7)

Ein übergroßer Apolloberg macht immer zu folgenden Leiden geneigt: Herz, Rückenmark, Gehirn, Augen, Sehkraft, evtl. Herzarteriengeschwulst.
Roter Punkt: warnt vor Blutvergiftung.
Dunker Punkt: warnt vor Typhusfieber, auch Gehirnstörung.
Ring oder roter Punkt dicht am Beugegelenk: warnt vor Augenschaden. Bild 36/85.
Kleine senkrechte Linie durch das untere oder zweite Beugegelenk: warnt vor Beinverletzung. Bild 29/45 c.
Feine enge Gitter: Störungen im Nervensystem des Solar plexus und Rückenmark, Bild 34/76 e.

Merkurberg (Bild 3/9)

Ein übergroßer Merkurberg macht immer zu folgenden Leiden geneigt: starke Nervosität, Leber, Galle, Nervenirritationen. Sekundär: Gelbsucht, Irrsinn. Merkur und Mars: Husten, Leiden der Stimme.
Roter Punkt: Verletzungen innerer Art, mit den Nerven des Gehirns in Verbindung.
Dunkler Punkt: warnt vor fieberischen Krankheiten und Schlaganfall.
Ring: Nervenleiden oder nervöser Zusammenbruch.
Kleine senkrechte Linie im unteren oder zweiten Beugegelenk: warnt vor Armverletzung. Bild 17/7 (senkrecht gedacht!), Bild 29/45 d.

Marsberg (Bild 3/10)

Ein übergroßer Marsberg macht immer zu folgenden Leiden geneigt: Kehlkopf, Bronchien, Galle, Därme, Hämorrhoiden, Pocken.

Roter Punkt: Darmverletzung, Darmgeschwür, Hämorrhoiden, evtl. Wundfieber. Bild 25/23.

Dunkler Punkt: Darmfieber, evtl. auch bei Dysentrie, Ruhr. Bild 25/23.

Kreuz oder Stern: warnt vor Verletzung durch Angriff.

Linie aus dem Venusberg kommend, auf dem Mars endend: Operation. Ist auf dem Marsberg ein Stern vorhanden oder an dieser Linie, so ist die Operation gefährlich. (Zeitpunkt, Jahr ist abzumessen an der Lebenslinie, wo diese Linie sie schneidet.) Bild 12/10, 12/12, Bild 13/4, 13/9, Bild 33/72.

Mondberg (Bild 3/15)

Ein übergroßer Mondberg macht zu folgenden Leiden geneigt (da dieser Berg größer ist an Fläche, beachte man genau, welche Stelle evtl. höher ist als die andere): Nieren, Blase, Steine, Gicht, Wassersucht, Blutarmut; Launen, Melancholie; Rheuma; durch die lymphatische Konstitution auch Disposition zu Augenleiden.

Oberer Mondberg stärker entwickelt: Disposition zu Darm- und Magenkatarrh.

Mittlerer Mondberg stark entwickelt: Disposition zu viel Harnsäure, Rheuma.

Unterer Mondberg stark entwickelt: Disposition zu Leiden an Niere, Blase, zu Zucker, Steinen; bei Frauen Unterleibsleiden.

Ein großer Mondberg zeigt immer viel Fantasie an und leicht Rheuma.

Rote Flecken, die zeitweise auftreten (besonders, wenn die Hände heiß sind): vorübergehende Herz- und Nierenstörung.

Kreuz: verstärkt Melancholie.

Stern auf unterem Mondberg: gibt immer Neigung zu Fall. Dies kann mit Ohnmacht usw. zusammenhängen und muß nicht gerade Epilepsie oder Fallsucht sein. Bild 16/21. (Siehe auch Bild 23/8, Epilepsie.)

Gitter: Schwermut, Laune, verdorbene Fantasie.

Der untere Teil, stark mit kleinen Linien belebt: Störungen der Milz, oft auch Bewußtseinsstörungen. Bild 25/20, Bild 13/7. (Mondsucht, Schlafwandel, Hypochondrie; schwere Träume. Bild 18.)

Starke waagerechte Linie bis zur Lebenslinie: Leicht reizbare Nerven durch mit Erbmasse übernommene Gifte; daher auch Medialität, die jedoch schädlich wirkt. Bild 30/53, Bild 14/8.

Linien, die aus der Lebenslinie schräg zum oberen Mondberg laufen: Giftlinien, die durch Zuführung von Medizinalgift entstehen (Impfgift, Veronal, Morphium, Aspirin, Salizyl, Narkosen, Nikotin. Bei Arsen nehmen diese Linien einen leichten Metallglanz an). Arsen ist Gehirngift; ich habe an mehr als einhundert Fällen feststellen können, daß das Arsen das Gegenteil bewirkte von dem, was bezweckt wurde; es handelte sich hier um blutarme und zu schlanke junge Damen. Viele klagten über Druck im Kopf und erschwerte Denkfähigkeit. Bild 17/11, Bild 15/10, Bild 26/28.

Handlinien (Bild 7)

Sind die »Berge« mehr als Sammler von Kraftströmen elektromagnetischer Art und als besondere Nervenbündel oder Zentren zu betrachten, so sind die Linien, insbesondere die Hauptlinien, als die Flußbetten anzusehen, unter denen diese feinen Ätherströme entlanglaufen. Auf der Oberfläche, in der Konstitution der Linie, zeigen sie die Auswirkung dieser Kräfte, den Verbrauch, wo und wie diese Kräfte verwandt werden.

In manchen Linien findet man einen zarten Bruch (Hemmung) oder ein Kreuz, Stern (Stauung und Verbindung mit anderen Kräften, was immer zu plötzlicher Auslösung drängt), oder eine Insel (ähnlich einer Blase), was dann immer bedeutet, daß sich an dieser Stelle physische Vererbung zu erkennen gibt. Ein Gitter über einer Linie gibt Zersplitterung und somit Verschwendung von Kräften feinstofflicher Art an. Eine Linie, die etwa eineinhalb bis zwei Millimeter breit ist und sich dann in Haarlinien oder Stückchen verläuft, bedeutet logischerweise ein Abflauen und Versiegen der Kraft. Ein Breiterwerden der Linie entspricht einer Verstärkung der Kraft.

Teilt sich von einer Hauptlinie eine kleine Nebenlinie ab, so ist dies ein Nebenfluß. Dabei ist zu beachten, ob diese Neben- oder Zweiglinie eine gerade oder wellige, zackige, verkrüppelte Linie ist. Daß eine gerade gute Nebenlinie eine günstigere Bedeutung hat als eine mehr oder weniger verkrüppelte, ist ebenso logisch. Ein roter Punkt auf einem Berg oder in einer Linie zeigt an, daß ein winziges Blutgefäß geplatzt ist. Da die feinen Nerven jener Stelle wieder mit bestimmten Organen in Verbindung stehen, sagt einem das folgerechte Denken, daß auch etwas mit den betreffenden Organen nicht ganz in Ordnung ist. Ob eine große oder kleine Sache, das ist hier gleichgültig. Man muß sich nur durch die Erscheinung an die Tatsache halten, daß es so ist. So ist der Punkt, der nicht an, sondern immer unter der Oberfläche vorhanden ist, nur das Erkennungszeichen, das Signal für das betreffende Organ oder den Körperteil. Ein blauer Punkt hat immer mit Nervenstörungen oder Fieber zu tun, ein dunkler mit Fieber oder Krampf, ein roter immer mit innerer Blutung, Verletzung, Entzündung. Hier spricht die Farbe schon sehr deutlich.

Lebenslinie (Bild 7)
Vitalis

Diese Linie ist sehr genau zu beobachten, denn hier zeigen sich viele Feinheiten, die anderswo nicht vorkommen. Eine Linie mag schon irgendwie verletzt, gebrochen, gerissen sein, es ist nicht so sehr bedeutsam. Bei der Lebenslinie kann es den Tod bedeuten.

Eine schwache Linie: Schwache Lebenskraft. Ist die Linie nur am Anfang schwach und zart, so ist die Lebenskraft in der Jugend nicht groß. Bild 33/68. Gegitterte Linie am Anfang besagt, daß die Erbmasse schlechte und schwache Konstitution gibt, solange diese Störung in der Lebenslinie angezeigt ist. Bei einer mittelmäßig großen Hand entspricht ein Millimeter genau einem Jahr. (Über Messung der Linien siehe Bild 4.)

Blasse Lebenslinie zeigt Mangel an Blut, d. h. Blutarmut an.

Bläuliche Färbung bedeutet Störung der Zirkulation.

Gelbe Farbe im Anfang der Linie (etwa zwanzig Millimeter weit) findet man manchmal bei frischer Gonorrhöe.

Kettige Linie, weiter nach der Mitte zu, bedeutet Störungen und Schwäche der Gesundheit in den betreffenden Jahren. Bild 33/69.

Eine lange Lebenslinie muß nicht notwendigermaßen ein langes Leben bedeuten. Hier muß man genau auf die kleinen Querschnitte achten. Ist eine solche Schnittlinie kurz und dünn, zart, so bedeutet dies leichte Kränklichkeit. Ist die Schnittlinie aber stark und tief, so ist das ein Zeichen eines kritischen Zeitpunktes für die Gesundheit, eventuell Tod. Bild 13/5, Bild 18/17, Bild 14/7.

Eine kurze Lebenslinie besagt auch ein kurzes Leben. Nur ist darauf zu achten, daß dies in der rechten Hand gezeichnet ist. In der linken nur allein (die Lebenslinie der rechten Hand gut und stark verlaufend), bedeutet, daß sich in dem betreffenden Jahr eine schwere Erkrankung zeigt. Wenn ebenfalls in der rechten Hand an der gleichen Stelle, bedeutet es Tod (Aufhören der Lebenskraft).

Bricht die Lebenslinie plötzlich ab, so ist die Todesursache eine plötzliche; ebenso, wenn die Lebenslinie in beiden Händen an der gleichen Stelle einen tiefen Einschnitt aufweist. Dies kann angezeigt sein durch eine scharfe Linie, aber auch durch einen scharfgezeichneten Stern.

Sicher können auch mehrere Schnittlinien in der Lebenslinie zu erkennen sein, das bedeutet dann, daß diese Zeiten kritisch sind für das Leben des betreffenden Menschen. Bild 13/5. Zu gleicher Zeit bedeuten diese gleichen Schnittlinien auch, daß die durch sie angezeigten Jahre Todesjahre von Blutsverwandten sind. Dieser Rhythmus lebt also in den Nachkommen weiter.

Teilung der Lebenslinie in der unteren Region bedeutet: Abflauen der Lebenskraft, also allgemeine Körperschwäche. Bild 17/13.

Quasten am Ende der Linie: Zerfall der Kräfte in starkem Maße. Bild 18/19.

Roter Punkt in der Linie: Verletzung, Lebensgefahr.

Dunkler Punkt: Fieber oder fieberische Krankheit in dem Jahre; das läßt sich selbstverständlich ausmessen.

Kreuz oder Stern in der Lebenslinie: Lebensgefahr in dem Jahr.

Ring in der Lebenslinie: Gefahr für das Augenlicht auf dieser Seite.

Insel in der Lebenslinie zu Anfang: Die Erbmasse des Betreffenden zeigt hier an, daß Schwäche in der Jugend vorhanden ist. Bild 16/7, Bild 13 (LL), Bild 11/4.

Im Anfang zarte oder zerrissene, kettige Lebenslinie: Schwache Gesundheit so lange, wie diese Linienkonstitution dauert. Bild 13.

Eine Insel in der Mitte der Lebenslinie: Schwäche in dem Alter und für die Dauer (Länge) der Insel. Bild 16/6.

Eine Insel im Ende der Lebenslinie oder auch ein kleines Dreieck an der Linie (an derselben Stelle) bedeutet, daß hier Krebskonstitution vererbt ist. Dies bedeutet aber nicht, daß der Betreffende nun auch ein Krebsleiden bekommen muß. Ob die Schulwissenschaft es zugibt, daß Krebs vererbbar ist, oder nicht, das stört mich nicht im geringsten. Es bedeutet auch weiter nichts. Dieses Zeichen habe ich über fünftausendmal in der Praxis nachgeprüft und noch immer bestätigt erhalten. An Tatsachen kann man nicht rütteln. Zweck der Zeichen ist es ja, daß wir erkennen sollen, was vorliegt. Es läßt sich auch einigermaßen sicher erkennen, was es für Krebs war, den der Vorfahr hatte: Zeichen für ererbte Krebskonstitution: Bild 12/13, Bild 15/7, Bild 18/22, Bild 32/64.

Vorausgesetzt, daß dieses Zeichen vorhanden ist, bedeutet es mit Bild 21/14, daß es Magenkrebs, mit 21/15, daß es Brust- oder Halskrebs, mit 21/17, daß es Leber- oder Darmkrebs, mit 21/18, daß es Unterleibs- oder Blasenkrebs war.

Ist die Lebenslinie am Anfang mit der Kopf- und Herzlinie verbunden, so bedeutet dies: 1. daß Lähmungserscheinungen in der betreffenden Familie waren; 2. daß der Betreffende eine heftige (evtl. gewaltsame) Todesart haben wird, wenn es in der rechten Hand ist; 3. daß in der Familie wahrscheinlich ein Selbstmord geschah. Das letzte ist nicht immer der Fall, aber oft. Möglich ist schon, daß es gern verschwiegen wird und die Betreffenden es nicht gern zugeben. Bild 26/30, Bild 14, Bild 15. (Siehe auch unter Herzlinie.)

Endet die Lebenslinie selbst oder mit starkem Ast im unteren Mondberg, so bedeutet dies bei Frauen: Ovarienleiden. Bei Männern: Hodenleiden. Bild 30/50; Bild 11/13, Bild 13/6, Bild 18/18, Bild 19/15.

Die Astlinie der Lebenslinie braucht nicht weit in den Mondberg zu laufen, sondern es genügt, wenn sie über die Mitte der Handwurzel reicht. Jedenfalls ist immer Disposition zu dem Leiden vorhanden.

Kopflinie (Bild 7)
Cephalica

Andere Bezeichnung: Linea naturalis und Linea minervalis.

Diese Linie habe ich auf den Handabdrücken mit KL bezeichnet. Sie ist in Betracht zu ziehen für alle Dinge, die Gedankenrichtung (Verlaufsrichtung der Linie), Krankheiten des Gehirns, der Augen und des Kopfes überhaupt betreffen. Die Linie beginnt am Anfang der Lebenslinie oder in derselben und verläuft quer über den Handteller waagrecht, oder in mehr oder weniger gesenkter Richtung zum Mondberg. Bild 14, Bild 15/4.

Wie man beim Kopf Klein- und Großhirn unterscheidet, so auch in der Kopflinie der Hand. Auf Bild 11 ist zwischen Mittel- und Ringfinger eine senkrechte punktierte Linie. Denkt man sich diese verlängert bis in die Mitte der Handwurzel, so schneidet diese Senkrechte die Kopflinie in zwei Teile: einen Teil diesseits, nach dem Daumen zu, den anderen jenseits, nach dem Handrand zu verlaufend. Der Teil der Kopflinie vom gedachten Trennungsstrich nach dem Daumen zu stellt das Unterbewußtsein oder Kleinhirn dar, der andere Teil das Oberbewußtsein oder Großhirn. Dies wolle man sich genau einprägen, denn auf diese Stelle kommt es bei dem Zeichen von Disposition zu Irrsinn an. Hierfür kommt eine Spaltung der Kopflinie in Betracht oder eine lange Gabellinie, die aber nicht verwechselt werden darf mit der Kombinationslinie, die die Kopflinie schneidet. Man beobachte genau: Beginnt die Spaltung der Kopflinie unter dem Saturnfinger oder noch früher, d. h. reicht die Spaltung der Linie bis in die erste Hälfte oder in den Teil, der das Unterbewußtsein oder Kleinhirn anzeigt, dann ist Disposition zu Irrsinn vorhanden. Bild 23/10, Bild 11/8.

Reicht die Spaltung nur bis unter den Apollo(Ring)finger, so ist wohl eine leichte Disposition vorhanden, doch löst sie sich nicht aus. Sie kann aber in vielen Fällen durch die so krankhafte und zersetzende Grübelei entwickelt werden. Jedenfalls ist hier gute Hoffnung und ziemliche Sicherheit vorhanden, daß sich Irrsinn nicht auswirkt. Bild 18.

Ist das Zeichen für Irrsinn nur in der linken Hand, so braucht sich diese Krankheit auch nicht auszulösen, aber sie kann es, wenn die Disposition gefördert wird. Auch hier bedeutet das Vorhandensein des Zeichens in der linken Hand, daß die Disposition von der mütterlichen Generation, in der rechten Hand, daß sie von der väterlichen übernommen wurde, besonders, wenn eine kleine oder größere Insel an oder in der Linie vorhanden ist. Bild 11.

Mitunter sieht man die langgegabelte Kopflinie und eine rautenartige Insel daran. Das bedeutet dann, daß ein Vorfahr Gehirnerweichung (Paralyse) hatte und zum Schluß Irrsinn, wie es ja nur zu oft vorkommt.

Zwei separate (für sich getrennte) Kopflinien: Alkoholismus bei Vorfahr!

Eine sehr dünne Kopflinie: schwache Denkkraft. Bild 16.

Eine tief in den Mondberg (also im Bogen) abfallende Kopflinie gibt immer starke Disposition zur Grübelei und Schwermut; außerdem durch Blutandrang zum Kopf Neigung zu Schwindelgefühl und Fall, wenn der Mondberg voll ist und gerötet; durch Blutleere im Gehirn, wenn der Mondberg flach ist. Bild 23/7, Bild 15/4. Meist ist auch diese Anlage zu Schwermut erblich übernommen. Vorfahr litt an Wahnideen (religiösen oder Verfolgungswahn, je nach dem Handtyp).

Oft gebrochene Kopflinie deutet auf Fallsucht.

Wölbung der Kopflinie gegen die Herzlinie und dieser gegen jene ist ein Zeichen dafür, daß Asthmaanlage vorhanden ist. Bild 22/5, Bild 19. (Siehe auch Nägel.) Sind die Nägel lang und etwas gewölbt, so ist es Lungenasthma, besonders bei feuchten Händen. Sind die Nägel kurz, so ist es Herzasthma, besonders bei trockenen Händen. (Asthma entsteht meist durch nach innen vertriebene Krankheiten. Solche Konstitution kann auch schon ererbt oder angeboren sein.) Bild 17, Bild 19.

Eine tief in den Mondberg verlaufende Kopflinie, auf dem unteren Teil des Mondbergs ein Stern, in dem Saturnfinger-Beugegelenk ein Zweig, ist ein Zeichen für Disposition zu Epilepsie. Bild 23/8.

Eine Insel am Anfang der Kopflinie bedeutet: Disposition zur Augenschwäche, ererbt. Bild 21/4, Bild 15/3.

Eine Insel in der Kopflinie unter dem Saturnberg bedeutet: Disposition zu Gehörschwäche, ererbt. Bild 21/5, Bild 15/2. Eine größere oder große Insel in der Kopflinie unter dem Apollofinger bedeutet: Starke Kopfschmerzen, ererbt; ein Vorfahr hatte Arterienverkalkung. Bild 21/6, Bild 12/9.

Kleine feine Haarlinien in der Mitte der Kopflinie bedeuten: Nervenreizung (vom Magen herrührend). Bild 53, Bild 55.

Roter Punkt in der Linie: warnt vor Augenschaden.

Dunkler Punkt in der Linie: warnt vor Kopfnervenfieber.

Tiefe Punkte bedeuten: Kopfverletzungen. (Kann ausgemessen werden!)

Ring, Stern bedeuten: Augenschaden durch Verletzung. Bild 24/17, Bild 12/10.

Halbstern am Ende der Kopflinie bedeutet: Augenschaden

durch Entzündung (Star, Hornhaut oder Bindehautentzündung). Bild 24/18.

Aufrechtstehende kleine Insel am Anfang der Kopflinie: Verletzung des Auges durch Eingriff, Operation. Bild 20/4.

Anfang der Kopflinie im oberen Venusberge: Nörgelei, Unzufriedenheit und Gereiztheit. Bild 17.

Herzlinie (Bild 7)
Mensalis

Andere Bezeichnungen in der alten Literatur sind außer der genannten: Linea pectoralis, veneris, generativa, spermatica, vesicalis, modalis und communis.

Diese Linie ist auf den Handabdrücken mit HL bezeichnet. Sie ist in Betracht zu ziehen bei allen Angelegenheiten, die das Herz angehen. Sie entspringt am Handrand unter dem Merkurfinger und verläuft in der Richtung Saturn- oder Jupiterberg, also entgegengesetzt der Kopflinie.

Normale Linie, mit vielen kleinen Ästen oder leicht kettig, bedeutet: Herznervenschwäche (Herzneurose). Bild 22/1, Bild 16/19, Bild 13. Sind dazu kleine Inseln in der Herzlinie, so ist das Leiden ererbt. Bild 14/11.

Breite Herzlinie: Schwellung von Herzmuskel oder Venen. Bild 22/2, Bild 19/18. (Genaue Feststellung, welches von beiden vorliegt, ist mir noch nicht gelungen.) Jedenfalls organisches Leiden.

Sehr breite, blasse Herzlinie: Schwäche des Körpers.

Brüche in der Linie: Organisches Herzleiden, angeboren; ebenso, wenn die Herzlinie unter Apolloberg aufhört (selten). Bild 22/3.

Mehrere senkrechte, kurze, kreuzende Linien: Organisches Herzleiden, erworben (ergibt bei Frauen erschwerte Geburten). Bild 27/34. Verläuft solche kurze senkrechte Linie durch eine Bruchstelle der Herzlinie: Schwere Geburten, lebensgefährliche Entbindungen. Bild 22/3.

Ende der Herzlinie unter Saturn-, Jupiterberg mit vielen

Quastlinien (vier oder fünf), hierzu eine nach oben gewölbte Raszettlinie: Schwere Geburten; hängt zusammen mit dem Becken. Bild 26/29, Bild 19.

Endet die Herzlinie unter Saturn plötzlich: Plötzlicher Tod durch Herzschlag. Bild 27/36, Bild 12.

Punkte in der Herzlinie, wie mit einer Nadel gestochene Vertiefungen, bedeuten: Unter dem Saturnberg: Schadhafte Zähne. Unter dem Ringfinger (blasse Punkte): Nierengrieß oder -stein. Unter dem Merkurfinger: Blasengrieß oder -stein. Unter dem Ringfinger dunkle (gelbliche) Punkte: Gallengrieß oder -stein. Bild 24/16, Bild 24/15, Bild 28/37.

Blauer Punkt in der Linie: Neigung zu Herzkrampf.

Roter Punkt oder Ring in der Linie: warnt vor Herzleiden durch Gifte.

Insel am Ende der Herzlinie (unter Jupiterberg): Vorfahr hatte Tuberkulose. Bild 18/7, Bild 21/9.

Gelbliche, gelbe oder bleifarbene Herzlinie: Leberstörungen.

Lila Färbung bei Frauen deutet auf Unterleibsstörungen.

Lange Herzlinie (von Rand zu Rand), ohne Anschluß an Lebens- oder Kopflinie: ein Vorfahr hatte Lähmungserscheinungen. Bild 27/31. Dies besagt nicht, daß der Besitzer nun auch Lähmungen haben wird. Er neigt aber dazu, momentanes Aussetzen der Gehirnnerven oder des Herzens zu haben, weshalb man oft bei diesen Personen »Platzkrankheit« beobachten kann.

Dieselbe verbunden mit Kopf- und Lebenslinie ergibt ein Zusammenwirken der drei betreffenden Ströme, was von der Natur in der normalen Hand nicht vorgesehen ist, deshalb eine heftige, evtl. gewaltsame Todesart, aber nur, wenn in der rechten Hand vorhanden. (Sehr oft habe ich feststellen können, daß Selbstmord und Lähmung in der Familie vorgekommen sind.) Bild 26/30, Bild 14, Bild 15.

Schicksals- oder Bewußtseinslinie (Bild 21)
Linea saturnalis

Magen-, Leber- oder Gesundheitslinie (Bild 7)
Hepatica

Bezeichnung dieser Linie auf den Abdrücken: ML (☿). Die Magenlinie gibt Auskunft über den Gesamtnervenzustand, die Lebenszähigkeit, Störungen im Verdauungssystem, im Magen, im Darm, in der Leber, Niere, Galle, Milz.

Diese Linie kommt nicht in allen Händen vor. Wo sie fehlt, ist es ein Zeichen von robustem Körper. Wo sie vorhanden ist, bedeutet dies, daß der Betreffende aufnahmefähiger ist für feinstoffliche Medizin (Homöopathie, Isopathie, Biochemie, Magnetismus). Diese Linie beginnt nahe dem Handgelenk, entweder im Venusberg, in der Lebenslinie oder daneben in der Handwurzelmitte, in seltenen Fällen auf dem unteren Mondberge (was immer auf Beeinflussung der Milz hindeutet, wenn auch nicht immer im krankhaften Sinne). Sie verläuft immer in der Richtung nach dem kleinen Finger (Merkurberg), daher auch manchmal Merkurlinie genannt.

Gute Magenlinie und schwache Lebenslinie: Schwächere Gesundheit, aber große Zähigkeit.

Magenlinie zu weit auf Mondberg: Wechselnde Gesundheit, daher oft Unbeständigkeit und Launenhaftigkeit. Leichte Beeinflussung der Milz. Bild 25/20. Disposition zu Medialität.

Dünne Magenlinie: Schwächliche Verdauungsorgane. Bild 13, Bild 16, Bild 19.

Gewundene Magenlinie: Disposition zu Krampf. Bild 28/40. Zweites Zeichen für Krampf: dunkler Punkt auf Saturnberg.

Zerrissene Magenlinie (in Spitzen endend): Leberstörungen. Bild 24/13. Zweites Zeichen: Zweig im Jupiterfinger-Beugegelenk. Bild 16/15 mit 2, Bild 19.

Doppelte oder dreifache und zerrissene Magenlinie: Leber- und Darmstörung. Bild 24/13, Bild 19, Bild 16, Bild 32/62.

Gebrochene Magenlinie (Teile plötzlich abgebrochen): Nierenstörung. Zweites Zeichen: auf die Spitze gestelltes Viereck mit übergeschlagenen Ecken auf dem Mondberge. Drittes Zeichen: Nierennagel. Bild 24/14, Bild 15/10.

Gebrochene Magenlinie, untere Partie dunkler in der Farbe:

Gallenstörung. Ebenso, wenn die Linie gelbliche Färbung aufweist.

Dunkle Farbe in der Mitte einer dünnen Magenlinie: Neigung zu Fiebern (siehe Kopflinie).

Dunkel nur oben: Neigung zu Kopfschmerz.

Blasse Magenlinie: Neigung zu Darm- und Magenleiden.

Breit, blaß und ohne Glanz: beginnende Verkalkung.

Dunkelrot durchweg: Neigung zu Heftigkeit.

Haarlinien, die Magenlinie schneidend: kleine gesundheitliche Störungen. Bild 32/63.

Kleine Linien von der Magenlinie in die Kopf- oder Herzlinie: Kongestionen. Bild 28/39.

Kettenartige Magenlinie: immer kränklich, schwache Konstitution.

Aus dem Venusberg kommende Magenlinie: leichte Aufnahme von Infektion für Geschlechtskrankheiten. Bild 15/8. Ebenso, wenn ein Ast der Magenlinie aus dem Venusberge kommt. Roter Punkt auf diesem Aste (auf dem Venusberge): Sexualkrankheiten. Dunkler Punkt auf diesem Ast: Fieberische Unterleibsleiden, Kindbettfieber.

Mißformter Ast der Magenlinie nach Jupiterberg: Verdauungsstörungen, meist infolge Schwelgerei. Roter Punkt auf dieser Linie: Neigung zu Lungen- und Herzleiden. Dunkler Punkt auf diesem Aste: warnt vor ansteckenden Krankheiten.

Mißformter Ast der Magenlinie nach Saturnberg: Neigung zu Rheuma und Krampf (siehe großer Mondberg). Roter Punkt auf diesem Aste: Entzündungen, meist in Verbindung mit Knochen. Dunkler Punkt auf diesem Aste: Leiden des Gemüts, Schwermut, evtl. Krampf.

Mißformter Ast der Magenlinie nach Apolloberg: Neigung zu Kopf– und Gehirnleiden, fieberisch. Roter Punkt auf diesem Aste: warnt vor Blutvergiftung. Dunkler Punkt auf diesem Aste: Neigung zu Typhus und Delirium.

Mißformter Ast der Magenlinie zum Merkurberg: Gehirnnervenleiden infolge Überanstrengung. Roter Punkt auf diesem Aste: Fieberische Krankheiten. Dunkler Punkt auf diesem Aste: Neigung zu Gehirnschlag.

Mißformter Ast der Magenlinie zum Marsberg: Neigung zu hitzigen, fieberischen Krankheiten, Darmschwäche. Bild 14, Bild 15, Bild 16. Roter Punkt auf diesem Aste: Darmblutung oder -entzündung, Darmgeschwür, Hämorrhoiden. Dunkler Punkt auf diesem Aste: Darmfieber, Dysenterie, Ruhr. Bild 15.

Mißformter Ast der Magenlinie in den Mondberg: Neigung zu Wechselfieber, Nervenleiden, Blutarmut, Krankheiten der Säfte; evtl. auch zu krankhaftem Somnambulismus (Medialität). Bild 14/13.

Eine sehr gute Magenlinie, eine gute Kopf- und eine gute Lebenslinie, alle in guter hellroter Farbe und die Linie bei den Berührungs- oder Kreuzpunkten geschlossen, so daß sich ein gut gezeichnetes und geschlossenes Dreieck ergibt, das ist ein Zeichen, daß eine gesunde, feste Lebenskraft vorhanden ist. Ist das Dreieck an einer Stelle nicht geschlossen, so gibt dies schon (im guten Sinne) einen Fingerzeig, wo eine kleine Bemängelung zu suchen ist. Bild 15 ähnlich; hier verdirbt die Insel am Beginn der Kopflinie. Bild 15/3.

Beachte: Fast alle Krankheiten beziehungsweise deren Zeichen machen sich zumeist über ein halbes bis ein Jahr vorher bemerkbar, sofern sie nicht schon von Geburt her veranlagt oder vererbt sind. Das ist einer der großen Hauptwerte dieser Diagnostik. Man braucht nicht immer Schmerz zu fühlen. Beweise lassen sich sehr viele dafür anführen.

Sonnen- oder Apollolinie (Bild 7)
Linea solaris

In den Abdruckbildern ist die Apollolinie durch ⊙ gekennzeichnet. Diese Linie ist der Ausdruck der Konstitution des Sonnengeflechts (Solar plexus) und hat nur mit dem Empfindungsleben (seelischem Empfinden, Erleben) zu tun.

Eine gute Sonnenlinie von mindestens vierzig Millimetern Länge besagt, daß der Betreffende ein klares inneres Erleben hat und sein Nervenzentrum nicht gereizt ist. Bild 12.

Eine zerrissene Sonnenlinie bedeutet, daß das Empfindungsleben durch zu große Zersplitterung gereizt ist. Bild 16, Bild 19.

Ein Gitter auf dem Sonnenberge bedeutet, daß Störungen vorliegen und der Betreffende leicht zu Besessenheit neigt. Man nennt es fälschlicherweise Irrsinn oder Wahnsinn. Dies sind aber ganz verschiedene Dinge, da die Ursachen zweifellos andere sind und miteinander nichts zu tun, auch keine gemeinsamen Berührungspunkte haben. Besessenheit kommt zumeist durch Unerfahrenheit im experimentellen Spiritismus zustande. Es kommen auch Fälle vor, wo Personen schon von Geburt her zu Besessenheit neigen, allerdings zumeist zur sexuellen Besessenheit. Bild 34/76 e. Jedenfalls sollten sich Personen, die diese oder ähnliche Zeichen haben, wie sie Bild 13/8 zeigt, nicht mit Experimentalspiritismus beschäftigen. Die Disposition zur Besessenheit von Geburt her läßt sich durch Berechnung der genauen Geburtsdaten sehr gut feststellen, auch wenn das Zeichen hierfür nicht in den Händen ist. Mittel gegen Besessenheit gibt es bis jetzt nur sehr wenige.

Venusgürtel (Bild 7)
Gingulum veneris

Auch der Venusgürtel ist nicht in allen Händen zu finden. Auf den Abdruckbildern ist er mit VG (♀) bezeichnet. Er gibt Auskunft über die Konstitution der Sexualnerven des Rückenmarks. Wo er vorhanden und gut gezeichnet ist, gilt er als Zeichen dafür, daß Feinnervigkeit im Gefühlsleben (körperlich) vorhanden ist. Bild 14.

Sind nur der Anfang und das Ende vorhanden, so ist das weiter nicht schlecht. Bild 12.

Ist der Venusgürtel sehr zart und fein, aber dennoch vollständig, so besagt das schon Feinnervigkeit in dieser Beziehung. Bild 14.

Der Venusgürtel zersplittert, einfach oder mehrfach, bedeutet: Hysterie oder Neurasthenie, also Überreizung der Sexualnerven des Rückenmarks. Dies kann ererbt sein in der Disposition; es kann erworben sein durch starke Enthaltsamkeit oder auch durch Ausschweifung, in jedem Fall Überreizung. Alles Übermaß ist schädlich und deshalb krankhaft.

Besonders verstärkt wird dies Leiden durch einen großen Venusberg (starke Sexualität) und durch einen großen Mondberg (starke Fantasie). Bild 26/25, Bild 16.

Waagerecht verlaufend bis Merkurberg: Rückgratschwäche. Bild 63.

Uranus- oder Intuitionslinie (Bild 7)
Linea intuitionis

Diese Linie ist nicht in allen Händen zu finden, besonders nicht bei jenen, die überhaupt nur wenige Linien aufweisen. Anfänge zeigen sich aber oft. Diese Linie beginnt nahe dem Handrand auf dem unteren Mondberg und verläuft im Viertel- oder Halbkreis in die Magen- oder Sonnenlinie. Ich habe sie in den Abdruckbildern mit ♅ markiert. Bild 7, Bild 11, Bild 12.

Die Intuitionslinie (Intuition bedeutet seelisches Empfinden mit gewissem Schauen verbunden) macht sich nach erfolgter Weckung einer gewissen inneren Einfühlung oder seelischen Schwingungskraft in den Händen bemerkbar. Diese Eigenschaft ist wertvoll für die Diagnostik, aber nicht unbedingt erforderlich.

Eine Insel am Anfang dieser Linie deutet darauf hin, daß diese Eigenschaft ererbt ist.

Ein dunkler Punkt in dieser Linie warnt vor Nervenleiden durch übertriebenen Gebrauch okkulter Kräfte, gefährlicher Medialität. Bild 12.

Ein blauer Punkt in dieser Linie warnt vor Nervenkrampf.

Neptun- oder Giftlinie (Bild 7)
Linea toxica

Auf den Abdruckbildern ist sie bezeichnet mit ♆.

Diese Linie oder Linien zeigen sich in den Händen der

Personen, die Medizinalgifte in ihren Körper brachten: Morphium, Opium, Veronal, Salizyl, Arsenik, betäubende Düfte (wie Narkosengift, Chloroform, Äther), Aspirin, Antipyrin, Pyramidon, kurzum alle Giftstoffe, mit denen die heutige moderne Medizin arbeitet.

Der Beginn der Neptunlinie liegt immer nahe dem Ende der Lebenslinie. Es kommt vor, daß sie schon im unteren Venusberg beginnt, was dann besagt, daß Medizinalgifte sehr tief in die Körperorgane eingedrungen sind.

Diese Linie verläuft immer in Richtung zum mittleren oder oberen Mondberg. Bild 26/28, Bild 17/11, Bild 15.

Ist viel Arsen im Körper, nehmen diese Linien zumeist eine weißlich metallglänzende Farbe an. Arsen geht nicht wieder aus dem Körper heraus, hat nebenbei noch ungünstige Einwirkungen auf das Gehirn: Schwächung der Denkkraft.

Eine waagerecht verlaufende Neptunlinie bedeutet: durch Erbmasse übernommene Gifte, die auf das Nervensystem einwirken, infolgedessen auch Medialität. Bild 14/8, Bild 15, Bild 30/53.

Eine in viele Haarlinien zersplitterte Neptunlinie bedeutet, daß die Nerven durch diese Gifte stark angegriffen worden sind, daher innerlich zerrissene Natur (allgemeine Bezeichnung). Bewußtseinsstörungen.

Sind es der Gifte nicht zu viele und zu starke, so kann man viel davon durch heiße Bäder (mit Zusatz von Birken- oder Nußblättern) herausbringen. Bei Herzleiden beim Baden naßkalten Umschlag auf die Herzgegend legen.

Raszette oder Armband (Bild 7)
Restrictica

Diese Linien, die zwei- bis dreifach, seltener vierfach um das Handgelenk der Innenseite laufen, zeigen Art und Stärke der Lebenskraft an, die wir durch die Erbmasse erhalten haben. Sie gelten nur dann als gut, wenn sie gut und stark gezeichnet und nicht zerrissen sind. Daß eine starke, tiefe Linie an dieser Stelle einen höher einzuschätzenden Wert hat als eine dünne, zarte, ist natürlich. Oft korrespondiert die Zahl dieser Armringe mit der Zahl der Ringlinien um den Hals; Bedeutung ist gleichartig.

Diese Linien oder deren Kräfte stehen in Verbindung mit dem Becken. Wenn die erste Raszettlinie in der Mitte nach oben (gegen Handmitte) gewölbt ist, so bedeutet dies bei Frauen: schwere oder erschwerte Geburten. Bild 26/29. Zweites Zeichen: das Ende der Herzlinie in drei bis fünf Äste geteilt. Bild 16, Bild 19.

Stern seitwärts in einer Raszettlinie: warnt vor Körperverletzung an Hüften oder Flanken. Bild 19. Ebenso ist ein Leberfleck an dieser Stelle ein Warnungszeichen für starke Verletzung des betreffenden Armes.

Drei Raszettlinien zeigen für gewöhnlich ein hohes Alter an. Das Abzählen oder Schätzen der Lebensdauer an diesen Linien nach bestimmten Perioden oder Zyklen ist unsinnig. Das mißt man genauer an der Lebenslinie ab.

Die Abbildungen 20 und 21 mit den alleinstehenden Inseln als Verletzungszeichen und den Inseln in den Linien als Vererbungszeichen dienen der besseren und leichteren Übersicht.

Verletzungszeichen (Bild 20)

1: Stirnhöhlenkatarrh, auch bei Schädelverletzung.
2: Ohrenleiden, Mittelohrentzündung usw.
3: Nasenleiden, Polypen usw.
4: Augenverletzung, Eingriff, Operation.
5: Halsleiden, Mandeln, Schilddrüsen.
6: Brustleiden, wenn höher, siehe Bild 63.
7: Blinddarmstörung, evtl. Operation.
8: Noch nicht genau festgestellt, wahrscheinlich Geburt eines Kindes.
9, 10, 11: Leiboperationen, Eingriffe (Brust, Rücken, Bauch, Unterleib).
12: Totale Operation?

Vererbungszeichen (Bild 21)

Die Erklärungen der Vererbungszeichen in den Händen findet man im zweiten Teil dieses Buches (Psychodiagnostik).

Diese Zeichen zeigen eine Disposition zu den Leiden und mahnen uns zu Vorbeugung und Abschwächung. Es mag manchem sonderbar erscheinen, daß sich solche Zeichen schon vorher zeigen oder angezeigt sind. Mit anderen Worten: Es wird verwundern, daß schon für die »Zukunft« etwas angezeigt ist, von dem wir noch keine Ahnung haben. Im Grunde ist das nicht so verwunderlich. Unsere Natur, unser Leben, ist auf bestimmten Gesetzmäßigkeiten aufgebaut. Eines dieser Gesetze ist das der Periodizität. Es gibt Perioden für alle Menschen und solche für den einzelnen. Die allgemeinen Perioden sind bei allen gleich. Wir wissen, daß jeder Mensch alle sieben Jahre einen vollständig neuen Körper hat. Alle sieben Jahre treten Veränderungen ein. Mit dem siebenten Jahre beginnt der Mensch die Verstandestätigkeit zu entwickeln; mit dem vierzehnten Lebensjahr (allgemein) beginnt beim Weibe die Blutung. Im Alter von einundzwanzig Jahren wird es geschlechtlich reif. Bis zum achtundzwanzigsten Lebensjahr (allgemein) bleibt es reif. Hiernach tritt Rückbildung der Sexualorgane (Verhärtung) ein, falls das Weib nicht »Frau« wurde. Im Alter von fünfundreißig Jahren treten bei nicht geistig strebenden Menschen leicht Hemmungen im Gedankenleben und Denken ein. Im Alter von zweiundvierzig Jahren (allgemein) beginnt eine hormonelle Umstellung oder das »gefährliche Alter«. Ähnlich ist der Verlauf bei dem Manne.

Das sind allgemeine Zeitperioden, die allen Menschen gemeinsam sind. Jeder einzelne Mensch hat nun aber auch seine individuellen Perioden. Es gibt Menschen, die alle Jahre zu einer ganz bestimmten Zeit ihre Erkältung, ihre Grippe, ihre Angina, ihren Ausschlag, ihre Hautkrankheit, ihre kalten Füße haben. Außer diesen kommen noch andere Perioden hinzu. In bestimmten Zeiträumen (die bei jedem Menschen verschieden sind) treten Leiden oder Ereignisse auf. Auch das gehört in die Periodenlehre: Stirbt ein Onkel, eine Tante, dann wird zu gleicher Zeit eine Nichte oder ein Neffe krank. Auch in Verbindung mit Großeltern kommt dies öfter vor; seltener mit Eltern. Das hängt zusammen mit sogenannten magnetischen Beziehungen. Auch dies gehört hierher: Zwischen manchen Eltern und Kindern besteht eine derartig feine und doch starke Verbindung, daß eines fühlt, wenn dem anderen etwas geschieht.

Genau wie im Weltall Gesetzmäßigkeiten bestehen (für den Umlauf der Planeten, für auftretende Seuchen, Kriege, Überschwemmungen, Vulkanausbrüche), so bestehen sie auch im kleinen bei den Menschen. Das wissen nur deshalb viele nicht, weil sie sich mit den Wichtigkeiten und Nichtigkeiten des Alltags zu sehr verflechten und für höhere Dinge keinen Sinn haben. (Siehe Mewes: *Perioden im Leben der Völker;* Fließ: *Periodenlehre;* Dr. Kemmerich, Stromer, Reichenbach usw.; alle weisen sie die Lehre der immer wiederkehrenden Zeitzyklen nach.)

Gewiß kommt man hier auf den Gedanken, daß alles vorherbestimmt ist. Mit diesen Tatsachen werden wir uns abfinden müssen, ob wir wollen oder nicht: Tatsachen, die sich jeden Tag aufs neue beweisen. Nur darf man nicht vergessen: Die Vorbestimmung der Ereignisse liegt in uns selbst. Wir haben die Ursachen dazu gelegt und müssen sie beziehungsweise ihre Auswirkungen auch wiederum selbst durchleben! Mögen sich hiergegen alle möglichen Personen auflehnen, es hilft ihnen nichts. Sie alle werden nicht ändern, was Weltgesetze und Natur festgelegt haben, was ewig ist und ewig bleibt.

Besser wäre es für alle, wenn sie diese Tatsache begriffen und danach handelten. Für die wahren Religionslehrer und Prediger kann die Tatsache der Vorbestimmung nur von allergrößtem Nutzen sein. Beim Arzt, wenn er sich darauf einstellt, ist der Nutzen für ihn und den Leidenden ein sehr weittragender und einleuchtender. Für die Polizei würde es allerdings eine totale Umstellung bedeuten, eine ganz andere Einstellung gegenüber der Gerechtigkeit, Menschlichkeit. Das Kleben an alten und veralteten Anschauungen muß und wird auch einmal aufhören. Das Leben drängt vorwärts; so auch die Erkenntnisse und die Menschentwicklung. Wir denken heute ganz anders als vor fünfzig Jahren. Stillstand ist Rückschritt, Absterben der Kultur. Nur der hat geistig und materiell den großen Vorteil, der mit der Zeit und dem Fortschritt geht.

Chirologische Drüsenmerkmale

(Anmerkung des Verfassers: Diese Drüsenmerkmale nach H. Mangin, Paris, sind teilweise richtig, bedürfen aber noch einer langen Nachprüfung, um ganz sicher zu sein.)

Feminine Hände bei Männern, maskuline Hände bei Frauen: Zeichen einer gewissen Zwischensexualität (Intersex).

Auffälliges Mißverhältnis zwischen Hand- und Körpergröße: Störungen der Hypophyse.

Verfeinerter idealer Handtyp, spitze Finger: lymphatische Thymusdrüse.

Überempfindliche, schwache Hand alter Personen, mager, trocken, hart, fleischlos, dunklere Färbung: ungenügende Nebennierenfunktion.

Kräftige, dicke, massive Hand, fest, solide und stark ausgebuchtet (Marsberg): mehr oder weniger übererregte Nebennierenfunktion und Übermaß an Libido.

Elegante, feine und lange Hand mit dünnen, langen Fingern: Überfunktion der Schilddrüse.

Plumpe, tollpatschige Hand, Gewebe undurchlässig, wie geschwollen: Neigung zu Arthritis, Arthrosis und Schilddrüsenstörungen.

Hände, die im Alter infantil bleiben: mehr oder minder entwickelte Schwäche der Genitaldrüsen.

Unterschiedliche Größe beider Hände: Schwäche der betreffenden Seite durch endokrine Drüsenfunktion.

Lange, grobe »Wurstfinger«: Überfunktion der Schleimdrüsen.

Lange, schmale Finger: Überfunktion der Schilddrüse und Unterfunktion der Nebennieren.

Kurze, grobe Finger von festem Gewebe: Überfunktion der Nebennieren und Genitaldrüsen.

Kurze, grobe Finger von feinem Gewebe: Unterfunktion der Schleimdrüsen.

Spitzzulaufende Finger: Überfunktion der Schilddrüse.

Kurze, feine, feminine Finger: Störung oder Überfunktion der Schilddrüse, häufig Störungen des Blutkreislaufes hervorrufend.

Steife und gekrümmte Finger: Überfunktion der Schilddrüse und kompensierende Überfunktion der Paraschilddrüsen (bei Tuberkulosekranken, die gute Abwehrkräfte haben).

Fingerknoten: entsprechen der Unterfunktion der Nebennieren.

Zusammenschnürung des Ringfingers (Mittelglied): gestörte Schleimdrüsenfunktion mit fehlender Reaktion der Schilddrüse.

Zu langer Mittelfinger: Überfunktion der Hypophyse.

Zu kurzer kleiner Finger: Unterfunktion der Schleimdrüsen.

Biegung des kleinen Fingers nach außen: Funktion der Schilddrüse und Nebennieren verbunden.

Biegung der Finger zum Ringfinger: bezieht sich auf die Schilddrüse.

Biegung zum Mittelfinger: bezieht sich auf die Hypophyse.

Biegung zum Zeigefinger: Unterfunktion der Hypophyse und Genitaldrüsen.

4. Alphabetisches Verzeichnis der Krankheitszeichen und Hinweise

Ablagerungen sind immer vorhanden, wenn die Hände im allgemeinen und die Finger im besonderen hart oder gekrümmt sind.

Abortus (gewollt herbeigeführt, Auskratzungen usw.): Eine Viertelkreislinie aus der Teilung zwischen Jupiter- und Saturnfinger kommend, bis zur Mitte des Jupiterberges verlaufend. Bild 12/6, Bild 13/1, Bild 17/6, Bild 29/47.

Ahnungsvermögen: Siehe Bild 34/75 mit Text.

Alkoholismus bei Vorfahr: Siehe Bild 39/108 mit Text.

Asthma (Lungen-): Lange Nägel, der Länge nach gewölbt, evtl. Asthmanägel, feuchte Hände. Bild 5h.

Asthma (Herz-): Kurze Nägel, an den Seiten krallenartig, trokkene Hände. Beachte in beiden Fällen Kopf- und Herzlinie, ob sie sich bogenartig zuneigen. Bild 22/5, Bild 5b, Bild 5 h.

Augenleiden durch Entzündung: Halbstern am Ende der Kopflinie; evtl. roter Punkt in der Kopflinie. Bild 24/18.

Augenleiden durch Verletzung: Stern, roter Punkt oder Ring in der Kopflinie; oder Ring oder roter Punkt an der Wurzel des Apollofingers. Bild 24/17, Bild 11 KL, Bild 12/10, Bild 31/59.

Bauchschwangerschaft: Wie unter Abortus, aber am Ende der kleinen Viertelkreislinie eine winzige Insel. Bild 12/6, Bild 34/78.

Beinschwäche: Auffällige Verengung des unteren Teiles des dritten Gliedes am Apollofinger. Bild 18/2 (punktiert).

Blasenschwäche: Ein oder zwei Linien schräg über den Jupiterberg verlaufend. Starke Entwicklung des unteren Mondberges. Bild 25/19, Bild 12/2. Verstärkt ist diese Veranlagung noch durch mehrere von der Herzlinie in den Saturnberg aufsteigende Linien mit einem flachen Saturnberg.

Blasenstein oder -grieß: Feine punktartige Vertiefungen in der Herzlinie unter dem Merkurfinger. Bild 28/37.

Blinddarmstörung: Kleine Insel zwischen Lebens- und Kopflinienbeginn mit Richtung zum Merkur- oder Marsberg. Bild 20/7.

Blutarmut: Blasse Nägel, oft auch bei zu weißer Haut. Blasse Linien.

Blutungen, zu starke bei Frauen: Schärge Schnittlinie über das unterste Beugegelenk des Merkurfingers. Bild 30/52, Bild 17/7. Mitunter kommt dies Zeichen auch bei schmerzhafter Menstruation vor.

Blut, Unreinigkeiten im: Längslinien mit stellenweisen Verdikkungen auf den Nägeln. Bild 5t. Die einzelnen Finger zeigen an, wo diese Unreinigkeiten besonders stark vorhanden sind. Zeigefinger rechte Hand: Leber, Zeigefinger linke Hand: Milz, Mittelfinger: Magen- und Darmkanal, Apollofinger: Nieren, Merkurfinger: Sexualorgane, Daumen: Kopf.

Brechdurchfall: Zarte kleine Haarlinien zwischen dem unteren Mondberg und der Raszette, sowie blasse Viertelkreislinie vom Saturnberg kommend, zwischen Zeige- und Mittelfingerfalte mündend. Bild 35/79.

Bronchialleiden: Nägel, die ebenso lang wie breit erscheinen, jedoch etwas gewölbt sind. Kreuz zwischen den Anfängen der Lebens- und Kopflinie; evtl. dazu gespaltener Zweig auf dem Marsberg. Bild 25/21, Bild 5x.

Darmblutung, Hämorrhoiden: Roter Punkt auf dem Ast, der aus der Magenlinie kommt und auf dem Marsberg endet. Bild 25/23.

Darmfieber: Blauer Punkt auf dem Ast, der aus der Magenlinie kommt und auf dem Marsberg endet. Bild 25/23.

Darmleiden: Siehe Bild 32/62 mit Text.

Darmschwäche: Eine unterbrochene, dünne, blasse Herzlinie, die von Querlinien gezeichnet ist, evtl. Halbkreis im Mondberg. Dünne, zerrissene Magenlinie, oder Ast von der Magenlinie in den Marsberg gehend. Längslinien auf den Nägeln. Bild 5s, Bild 16/16, Bild 15.

Diarrhoe, chronisch, sowie Dysbakterie: Siehe Bild 26/27 mit Text.

Eierstock- (Ovarien-)Leiden: Lebenslinie reicht mit ihren Enden oder einem starken Ast über die Handwurzelmitte hinaus zum Mondberg. Siehe unter Hodenleiden, dasselbe Zeichen. Bild 30/50, Bild 13/06, Bild 18/18. Siehe Nägel wie unter Bronchialleiden beschrieben, Bild 5 x. Siehe Bild 37/91.

Eiter in Blut oder Muskel: Grünliche Färbung der Nägel.

Epilepsie: Dispositionen finden sich oft, wenn die Kopflinie zu kurz und zu breit oder auch gewunden ist. Kopflinie tief in den Mondberg neigend und Stern auf unterem Mondberg. Tannenzweig im untersten Beugegelenk des Saturnfingers. Bild 23/8.

Erschlaffung der Mutterbänder: Eine etwa zwanzig Millimeter lange Linie aus dem untersten Beugegelenk des Jupiterfingers kommend und etwas schräg am Jupiterberg herablaufend. Bild 29/44, Bild 17/3.

Fallneigung: Eine tief in den Mondberg verlaufende Kopflinie gibt Disposition zu Schwindelgefühl und Fall; durch Blutandrang zum Gehirn, wenn der Mondberg stark ist und die Nägel rot, oder durch Blutleere im Gehirn, wenn der Mondberg flach ist und die Nägel blaß. Bild 23/7, Bild 15/4 Kl.

Fehlgeburt: Kleine schräge Linien, aus dem untersten Beugegelenk des Jupiterfingers kommend, in Richtung zum Handrand verlaufend. Bild 29/43, Bild 14/1, Bild 16/3. Jede Linie zeigt eine mögliche Fehlgeburt.

Fieberdispositionen sind vorhanden, wenn sehr viele feine Linien die Handflächen bedecken. Bild 16. Rote Haut, starker Marsberg. Fieberische Krankheiten, wie Masern, Grippe, Lungenentzündung usw. (Kinderkrankheiten) sind angezeigt durch kleine Linien, die aus dem oberen Venusberg in die Lebenslinie verlaufen. Bild 19/7, 8, Bild 13/3, Bild 33/70, 71.

Fieber und Infektionskrankheiten in der Jugend: Siehe Bild 33/70 mit Text.

Fieberneigung, allgemein: Siehe Bild 25/24 mit Text.

Gallenleiden: Unter dem Mittelfinger büschelartiges Abzweigen der Herzlinie nach unten. Bild 35/80. Gebrochene Magenlinie, deren untere Stellen dunkler in der Farbe sind. Siehe auch Vererbungszeichen. Bild 21/24.

Gallensteine oder -grieß: Kleine gelbe oder bräunliche Punkte in der Herzlinie unter dem Apollofinger. Bild 24/15.

Gebärmutter, siehe unter Uterus.

Geburten, erschwerte: Nach der Handmitte zu gewölbte erste Raszettlinie, quastenartig endende Herzlinie. Bild 26/29.

Gehirnerweichung (Paralyse): Große Insel in der Kopflinie unter dem Apollofinger, deren gespaltene Enden sich kreuzen. Manchmal ist diese Insel in der Form einer Raute zu erkennen.

Ein Vorfahr hatte dies Leiden, wohlgemerkt! Der Besitzer des Zeichens braucht diese Krankheit nicht zu bekommen, wird aber Jahre hindurch unter starken Kopfschmerzen zu leiden haben. Bild 31/58, Bild 12/9.

Gehirnhautentzündung: Eine zarte oder dünne Herzlinie mit starker Rötung; auch wenn eine Herzlinie am Ende lang gegabelt ist und mit einem Ausläufer den Zeigefinger, mit dem anderen den Mittelfinger teilweise oder ganz umschlingt. Bild 35/81.

Gehirnnervenleiden (allgemein): Roter Punkt auf Merkurberg. Irrsinn, siehe unter diesem; auch Bild 12/9. (Ich vermeide absichtlich die Benennung »Geisteskrankheit«, da nicht der Geist, sondern das Gehirn krank ist.)

Gehirnnervenschwäche, vererbt: Bild 39/105/A mit Text.

Gehirnschlag, Disposition zu: Bläuliche Färbung oder gänzliches Fehlen der Kopflinie, auch, wenn eine zwanzig bis dreißig Millimeter lange Linie vom Handtisch zum Jupiterberg verläuft. Bild 35/83.

Gehirnschlag, Tod durch: Plötzliches Aufhören der Kopflinie, ohne daß eine Linie den Abschluß bildet. Plötzlich endende Lebenslinie, zusammen mit dicken, schweren und festen oder harten Händen. Bild 19, Kopflinienende, und Bild 5n.

Gehirnschlag und katarrhalische Verschleimung: Zwei Parallellinien über den Mondberg laufend, die sich nahe dem

Venusberg schließen. Knoten (Verschleimung) auf der unteren Linie. Bild 35/82.

Gehirnschwäche: Eine bleiche und zarte Kopflinie, eine am Ende lang gespaltene Kopflinie. Gehirnschwäche kann auch durch Aufnahme von Arsenik entstehen. Arsen im Körper wird angezeigt durch weißlichen Metallglanz der Neptunlinie. Bild 26/28.

Gehirn-Unstetigkeit: Ein von vielen schlechten Linien oder Zeichen bedeckter Apolloberg. Bild 35/84.

Genitalschmerzen: Zeichen D oder Ring im »großen Viereck« zwischen Kopf- und Herzlinie, unter dem Ringfinger. Bild 36/85.

Gifte (Medizinalgifte) im Körper: Neptunlinie. Bild 26/28.

Gifte (ererbte): Waagerechte Neptunlinie. Bild 30/53, Bild 14/8.

Grieß, siehe unter Blasen-, Gallen- und Nierenleiden.

Haarausfall: Übergroßer Jupiterberg. Bild 31/55.

Halskrankheiten: Rötung der Kopflinienendung. Kleine, senkrechte Strichlinien zwischen Kopf- und Lebenslinie, Gabellinie auf Marsberg. Siehe auch Nägel unter Bild 5i, Bild 34/77.

Halsoperation, Mandeln: Waagerechte Insel auf Jupiter- und Saturnberg. Bild 20/5. Siehe auch Nägel, wie beschrieben als Zeichen für Unterleibsleiden. Bild 5x.

Harnröhrenkatarrh (oder auch Gonorrhöe): Eine fünf Millimeter lange Linie auf dem Jupiterfinger verlaufend, ohne das Beugegelenk zu berühren. (Dasselbe Zeichen gilt auch für Weißfluß) Bild 30/49, Bild 12/3.

Harnsäure: Diese ist immer reichlich vorhanden, wenn ein großer Mondberg da ist, daher auch Rheuma. Bild 26/26.

Hartleibigkeit: Viele kleine Punkte neben oder in der Magenlinie. Verstärkende Zeichen sind starke Rötung des Endes der Lebenslinie, eine dünne oder vielfach gebrochene Herzlinie. Bild 36/86.

Herzfehler, organisch angeboren: Gebrochene oder zu breite Herzlinie. Bild 22/3.

Herzklappenfehler: Kleine plötzliche Ausbuchtungen an der Herzlinie oder kurze Begleitlinien. Bild 27/32, 33.

Herzklopfen: Am Anfang gerötete Magenlinie.

Herzkrampf, Disposition zu: Viele kleine Halbkreise an der Lebenslinie entlang. Bild 36/88. Blauer Punkt oder Fleck in der Herzlinie. Bild 27/35.

Herzleiden (allgemein): Viele durcheinanderlaufende Linien auf dem Apolloberg, verstärkt durch ungünstige Zeichen auf Apolloberg, Saturn- oder Marsrune. Bild 36/87.

Herznervenschwäche, (Neurose): Fehlende oder kleine Nagelmonde. Etwas kettige Herzlinie. Bild 22/1.

Herzschlag, Tod durch: Plötzlich unter Saturnberg endende Herzlinie. Bild 27/36, Bild 12 (Ende der HL).

Herzschmerzen: Eine mit vielen kleinen Punkten, Kreuzen oder Haarlinien durchsetzte Lebenslinie. Bild 36/89.

Herzschwäche, als Veranlagung: Wenn sich die untere Lebens- und Magenlinie vereinigen. Bild 36/90.

Herz- oder Venenschwellung: Zu breite Herzlinie. Bild 22/2.

Hodenleiden: Die Herzlinie am Anfang sehr verzweigt und verwirrt, evtl. auch mit einigen Halbkreislinien besetzt. Siehe auch unter Eierstockleiden, dasselbe Zeichen. Bild 13/6, Bild 18/18, Bild 30/50 und Bild 37/91.

Homosexualität: Siehe unter Sexuelle Verirrungen.

Hysterie: Siehe unter Neurasthenie.

Intuition: Siehe Bild 34/75 mit Text.

Irrsinn: Eine unter dem Saturnberg gespaltene Kopflinie gibt immer eine Disposition hierzu, wenn sie in der rechten Hand vorhanden ist. In der linken Hand gezeichnet, ist die Gefahr weniger groß oder nur bis zum dreißigsten Lebensjahr drohend. Bild 23/10, Bild 11 (KL). Ist eine Insel in der Linie, so ist diese Anlage vererbt. Bild 11/8.

Irrsinn: Zeichen, die diese Disposition entwickeln oder einen Fingerzeig über das »Woher« geben, siehe Bild 23/11. Andreaskreuz auf Jupiterberg: Überreizung der Kopfnerven; Stern auf Saturnberg: Körperverletzung durch Unfall; Gitter auf Apolloberg: Besessenheit; Stern auf Marsberg: Körperverletzung durch Unfall oder Überfall; Stern auf Mondberg: Fall; Stern auf Venusberg: Traurige Liebesangelegenheiten.

Große Insel in der zweiten Hälfte der Kopflinie: Starke Kopfschmerzen; Kopflinie zu tief in den Mondberg gehend: Grübelei, Schwermut, Lebensüberdruß oder Krampfanfälle.

Knochenschwäche: Dünne schwache Nägel. Bild 5q.

Kolik: Anfang der Herzlinie unter dem kleinen Finger, mit vielen kleinen Halbkreisen oder Grübchen bedeckt. Liniengewirr auf Saturnberg. Bild 37/92.

Kopfnervenfieber, -entzündung: Siehe Bild 31/59 mit Text.

Kopfschmerzen, Ursache vom Magen ausgehend: Viele feine Linien im Magenfeld, d.h. über und um die Mitte der Kopflinie. Bild 22/4. Siehe auch Magen, nervös.

Kopfschmerzen, ererbte Disposition dazu: Große Insel in der Kopflinie. Ein Vorfahr ist an Verkalkung oder Paralyse gestorben. Bild 23/9, Bild 31/58, Bild 12/9; durch Stauungen: Bild 28/39.

Kopfverletzungen: Siehe Bild 34/73 mit Text.

Körperliche Schwäche in der Jugend, angeboren: Siehe Bild 33/68 mit Text.

Körperliche Schwäche in der Jugend, ererbt: Siehe Bild 33/67 mit Text.

Körperliche Schwäche im späteren Alter: Siehe Bild 33/69 mit Text.

Krampfdisposition: Wellige Magenlinie. Dunkler Punkt auf Saturnberg. Mißformter Ast aus Magenlinie zum Saturnberg. Bild 28/40.

Krebsdisposition: Insel im letzten Fünftel der Lebenslinie oder ein Dreieck an derselben Stelle an der Lebenslinie außen. Bild 32/64.

Krebskonstitution: Siehe Krebsnägel, Bild 5m.

Lähmung, Anlage zu: Siehe Bild 26/30 mit Text.

Lähmung, Disposition zu: Eine Herzlinie von Rand zu Rand ohne oder mit Verbindung der Kopf- und Lebenslinie. Bild 27/31, Bild 14, Bild 15. Beachte Nägel mit nach außen gebogenen Rändern. Bild 5n.

Leberleiden, allgemein: Gelbe oder gelbliche Haut, Tannen

zweiglinie im untersten Beugegelenk des Jupiterfingers, zerrissene Magenlinie. Bild 24/13. Beachte Insel in der Magenlinie, Vererbungszeichen. Bild 21/16. Außerdem: Gebogenes erstes Glied des Jupiterfingers, rechte Hand. Bild 10/1, Bild 16/2.

Leber- und Darmleiden: Siehe Bild 32/62 mit Text.

Leberentzündung: Wenn die Kopflinie gegen Mitte oder Ende von Büschellinien aus dem »Großen Dreieck« gestört (verletzt) wird. Bild 37/93.

Leberschwäche: Fehlende Mittelpartie der Magenlinie in beiden Händen. Bild 37/94/A.

Leberverstopfung: Starke Verzweigung des oberen Teiles der Magenlinie in der Nähe der Herzlinie. Bild 37/95.

Lungen- oder Rippenfellentzündung in der Jugend: Siehe Bild 33/71 mit Text.

Lungenentzündung: Eine senkrecht stehende Insel auf dem Jupiterberg an einer Linie, die aus der Lebenslinie aufsteigt. Bild 23/12, Bild 20/6.

Lungen- oder Rippenfellentzündung: Kleine Punkte in oder an der Kopflinie. Eingefallener oder sehr flacher Jupiterberg. Anfang der Kopflinie starke Rötung.

Lungenkraft und Lungenschwäche: Härte oder Weichheit der Maus auf der Oberhand zwischen Daumenwurzel und Zeigefinger. Bild 10/9.

Lungentuberkulose, Disposition zu: Ein flacher oder eingefallener Jupiter- und Merkurberg. Viele ungünstige Linien oder Zeichen auf dem Jupiterberg oder eine kurze, unter dem Mittelfinger endende Kopflinie verstärken die Bedeutung. Auch Rötung der Stelle an der oberen Magenlinie, wo diese sich mit der Kopflinie schneiden würde. Bild 38/102.

Lungentuberkulose, vererbte Disposition zu: Tuberkulose–Nägel, Insel im Ende der Herzlinie unter Jupiterberg, schwache Maus auf der Oberhand. Bild 28/38, Bild 18/7, Bild 21/9.

Magen-Darm-Trakt-Störungen: Siehe Bild 32/63 mit Text.

Magen, nervös: Viele kleine, feine Linien im Magenfeld. Bild 22/6. Beachte Vererbungsinsel in der Magenlinie. Bild 21/23. Evtl. auch 2. Knoten im Saturnfinger. Bild 10/4.

Magen- und Leberstörungen: Kurze Striche abwärts von der Herzlinie unter dem Saturnfinger. Bild 32/61.

Magenschwäche: Lebenslinie kurz und blaß, evtl. gegen die Kopflinie gegabelt, auch wenn der Anfang der Lebenslinie an der Kopflinie nur aus zusammengesetzten Fasern besteht. Bild 37/96.

Mandelentzündung: Wenn die Herzlinie dick und rot ist.

Mediale Tätigkeit, Günstig für: Siehe Bild 34/75 mit Text.

Mediale Tätigkeit, Verbot jeder: Siehe Bild 34/76 mit Text.

Milzhypertrophie: Eine anfangs gut gezeichnete, gegen das Ende breiter werdende Herzlinie, eine zerrissene Saturnlinie und ein mit Liniengewirr bedeckter Saturnberg. Verstärkt wird diese Bedeutung durch Liniengewirr auf dem Jupiterberg. Bild 38/97.

Milzleiden, allgemein: Disposition hierzu ist gegeben, wenn das erste Glied des linken Jupiterfingers gebogen ist, Magenlinie vom Mondberg kommend, viele kleine Linien und Zeichen auf dem unteren Mondberg. Bild 25/20, Bild 12, 13, 18.

Nasenleiden: Eine senkrecht stehende Insel auf dem Jupiterberg. Bild 20/3. Eine ganz kleine Insel im Ende der Kopflinie unter Apollo- oder Merkurberg zeigt eine erbliche Belastung. Bild 21/7.

Nervenkrankheiten: Eine auf dem Saturnberg sehr zersplitterte Saturnlinie, verstärkt durch die Saturnrune oder ein mißformtes, verkrüppeltes Dreieck auf Saturnberg. Bild 38/98.

Nervenüberreizung: Siehe Bild 30/54 mit Text.

Neurasthenie: Die gleichen Zeichen wie für Hysterie. Ein einfacher oder mehrfacher, aber zersplitterter Venusgürtel. Verstärkung durch starken Venusberg (Sinnlichkeit) und starken Mondberg (Fantasie), ebenso durch eine am Anfang verstärke Magenlinie roter Färbung und rückwärts biegsame Finger (Sinnlichkeit und Neugierde). Bild 26/25, Bild 16.

Nierenleiden, allgemein: Nierennägel, Bild 5 l. Magenlinie mit plötzlichen Bruchstellen, ein auf der Spitze stehendes Quadrat auf dem Mondberg. Bild 24/14. Wenn karminrote Flecken auf warmen Händen vorkommen, so sind augenblickliche Störungen von Nieren *und* Herz dadurch angezeigt.

Nierenbluten, Disposition zu: Kurze Nägel wie Bild 5 b oder c, mit starker Querbiegung wie bei Bild 5 l oder m.

Nierensteine oder -grieß: Blasse Punkte in der Herzlinie unter dem Apollofinger. Bild 24/15. Beachte Vererbungszeichen: Insel in der Magenlinie. Bild 21/15.

Ohnmacht und Schwindel in der Jugend, Disposition zu: Siehe Bild 39/103 mit Text.

Ohrenleiden: Waagerechte Insel auf dem Jupiterberg. Bild 20/2. Brauner Fleck oder Punkt auf Venusberg. Kleine Insel in der Kopflinie unter Saturnberg. Bild 21/5.

Operationen und Eingriffe: Siehe Bild 33/72 mit Text.

Paralyse: Siehe Gehirnerweichung.

Prostata- und Uterusbeschwerden, vererbt: Siehe Bild 39/106 mit Text.

Rheuma: Großer Mondberg, zwei kurze senkrechte Linien zwischen Jupiter- und Saturnfinger. Bild 26/26.

Rippenfellentzündung: Siehe unter Lungen- und Rippenfellentzündung.

Rückgratschwäche: Das Ende des Venusgürtels waagerecht bis an den Handrand verlaufend. Verstärkt durch hakenartige Kopflinie, tief in den Mondberg endend. Bild 31/56. Beachte Nägel. Figur 5q. Stark nach auswärts gebogene Daumen.

Schilddrüsenleiden: Ein sehr kleines Kreuz neben einem größeren, zwischen den Anfängen der Lebens- und Kopflinie. Bild 32/65.

Schizophrenie: Siehe Bild 39/105/B mit Text.

Schlacken, Ablagerungen: Verdickungen an den Fingern und Händen sowie Härte derselben, Gichtknoten usw. Korpulente Personen neigen meist zu Schlackenansammlungen. Beachte auch großen Mondberg. Lymphatische Konstitution.

Schüchternheit: Diese hängt zusammen mit einem schwachen Herzen. Schwitzen der ganzen Handflächen. Bild 21/28, Bild 21/29 und Vorgeburtslinie 21/31.

Schwermut: Die Kopflinie zu tief in den Mondberg verlaufend, großer Mondberg. Bild 23/7, Bild 15 KL.

Schwindelgefühl: Siehe unter Fallneigung.

Schwindel und Ohnmacht in der Jugend, Disposition zu: Siehe Bild 39/103 mit Text.

Seelische Behinderungen, angeboren: Siehe Bild 39/107 mit Text.

Selbstmordneigungen (Lebensüberdruß): Querlinien auf dem ersten Gliede des Saturnfingers und des Daumens. Siehe auch Kopflinie. Bild 31/56 und Bild 15/6 (hier Zeit abmessen). Siehe auch Bild 31/57 mit Text.

Sexualleiden: Siehe Bild 30/51 mit Text.

Sexuelle Schwäche: Grübchen im Anfang der Herzlinie oder auch dicke rote Punkte. Eine kettige, rissige Herzlinie und zersplitterte Magenlinie. Verstärkt durch besondere Rötung gegenüber den anderen Linien und durch kleine Bogenlinien am Anfang der Herzlinie. Krummer Merkurfinger, evtl. flacher Venusberg. Bild 38/99.

Sexuelle Stärke: Eine lange, gut gezeichnete, rote Herzlinie und ebensolche Magenlinie.

Sexuelles Unvermögen (Impotentia): Ein kleiner Kreis (Ring) auf dem Apolloberg bzw. zwischen Apollo- und Merkurberg, aber nahe der Herzlinie.

Sexuelle Verirrungen (Homosexualität): Es ist nicht erkennbar, ob jemand die Homosexualität auslebt oder die Veranlagung unterdrückt. Disposition dazu ist aber vorhanden, wenn der Merkurfinger krumm ist, die unteren Fingerglieder schwächer als die oberen, evtl. platt sind. Viele Querlinien auf dem Venusberg (Hemmungen im Liebesleben) und eine gewisse Schlaffheit der Hand sowie sehr zarte Haut (femininer Einschlag). Auf dem Venusberg finden sich manchmal sog. Angstlinien, das sind Abspaltungen von der Lebenslinie nach dem Venusberg zu. Bild 37/94/B, 18/14.

Sinnesorgane, Schwäche der: Siehe Bild 32/66 mit Text.

Stauungen: Die Farbe der Linien ist abwechselnd rot und blaß. Auf den Fingernägeln abwechselnd Blässe mit roten Stellen. (Bild 36/86).

Stirnhöhlenkatarrh oder -eiterung: Siehe Bild 29/46 mit Text.

Stoffwechselstörungen können mancherlei Ursachen haben, auch solche geistiger Art. Beachte Zeichen für Leber, Nieren, Milz, Herz. Siehe auch mandelförmige Nägel. Bild 5 e.(Siehe auch Bild 24/16 mit Text.)

Tobsuchtsdisposition: Dickes, kurzes und breites erstes Daumenglied, sog. brutaler Daumen. Siehe unter Nageldiagnose. Bild 5p, Bild 11/1.

Tod, gewaltsamer: Siehe Bild 26/30 mit Text.

Tod, plötzlicher: Siehe Bild 34/74 mit Text.

Triebleben, unterdrückt: Siehe Bild 39/104 mit Text.

Unterleibsschmerzen (Nabelgegend): Sehr rote, gegen den Jupiterberg kettig oder zersplittert auslaufende Herzlinie. Bild 38/100.

Uterusbeschwerden, vererbt: Siehe Bild 39/106 mit Text.

Uterusknickung: Verdickung oder Versteifung des zweiten Knotens (zwischen zweitem und drittem Glied) des Merkurfingers. Siehe Bild 10/8 mit Text.

Uterussenkung: Das erste Glied des Merkurfingers nach innen gebogen. Siehe Bild 10/7 mit Text.

Verblutung, Disposition zu: Eine kleine Figur, wie liegende Acht an der unteren Partie der Lebenslinie mit Richtung auf den Mondberg. Bild 28/41.

Verdauungsstörungen, allgemein: Verdickter Knoten zwischen zweitem und drittem Glied des Saturnfingers. Bild 10/4. Zerrissene, mehrfache Magenlinie. Bild 24/13, Bild 16/15, 16. Beachte auch Darmerschlaffung, Magenstörung. Bild 25/22. Verstärkt durch viele kleine Haarlinien in der Kopflinie, eine dünne und kurze, blasse oder auch verschiedenartig gefärbte Magenlinie mit vielen kleinen Haarlinien darin. Bild 38/101.

Verkalkung: Siehe unter Schlacken.

Verletzungen: Siehe Bild 29/45 mit Text.

Verschleimung, katarrhalische: Siehe Bild 35/82 mit Text.

Verstopfung der Blutgefäße: Graufärbung der Nägel, siehe unter Nageldiagnose.

Wahn (religiöser, Verfolgungswahn usw.) war in der Familie, wenn die Kopflinie sehr tief in den Mondberg verläuft. Siehe Bild 23/7 und Bild 15/4.

Wechselfieber, Disposition zu: Siehe Bild 28/42 mit Text.

Weißfluß: Siehe die gleichen Zeichen wie unter Harnröhrenkatarrh.

Würmer: Schuppenartiges Abteilen der Nägel (wie bei Glimmer oder Schiefer). Bild 5 w. Abteilen eines kleinen Astes aus der Saturnlinie, dicht unter der Kopflinie. Bild 13/10, Bild 31/60. Außerdem Jucken der Nasenspitze oder des Nabels.

Zangengeburt: Siehe Bild 29/48 mit Text.

Zähne, schadhafte: Punkte oder Vertiefungen in der Herzlinie unter dem Saturnfinger. Siehe Bild 24/16 mit Text.

Zeichen, die jegliche mediale Tätigkeit verbieten: Bilder 23/7, 23/9, 23/10, 23/11, 25/20, 26/25, 31/56, 31/57, 31/58, 34/76, jeweils mit Text.

Zerfall des Körpers im späteren Alter: Siehe Bild 33/69 mit Text.

Zirkulationsstörungen: Blasse oder bläuliche Nägel, wechselnde Farben in den Linien, bläuliche Haut, blaue Adern auf dem Handrücken (Kohlensäure im Blut).

5. Chirosophie und Psychoanalyse

In früherer Zeit war die Psychologie eine sehr vernachlässigte und viel zu wenig beachtete Wissenschaft. Erst in unserem Jahrhundert zeigte sich ein nennenswerter Fortschritt, und mehrere Forscher traten mit ihren Forschungsergebnissen an die Öffentlichkeit. Die Psychoanalyse und die damit verbundene Psychotherapie wurden eine Modeangelegenheit mit recht unschönen Auswüchsen und überaus fragwürdigen Ergebnissen. Darauf trat dann aber ein Umschwung ein, und damit zugleich kam die Psychodiagnostik zu ihrem Recht.

Hatte man bisher – nach den Anweisungen von Freud und Adler – nur im Traumleben gewühlt, hatte man die Gründe seelischer Leiden nur in der sexualen Sphäre gesucht, so besann man sich nun darauf, daß zur Aufhellung der Situationen die Symbolik der Träume nicht ausreichte, daß anders basierte Ursachen vorhanden sein müßten, die zu seelischen Störungen führen können und die es aufzudecken galt.

Man zog verschiedene Zweige der Charakterwissenschaft heran, wie z.B. die Graphologie, die Physiognomie; seltener, wenn auch mit gutem Erfolg, die Astrologie. Nur ein Zweig der Charakterwissenschaften wurde kaum beachtet: die Chirologie. Gerade sie bietet dem Psychotherapeuten eine objektiv so deutliche Basis der Erkenntnismöglichkeiten, wie es die anderen oben genannten Gebiete nicht in dem Maße vermögen, denn gerade aus den Händen, ihrer Form und ihrer Plastik und besonders aus ihren Lineaturen sind die Art der materiellen, seelischen und geistigen Einstellung, die angeborene Richtung im Umweltverhalten sowie die Störungen auf dem einen oder anderen Gebiet deutlich sichtbar. Besonders wichtig ist hierbei, daß man aus den Handmerkmalen und Zeichen mit Sicherheit erkennen kann, ob die Störungen vererbt, angeboren oder erworben sind. Selbstverständlich kann das nur der wirklich Handkundige, d.h. derjenige, der die Materie intensiv und ernst studiert hat. Hierfür ist erforderlich, daß man die medizinische Hand- und Nageldiagnostik, aber auch die Charakter- und Schicksalskunde, also die wissenschaftliche Chirosophie, beherrscht. Mit Letzterem beschäftigt sich ja eingehend mein Buch *Wissenschaftliche Handlesekunst – Chirosophie.*

Wie man sich in das Gebiet der Psychodiagnostik aufgrund der Chirologie einarbeitet, soll nun auf den folgenden Seiten, dem zweiten Teil dieses Werkes, gezeigt werden, der sich – wie alle meine Werke – auf langjährigen eigenen Forschungen und Erfahrungen aufbaut, deren Ergebnisse damit die erstmalige Veröffentlichung erfahren.

Die seelischen Störungen stehen im engen Zusammenhang mit dem Unterbewußtsein (Kleinhirn) und dem Solar plexus und machen sich in Hemmungen verschiedener Art bemerkbar. Bild 37/94/B. Die Entstehung dieser seelischen Belastungen kann verschiedene Ursachen haben. Einmal wurzeln diese Störungen in der embryonalen Entwicklung, auf die Erlebnisse der Mutter oder des Vaters während der Zeit der Schwangerschaft geistig – durch das Gedankenleben oder durch seelische Erlebnisse eines oder der beiden Elternteile – projiziert wurden. Die Tatsache, daß auch die Gedanken und Erlebnisse des Vaters während der neun Monate einen starken Einfluß auf die geistige und seelische Entwicklung des Embryos haben, wird leider viel zu wenig beachtet.

Zum anderen können seelische Störungen ihren Grund in verkehrter Erziehung haben, in Schreckwirkungen, die erlebt wurden, oder auch in einem anormalen unbewußten oder bewußten Sexualgefühl. Endlich kommen auch noch metaphysische Gründe und Zusammenhänge in Betracht. Um die letzteren zu verstehen, muß man in der Astrologie mindestens Elementarkenntnisse besitzen. Astrologisch ist dann auch die Lösung leicht zu finden. Einige Ärzte üben die psychoanalytische Praxis auf dieser Grundlage mit bestem Erfolg aus.

Die Psychoanalyse, wie sie heute betrieben wird, ist zumeist auf die Berichterstattung des zu Behandelnden angewiesen.

Hier muß man von vornherein mit einem Manko rechnen, denn es gibt sehr viele Menschen, die in bestimmten eigenen Angelegenheiten immer verschlossen bleiben werden. Anders ist es, wenn man mit der Chirosophie arbeitet. Sie gibt markante Hinweise.

Die verschiedenen Handformen lassen u.a. allein schon die Art, das Naturell, das Temperament erkennen, die Einstellung dem Leben und der Umwelt gegenüber. Die verschiedenen großen, eingefallenen, normalen oder stark entwickelten Erhöhungen (Berge) in der Innenhand ergänzen dieses Bild in Verbindung mit der Bedeutung der sehr unterschiedlichen Daumenstruktur und -biegsamkeit. An den einzelnen Deformationen der Fingerglieder läßt sich ebenso leicht wie sicher feststellen, welche Organe gestört arbeiten. Die einzelnen Hauptlinien zeigen an, um welche Organe es sich im speziellen handelt und wie groß oder wie klein der Schaden ist. Alle Angelegenheiten, die mit dem Denken in Verbindung stehen, mit dem Groß- und Kleinhirn, mit dem Kopf, sind in und an der Kopflinie zu suchen. Ergänzungen der Auskunft bietet der Merkurberg und -finger. Alle Angelegenheiten des Herzens in seelischer Beziehung findet man an und in der Herzlinie verzeichnet. Angelegenheiten der sexuellen Liebe, des Trieblebens ersieht man aus dem Venusberg, Merkurberg (Seite), Mondberg, am kleinen Finger und an und in der Lebenslinie. Seelische Erschütterungen und Erlebnisse zeigen die Ereignis- und Erlebnislinien und die kleinen Zeichen an, die zwischen den Hauptlinien, auf den Bergen und in der Gegend der Handwurzel zu finden sind.

Auch hier darf man niemals vergessen, daß die linke Hand das Individuelle erkennen läßt, außerdem die Erbmasse aus der mütterlichen Generation und die Organkonstitution bis zum dreißigsten Lebensjahr. Die rechte Hand gibt Aufschluß über das Erworbene, über die Erbmasse aus der väterlichen Generation und die Organkonstitution nach dem achtundzwanzigsten Lebensjahr und die Lebensdauer.

Die Daumenseite der Hand zeigt die Ich-Welt und die eigenen bewußten Eindrücke, die andere Seite der Hand zeigt die Welt des Du und die fremden Einflüsse, Umweltströmungen.

Die Schicksalslinie trennt hier die Hand senkrecht in die beiden Hälften. Siehe hierzu die senkrecht punktierte Linie in Bild 11 und 54.

Die Schicksalslinie gibt Auskunft über die Stellung zur Umwelt, auch hier in der linken Hand bis zum dreißigsten Lebensjahr im allgemeinen und in der rechten Hand nach dem achtundzwanzigsten Lebensjahr. Das Schwanken dieser Zahlen kommt daher, daß der menschliche Körper zwischen dem achtundzwanzigsten und dreißigsten Lebensjahr eine Übergangszeit hat. Der Beginn dieser Linie ist an der Handwurzel, entweder im Mondberg, in der Handmitte oder im unteren Venusberg. Dementsprechend sind auch die Bedeutungen der Triebkräfte des Schicksals verschieden, was ebenfalls bei der Psychoanalyse in Betracht zu ziehen ist. Gerade diese Linie, die wir bei den extrem Fremdrassigen, wie Negern, Mongolen, Indianern, auch zum Teil bei Indern, Lappländern usw. nicht finden und die besonders für den Europäer bedeutungsvoll ist, zeigt uns in ihrem Beginn die Lebensumstände der Kindheit an. Deshalb sucht man auch an dieser Stelle, d.h. am und um den Beginn der Schicksalslinie, auch Saturnlinie genannt, die Einflüsse, die auf den Handeigner in der früheren Jugend einwirkten und von Bedeutung waren.

Die Sonnen- oder Apollolinie zeigt die Konstitution des Sonnengeflechts an. Da wir mit diesem eine seelische Aufnahmestation für die feinsten Schwingungen haben, hat auch sie gewissermaßen mit Inspiration und Intuition zu tun, obgleich es noch eine besondere Intuitionslinie gibt. Der Beginn der Sonnenlinie kann im Venusberg sein und weist dann mehr auf eine Art schöpferischer Intuition hin. Entspringt sie aus dem Mondberg, so ist die Intuition (wohlgemerkt als eine Teileigenschaft dieser Linie) durch Fantasie geleitet. Entspringt sie dagegen in der Mitte der Handwurzel, so zeugt dies von ererbter oder atavistischer Intuition, die zugleich einen gewissen Instinkt in sich schließt. Seltener entspringt die Apollolinie auf dem Marsberg; in diesem Falle ist Geistesgegenwart vorhanden. Als Nebenlinien kämen noch für psychoanalytische Beurteilungen in Betracht: eine sogenannte Angstlinie, Bild 18/14, die eine kleine, kurze Abzweigung von der Lebenslinie nahe am Beginn, auf dem inneren Venusberg verlaufend, darstellt und anzeigt, daß der Handeigner einige Zeit mit starken Angstgefühlen belastet war; ferner ist die Vorgeburts- oder Mutterlinie (Bild 14/7 bis 14/13, Bild 37/94) von einiger Bedeutung. Sie entspringt auf dem unteren Venusberg, kreuzt die Lebenslinie und verläuft nur ganz kurz in Richtung des Merkurberges, also etwa parallel mit der Magenlinie oder mit der Giftlinie. Sie weist auf starke Störungen des seelischen Empfindens der Mutter während der Schwangerschaft, ist also für den Handeigner vorgeburtlich von Bedeutung. Die Praxis hat gezeigt, daß viele der Handeigner, deren Hände diese Linie aufwiesen und denen ich hieraus Erklärungen gab, letztere bestätigten und tatsächlich den Ursprung ihrer psychischen Störungen oder Hemmungen hier als begründet erkannten. Betreffs Lebensüberdruß siehe Bild 14/9 und 57/3.

Auf dem Venusberg zeigen die Längslinien, Bild 13/4, 13/5, Bild 18/15, die bei gestrecktem Daumen in dessen Verlängerung zur Lebenslinie ausstrahlen, auf das erotische Wunsch- und Triebleben, während die hierzu querlaufenden (Bild 18/9), also mit der Lebenslinie parallel laufenden Linien die Hemmungen darstellen, die aus ethischen Gründen oder auch äußeren Umständen zufolge gesetzt sind.

Über die metaphysischen Zusammenhänge habe ich bereits an anderen Stellen und in meinem Werk über *Kosmische Religion* Aufstellungen gebracht, weshalb ich sie hier nicht wiederholen will.

Ich möchte es vermeiden, dieses Kapitel noch weiter zu behandeln, da ja die Bedeutungen der einzelnen Linien und Zeichen sowohl in meinem Buch *Wissenschaftliche Handlesekunst* als auch an anderen Stellen des vorliegenden Buches ausführlich genug beschrieben sind. Ich wollte hier nur Hinweise zur Erkennung der psychischen Störungen aus den Händen geben, um den Beweis zu erbringen, daß die Hand wohl die realste Basis für die Psychodiagnostik bietet. Besonders betonen muß ich dazu aber, daß man, wie in den sonstigen Fällen, so auch hier, nicht nur einzelne Zeichen als ausschlaggebend werten darf, sondern immer nach Ergänzungszeichen zu suchen hat, die manches verstärken oder abschwächen können, um stets ein sicheres Gesamtbild des Falles zu erhalten. Immer kommt es auf die Kombination der einzelnen Zeichen und das Endergebnis an.

Zweiter Teil

Psycho-Diagnostik

Die medizinische Handdiagnostik im Dienste der Seelenheilkunde

Wer körperlich und seelisch
gesund und kraftvoll ist,
kennt weder Angst noch Konflikte.

1. Organismus und »Schichten« der Seele

Es ist eine sehr traurige Tatsache, daß weit mehr Menschen an seelischen Störungen leiden, als man allgemein annehmen möchte. Vor einigen Jahrzehnten lächelte man noch über die, die »seelisch krank« waren. Man wollte es nicht wahr haben, daß es so etwas gibt. Inzwischen hat man sich aber doch etwas mehr mit diesen Problemen beschäftigt. Erst in neuerer Zeit fanden einige Forscher den Mut, sich in dieses Gebiet zu vertiefen. Sie gewannen nicht nur Interesse, sondern auch fleißige Schüler, die dies Gebiet auszubauen und weiter zu vertiefen verstanden. Es wurden viele Findungen und Entdekkungen gemacht, die allerdings zum größten Teil nicht neu – sondern uralt – sind, aber der seelischen Heilweise unschätzbare Dienste leisten.

Die heutige beziehungsweise bisherige psychologische Tiefenforschung reicht aber immer noch nicht aus, um Gründe, Ursachen und Orte der seelischen Störungen zu erfassen, weil die konservative Wissenschaft sich nur mit dem sichtbaren Teil des Menschen befaßt und die gesamte Psychologie auch heute noch auf Spekulation beruht, wenn sie auch in den letzten zwanzig Jahren sehr große Fortschritte gegenüber dem Stande von damals gemacht hat. Es gibt bestimmt Wege, auf denen noch viel mehr erreicht werden könnte, wenn sich mancherlei von der veralteten und nur hemmenden Dogmatik, die ja nie schöpferisch ist, wegräumen ließe und wenn man mehr Mut besäße, Tatsachen anzuerkennen, die vielleicht vielen Menschen unbequem, Voreingenommenen sogar verhaßt sind.

Gewiß lassen sich oft bei Menschen, die unter seelischen Störungen leiden, die Ursachen aus nachgeburtlichen und auch vorgeburtlichen Einflüssen ableiten, letztere aber eben nur so weit, wie sie auf den Schwangerschaftszustand der Mutter zurückgehen. Die Praxis zeigt aber, daß dies nicht genügt, nicht ausreicht, um manche Störungsursachen zu erklären oder den Kern zu ergründen. Hier ist die Stelle, wo, wie es scheint, der offiziellen Wissenschaft, soweit sie rein materiell oder rein intellektuell ausgerichtet ist, Grenzen gesetzt sind.

Warum aber geht man nicht weiter zurück? Das Leben für den werdenden Menschen beginnt doch nicht erst bei der Empfängnis der Mutter und es endet auch nicht mit dem Sterben des physischen Körpers! Solange man aber an der Meinung festhält, das Leben beginne bei der Geburt und ende mit dem Tode des Körpers, solange wird die Psychologie nicht einen Schritt weiterkommen. An diesem Standpunkt verkrampft festhalten zu wollen, zeugt mehr von Mangel an Mut zur wahren Tiefenforschung als von wirklich ernstem Forscherwillen. Hier scheiden sich die Geister, die aus materiellen oder intellektuellen Gründen bei einem Teilausschnitt des menschlichen Seelenlebens verbleiben wollen und deshalb auch nur Teilarbeit leisten können, von jenen die ehrlich und zuinnerst das ganze Gebiet mit allen Möglichkeiten unvoreingenommen betrachten, erkennen und durchforschen und auch den Mut haben, für ihre Erkenntnisse einzustehen, sie nach außen zu verteidigen. Die ersteren sind die konservativen Theoretiker von vorgestern, die letzteren die Praktiker des Lebens. Außerdem gäbe es bei jener Einstellung unendlich viele Dinge, die eine brutale Ungerechtigkeit im höchsten Sinne bedeuten würden und die man nicht zu erklären imstande ist. Alle Ethik und Religion wäre Unsinn.

Kosmisch betrachtet gibt es aber keine Ungerechtigkeiten, sondern ein Gesetz von Ursache und Wirkung. Es wird auch niemals ein absolut gesunder Menschen geboren; jeder hat bestimmte Krankheits-Dispositionen bei seiner Geburt mitbekommen. Diese sind nicht immer nur von den Eltern übernommen, auch nicht von anderen Gliedern der Blutsverwandtschaft. Sind sie das aber nicht, so müssen sie andere Ursachen haben und im Wesenskern des geistigen beziehungsweise seelischen Habitus begründet sein. »Es ist der Geist, der sich den Körper baut«, das ist uralte Weisheit. Wenn also der Geist die

Ursachen zu den Leiden schuf, die nicht vererbt wurden, dann liegen auch die Ursachen geistiger Art in der Individualität selbst. Sie sind geboren aus der eigenen geistigen Entwicklung des Ich, also aus seiner schicksalshaften Erfahrung, seinem Denken, seinem Fühlen, seinem Handeln, was allerdings nicht erst vom Moment der Empfängnis an datiert, nicht erst seit dann datieren kann!

Wenn die bisherige Schulwissenschaft eine – absichtlich – begrenzte Auffassung beibehalten will, wenn sie dabei beharrt, daß »mit dem Tode alles aus« sei, dann wird sie weder zu einer wahren Seelenheilkunde kommen noch es zu wirklichen Heilerfolgen bringen.

Zieht man aber in Betracht, daß das menschliche Leben nur ein Leben in der langen Kette des ewigen Lebens und der Daseinsstufen ist, dann öffnen sich unendlich viele Tore der Erkenntnis, und alle Rätsel und »ungeklärten Fälle« lassen sich lösen, erklären.

»Die Lehre oder das Wissen um die wiederholten Erdenleben ist bekanntlich kein Monopol der Inder und Asiaten, sondern sowohl ein arteigener Geistesbesitz unserer ältesten Vorfahren als auch der deutschen Geistesheroen (einschließlich bedeutender Ärzte) späterer Zeiten bis hinauf in unsere Tage« heißt es in dem ausgezeichnet orientierten Werk von Bock: *Wiederholte Erdenleben. Die Wiederverkörperungsidee in der deutschen Geistesgeschichte.* Stuttgart 1932. (Vgl. auch Dr. Karl Jarmer in *Fortschritte der Medizin,* November 1936.)

»Die Eltern geben die Seele nicht, denn die Seelen der Eltern und Kinder sind oft so verschieden wie nur möglich: gute Eltern haben schlechte Kinder und schlechte Eltern haben gute Kinder, und zuweilen, namentlich beim Genie, überragt die Geisteskraft des Kindes die der Eltern ganz bedeutend. Da nun aber die Eltern nicht mehr geben können als sie haben, so kann die Seele des Genies nicht von den Eltern abstammen. Alle diese Rätsel lösen sich bei ... der Unsterblichkeit, der Wiederverkörperung des Geistes: die Gerechtigkeit wird erfüllt, die Frage nach der Herkunft der Seelen wird befriedigend beantwortet, und die Verschiedenheit der Seelen von Eltern und Kindern erklärt sich ungezwungen aus der Verschiedenheit der sich verkörpernden Geister.« (Dr. med. G. Riedlin: *Kann ich genesen?*)

Wie will ein Psychotherapeut beispielsweise bei einem Menschen, der körperlich entstellt ist, dessen seelische Bedrückung behandeln und heilen, die dieser aufgrund seiner Mißgestaltung, die seit seiner Geburt besteht, fühlt, und die ihm Minderwertigkeitsgefühle verschafft? Wie will er einen Menschen, der durch einen bei einem seiner Vorfahren vorgekommenen Selbstmord selbst zu dieser Untat veranlagt ist – was sich aus bestimmten Merkmalen klar erkennen läßt –, behandeln und heilen?

Für den nur intellektuell (materiell) eingestellten Psychotherapeuten reicht das Leben nur von der Empfängnis bis zum körperlichen Absterben. Hieraus allein lassen sich aber die tieferen geistigen Ursachen nicht erklären, die gerade den einen Menschen aus einer Reihe von Geschwistern belasten. Die unbefriedigende Aussage, daß es sich hier um das Hervortreten einer besonderen Tendenz aus einem Teil der körperlichen Erbmasse der Vorfahren handele, ist nur eine Erläuterung, aber keine auf die tieferen Ursachen zurückgreifende wirkliche Erklärung.

Da der Geist immer das Primäre ist, das höchste Prinzip, die Ursache von allem, muß also auch die Ursache allen Geschehens im Geistigen liegen. Dieses Geistige aber wieder läßt sich nicht immer aus dem Wesen und der Art der Vorfahren erklären, denn eine geistige Vererbung gibt es nicht und hat es nie gegeben, sondern nur eine körperliche. Wäre es anders, wie kommt es dann, daß die Kinder von Genies diese nie erreicht, noch viel weniger übertroffen haben?

Hier könnte ich folgendes zu bedenken geben: Wenn eine Mutter beispielsweise zehn Kinder hat, so wird sie körperlich selbstverständlich viel abgegeben haben an Quantität und Qualität. Gäbe es nun eine geistige Vererbung, wäre die logische Folge, daß sie auch von ihrem Geiste abgegeben hat, also geistig ärmer geworden ist. Das Leben und die Praxis beweisen das aber nicht. Ich habe sogar beobachtet, daß solche kinderreichen Mütter geistig recht frisch und aufgeweckt waren. Von »Abnahme« also keine Spur.

Es kommen bei einzelnen Menschen Wesenseigentümlichkeiten, Charaktereigenschaften, Begabungen vor, die nicht vor ihnen in der Ahnenreihe anzutreffen waren. Folglich ist jeder Mensch, trotz körperlicher Erbmasse, geistig eine Einheit, eine Einmaligkeit für sich, die sich nur aus sich selbst erklären läßt.

Der Grad der Schnelligkeit der geistigen Entwicklung ist bei den Menschen ganz verschieden: bei diesem gelingt sie in verhältnismäßig wenigen Jahren, bei jenem beginnt sie erst nach dem dreißigsten Jahre, ohne daß besondere psychische Störungen vorlagen. Ein anderer Mensch erreicht kaum eine nennenswerte geistige Entwicklung trotz bester sonstiger Gesundheit.

Ohne die Bejahung der Wiederverkörperung, der langen Reihe von aufeinanderfolgenden Leben, ist wohl eine körperliche Entwicklung erklärlich, nicht aber eine so auffällig starke geistige Höherentwicklung, wie sie oft anzutreffen ist, oder aber es müßten sich die Ahnen der Familie in den Nachkommen wieder verkörpern. Also doch Wiederkehr der Geister zu einer weiteren »Klasse der Schule zur Höherentwicklung«!

Abgesehen von diesen Folgerungen haben ja zu allen Zeiten Personen gelebt, die von ihren früheren Erdenleben wußten, auch Angaben darüber machten, deren Nachprüfung Bestätigung und Beweis erbrachte. Es würde hier zu weit führen, auf solche Berichte weiter einzugehen; die Tatsache mag genügen. Woher diese Personen das wußten? Aus sich selbst, manche im wachen Zustand, andere beim Befragtwerden, wenn sie sich im magnetischen (nicht hypnotischen) Schlaf befanden. Jeder Mensch trägt ein Gedächtnis, nicht immer auch hierfür ein Erinnerungsvermögen, in sich.

Die Tatsache, daß sich häufig Geschwister geistig verschieden entwickeln, wird man wahrscheinlich auf einen bestimmten Rhythmus zurückführen müssen, ja man ist sogar aufgrund auffälliger Anzeichen berechtigt, verschiedene Rhythmen innerhalb derselben Blutsippe anzunehmen. Leider ist dies Gebiet noch nicht hinreichend erforscht; es fehlt an Beobachtungsmaterial. Hier bleibt noch viel zu tun übrig. In meiner eigenen diagnostischen und charakterologischen Praxis habe ich auffällig oft folgendes beobachtet: Wenn ein Onkel oder eine Tante starb, erkrankte um etwa dieselbe Zeit ein Neffe oder eine Nichte. Beim Tode der Eltern tritt dieses Phänomen meist nicht auf, sondern wenn der Vater stirbt, erlebt der Sohn oft einen materiellen Aufstieg (außerhalb der möglichen Erbschaft). Die Tochter oder der Sohn geht eine Ehe ein, und im selben Jahr stirbt einer von den vier Elternteilen. Ein Großvater stirbt und im Zeitraum eines Jahres wird ein Enkelkind geboren oder ein Enkelkind hat zu der Zeit einen schweren Unfall.

Ein anderer Rhythmus: Woher kommt es, daß Menschen Unfälle, Operationen oder selbst den Tod erleiden in den erreichten eigenen Lebensjahren, in denen Vorfahren gestorben sind? Diese für jeden Menschen kritischen Lebensjahre lassen sich in den Händen genau ausmessen!

Parallelerscheinungen: Wie kommt es, daß mit Störungen der Nierentätigkeit auch auffällig oft Störungen im Liebesleben der Betreffenden stattfinden? Daß Magenstörungen auf chronisch gewordenen Streit in Familie oder Beruf hinweisen? Daß bei Milzstörungen der Betreffende an Grübelei und an Depressionen bis zur Schwermut leidet? Daß Leberleidende an Sorgen, Kummer oder schwerem Gram (Mangel an Religion) leiden? Daß Menschen, die sich leicht und viel ärgern, sehr heftig werden oder jähzornig sind, zu Gallenleiden neigen? Wie kommt es, daß Personen, die ihren Ehepartner aus Berechnung heirateten oder zuviel vom Partner verlangen, herzleidend werden, daß eifersüchtige Frauen Disposition zu Ovarienleiden haben?

Diese »Merkwürdigkeiten« zu ergründen hilft uns allein die Metaphysik, denn es sind metaphysische Einflüsse, die hier wirken. Hier bietet sich dem begabten, vorurteilsfreien und mutigen Forscher noch ein großes Feld für wirklich positives Schaffen. Wer sucht, der findet! Wenn sich auch heute wieder besondere Strömungen breitmachen – wie schon einmal vor vielen Jahren –, die sich gegen jede Metaphysik wenden und sie bekämpfen – natürlich weil sie nichts davon verstehen oder nichts verstehen wollen –, so bleibt doch die Tatsache bestehen, daß gerade sie uns über unendlich Vieles tiefere Aufschlüsse gibt, und daß man sie in verschiedenen Wissensgebieten (Charakterkunde, Geisteswissenschaften, Heilkunde, Religion, Vorgeschichte usw.) nicht mehr entbehren kann, wenn man Trugschlüsse vermeiden will. Es gibt keine wissenschaftliche Charakterkunde ohne Rassenkunde, ohne Physiologie und Metaphysik, und es gibt keine wissenschaftliche Rassenkunde ohne Charakterkunde und Physiologie! Krankheit und Charakter sind die Polaritäten, die unser Schicksal beeinflussen, wenn nicht gar ausmachen. Die Erklärungen hierfür sind nur durch die Metaphysik möglich. Psychologie ohne Metaphysik ist lächerliche Stümperei, auch die Graphologie und erst recht die Psychotherapie, die alle – wie betont – ohne Metaphysik und Religion nicht zu endgültigen Resultaten, noch weniger aber zu einem wirklichen Erfolg in der Behandlung gelangen können.

Die moderne Individual-Psychologie und Seelenheilkunde beziehungsweise Tiefenpsychologie beschäftigt sich schon seit einiger Zeit mit den seelischen »Schichten«. Nun, da sind wir schon mitten in der Metaphysik. Die seelischen Schichten (Körper) sind keine neuen Erfindungen oder Entdeckungen. Sie sind uraltes Wissen, das sich schon in der alten ario-indischen Literatur findet. Ich halte es durchaus nicht für beschämend oder falsch, deutlich zu erklären, daß die seelischen Schichten mit den verschiedenen Körpern des Menschen identisch sind, die man aus der ario-indischen Philosophie, besser: aus der urarischen Esoterik, kennt. Es sind – von außen nach innen – der Reihe nach:

1) Körper:	erste Schicht	=	physischer Körper
2) Seele:	zweite Schicht	=	Elementar-Körper
	dritte Schicht	=	Astral-Körper
	vierte Schicht	=	Niederer Mental-Körper
	fünfte Schicht	=	Höherer Mental-Körper
	sechste Schicht	=	Seelen-Kern, Buddhi
3) Geist:	(Kern)	=	Geistselbst, ICH, Atma

Die Bezeichnung »Schichten« ist nicht ganz zutreffend, denn es handelt sich hier nicht um genau abgegrenzte Schichten, wie beispielsweise einer Zwiebel, sondern es sind Zustände, die verschieden stark, verschieden fein ineinander strahlen, ineinander wirken, ähnlich wie die Farben des Sepktrums, wenn man sich diese ineinander übergehend, ineinander strahlend vorstellt. Aber behalten wir die Bezeichnung »Schichten« ruhig bei, der Einfachheit halber und weil sie praktischer ist.

(Anmerkung des Verfassers: Ludwig Klages spricht in seinem Lehrbuch ebenfalls über »Schichten«. Diese sind bei ihm theoretisch festgelegte Charakterschichten, die mit den hier beschriebenen, tatsächlich vorhandenen *seelischen* Schichten oder Seelenkörpern nichts zu tun haben.)

Die moderne Seelenkunde nähert sich immer mehr den Gebieten, die die Geisteswissenschaften verschiedener Richtungen angehen. Der Beweis ist dadurch deutlich gegeben, daß sich die Psychiatrie, wie überhaupt alle Seelenheilkunde, der Graphologie, der Phrenologie, der Physiognomik des Gesichts, der Hände und Beine praktisch weitgehend mit bestem Erfolge bedient. Die Handformenkunde (Handphysiognomie oder Chirognomie) wird von Professor E. Kretzschmer für die Konstitutions-Typologie seit Jahren verwertet. Neuerdings beschäftigen sich wieder Gelehrte mit der alten Naturell-Lehre (Huter), andere wieder teilen ein in visuelle, akustische und motorische Typen, oder auch in Farbentypen. Nach Jung nimmt man eine Einteilung in Introvertierte und Extravertierte vor. Auch benutzen manche Psychologen die astrologischen Typen. Warum auch nicht, wenn sich diese Grundlagen als brauchbar und dienlich bewähren? In jedem Fall erleichtert die Typologie, ganz gleich welcher Art, das Arbeitsgebiet um vieles. (Es ist daher lächerlich, daß sich Klages bei einem Vortrag im Januar 1937 in Berlin darüber belustigte.)

Daß auch die – früher verrufene und als abergläubisch gebrandmarkte – Traumdeutung in der Seelenheilkunde heute sehr ausgiebig benutzt wird, zeigt, daß man bestrebt ist, sich auch uralter Erkenntnisse der Symbolik zu bedienen, wie man weiß, mit gutem Erfolg. Es muß alles herangezogen werden, um das Wissen und die Erkenntnismittel auszubauen und im Dienste der Heilwissenschaft zu nutzen. Bekanntlich spielt sich das Traumleben im Unterbewußtsein ab. Carl G. Carus unterscheidet drei Stufen des Traumlebens: das ungeregelte, das geregelte und das prophetische (schauende) Traumleben. Man kann sich vorstellen, daß das geregelte Traumleben irgendwie durch den Verstand beeinflußt wird. Woher kommen die ungeregelten und die prophetischen Träume? Die Wahrträume, in denen sich zukünftige Ereignisse so offenbaren, wie sie dann später genau eintreffen?

Sie können nur deshalb möglich sein, weil ein Teil der Seele (Buddhi) mit dem Allbewußtsein verbunden ist und folglich dieser Teil der Seele auch selbst All-Bewußtsein haben muß, für das es weder Raum noch Zeit gibt. Carus schrieb darüber: »Wissen wir nun, daß der Schlaf ein eigentümliches Befangensein des Bewußten im Unbewußten ... darstellt, so können wir auch begreifen, wie in diesem wunderlichen Zustand allerdings die Seele, eben wegen ihres tieferen Eingetauchtseins im Unbewußten, mehr als in ihrem freien bewußten Zustand partizipieren müsse an jenem Miteingeflochtensein im Allgemeinen und an dem Durchdrungensein von allem Räumlichen und Zeitlichen, wie es dem Unbewußten überhaupt zukommt. Von hier aus wird uns dann verständlich, wie dem im Unbewußten befangenen Bewußtsein nun im Schlaf oder Traum gleicherweise manches zugänglich sein könne, was im Wachen nimmermehr erreichbar sein wird. Seit den ältesten Zeiten hat sich daher eine Menge von Erfahrungen gehäuft, die auf das unzweifelhafteste die Wirklichkeit und Wahrhaftigkeit solcher Traumschauungen beweisen ..., es ist nur besonders zu erwähnen, daß sich auch hier noch eine gewisse Poesie des Traums geltend machen kann, so daß manches Entfernte in Zeit und Raum wirklich als das, was es ist, erfaßt wird, während anderes nicht unmittelbar, sondern ... nur in Form eines Symbols angeschaut wird.«

Warum träumen wir? Wahrscheinlich, weil das Erlebnisrecht der Seele (unterbewußtes Leben) vom übermäßig hervortretenden Tagesbewußtsein des Ich zu sehr unterdrückt wird. Je stärker der äußere Mensch (Intellekt) in Erscheinung tritt, desto mehr wird der innere Mensch (Seelenleben) verdrängt und unterdrückt. Die so hervorgerufenen Spannungen im Seelenkörper drängen zur Befreiung im Traumleben. Wäre unser Tages- oder Solarbewußtsein mit dem Nacht- oder Erd-(Mond-) Bewußtsein ausgeglichen – wie einige esoterische Schulen dies üben –, so würden wir wohl weniger Schlafträume und mehr Wachträume oder Schauungen haben, ähnlich, wie es bei wirklichem Hellsehen der Fall ist. Man erkennt hier also auch gleichzeitig, wie das Hellsehen zustande kommt.

Es ist der Kampf zwischen Intellekt und Seele, zwischen Logik und Intuition (innerem Schauen, Empfinden), zwischen Denken und Wissen, zwischen Schein und Sein! Es wäre gar nicht so schwer, diesem Kampf und Krampf ein Ende zu machen, wenn der Mensch sich mehr Mühe geben würde: richtig (kosmisch!) zu denken, gesund zu fühlen und bewußt zu handeln.

Man spricht von seelischer Disharmonie. Sie ist dieser Kampf! Woher kommt sie? Durch die Unordnung im Denken und Erleben, hervorgerufen durch Unterdrückung der seelischen Eigenschaften und Fähigkeiten, die den verschiedenen Seelenkörpern (Schichten) zu eigen sind; durch die Unterdrükkung der seelischen Äußerungen, die bis zur seelischen Verkrampfung oder zur Hysterie führen können, zum Geiz usw. und körperlich zu organischen Leiden, Erziehung verkehrter und zu beengter Art, spießbürgerliche und veraltete Anschauungen, Verbote jeglicher Freuden und seelischer Schwingung; das viele »Dies darfst du nicht«, »Das ist verboten«, »So etwas tut man nicht«, wenn es sich um rein menschliche Situationen, oder »Das ist sündig und unanständig«, wenn es sich um rein natürliche Angelegenheiten handelt. Wieviel davon wird schon den Kindesseelen an krankhaften Auffassungen, unnatürlichem Denken und Empfinden eingepreßt, so daß sie später mit den Auffassungen, die zur Natur im Widerspruch stehen, nicht fertig werden. (Siehe auch die Suggestion des »Beichtspiegel«.) Wieviele sexuelle Verkrampfungen junger und älterer Ehefrauen sind auf aufgezwungene Auffassungen einer Moral, die keine ist, zurückzuführen, und wieviele Fälle dieser sexuellen Verkrampfungen durch unnatürliche Denkweise führen dann zu organischen Leiden mehr oder minder schwerer Art. Alles dies nur, weil unsere Vorfahren in gewissen Dingen eine unnatürliche und daher verlogene und verwirrende Auffassung von natürlichen Dingen hatten, die ihnen selbstverständlich auch schon aufgezwungen wurde, anstatt selbst über Natur und Leben nachzudenken und für ein offenes Bekenntnis, richtige Aufklärung und Belehrung einzutreten.

Ich sehe die Ursachen hiervon in den Konfessionen, die nichts mehr von Religion, kosmischem Wissen und Denken in sich trugen. Wären die Menschen zur unbedingten Gradheit und Aufrichtigkeit, zum freien und natürlichen Denken angeleitet und wären sie vertraut gemacht worden mit den kosmischen Gesetzen von Ursache und Wirkung, mit den ethischen Schicksalsgesetzen von Tat und Ausgleich – und das *ist* kosmische Religion –, dann wären wir gar nicht erst in jene verkrampfte und daher seelisch ruinierende Dogmatik und verkalkte Spießbürgerlichkeit hineingeraten, die bei dem einen mehr, bei dem anderen weniger jene seelischen Konflikte auslösen müssen, die, wenn sie nicht baldigst gelöst werden, zu schweren Störungen führen. Kosmische Religion ist die Religion des Geistes, der Seele und des Körpers. Darin ist *alles* enthalten, und sie gibt *alles* – mit Erklärungen – durch das uralte Weistum, das sie in sich birgt. Braucht man mehr? Wer kosmische Religion besitzt, wird nie mehr seelisch erkranken können! Das ist nicht zuviel behauptet, sondern meine persönliche Erfahrung durch die letzten zwanzig Jahre. Kosmische Religion ist Yogalehre (Vergleiche auch meine Schrift *Kosmische Religion. Yoga-Schulung und Diätetik der Seele.*)

(Anmerkung des Verfassers: Es besteht bei vielen Personen die Annahme, Yogalehren sind indische und uns fremde Lehren. Dem ist nicht so. Die Yogalehren sind urarische Natur- und Gotterkenntnis, die in früher Zeit nach Persien und Indien, nach Ägypten, Chaldäa und Griechenland gebracht wurden. Dort allein wurden sie rein erhalten, also ungefälscht, weil Indien keine »Religionskriege« kannte wie der Westen. Daher sollten wir heute darüber froh sein, daß wir diese ungefälschten Lehren von dort wieder empfangen können und auch empfangen haben.)

Allgemein und auch bei vielen Ärzten findet man die Auffassung, daß Geist und Seele dasselbe seien. Ein Irrtum! Die uralte Dreiteilung Geist – Seele – Körper findet sich in allem wieder; selbst im Sprachgebrauch hat sie sich erhalten. Man spricht von Geistesschärfe, nie von Seelenschärfe; von geistiger Gewandtheit, nie von seelischer Gewandtheit; von seelischer Härte oder Weichheit, nie von geistiger Härte und Weichheit. Man darf nur nicht Geist mit Intellekt verwechseln, wie das noch immer von vielen getan wird. Geist besitzt Intelligenz, was man vom Intellekt nicht immer behaupten kann. Intellekt hat Logik, doch muß Logik nicht immer richtig, d.h. nicht immer tatsächlich beweisführend sein. Intelligenz kann Logik haben; sie hat schauendes Wissen, das ist mehr. Ich komme noch darauf zurück.

Wissend von der Unterschiedlichkeit Körper – Seele – Geist erreicht man schon viel in der Erkenntnis der Dinge. Aber dennoch ist es nur Stückwerk, wenn es sich um Seelenheilkunde handelt. Auf diesem Gebiet kommt man mit dem Sammelbegriff Seele nicht aus, wenn man tiefere Ursachen der Auswirkungen feststellen, wenn man helfen und heilen will.

Die Kenntnis der verschiedenen Seelen-Zustände (Schichten) und ihrer Eigenschaften macht es uns um ein Bedeutendes leichter, den Grund der Störungen zu finden und den Sinn der Störungen zu erkennen; dazu verhilft uns die Metaphysik. Ich erkläre im Nachstehenden die Eigenschaften der verschiedenen seelischen Schichten, wie ich sie durch persönliche Belehrungen von Wissenden erhielt, und wie sie in dieser Ausführlichkeit bisher m. W. nirgends veröffentlicht wurden.

Der *Physische Körper* enthält die uns bekannten physischen Dichtigkeitszustände: Knochengerüst, Muskeln, Organe, Nervenmasse, Säfte und Blut, mit den entsprechenden Eigenschaften und Funktionen. Er ist das gröbste Instrument, so, wie es zweckmäßig zur Wirkung in der materiellen Welt benötigt wird.

Der *Elementarkörper* ist der gröbste, dichteste der feinstofflichen Körper, der auch am längsten Zeit benötigt, um sich beim Absterben des physischen Körpers von diesem zu lösen. Er enthält den gröbsten Teil der Aura (Od-Ausstrahlung), die Lebenskraft und die elektrisch-magnetischen Strömungen des Weltäthers. Er ist gleicherweise Schutz und »Sieb« gegen äußere atmosphärische Einflüsse und gegen Einflüsse von Bazillen, Miasmen, Seuchen usw., jedoch nur Apparat, ohne Bewußtsein. Dieser Elementar- oder Ätherkörper besitzt zusammen mit dem Astralkörper, ähnlich wie der physische Körper ein Nervensystem hat, nur viel feiner organisiert, ein geistig entwickelbares System von Kraftzentren, die Chakras.

C. W. Leadbeater schreibt darüber in seinem aufschlußreichen Werk *Die Chakras* (Hermann Bauer Verlag, 4. Auflage, Freiburg im Breisgau 1984):

»Die Chakras oder Kraftzentren sind Verbindungspunkte, durch die Energie von einem Körper zum anderen fließt. Jeder, der auch nur im geringsten Grade hellsichtig ist, vermag sie unschwer im Ätherkörper wahrzunehmen, auf dessen Oberfläche sie als napfförmige Vertiefungen oder Wirbel erscheinen. Solange sie noch ganz unentwickelt sind, gleichen sie kleinen Kreisen von etwa zwei Zoll Durchmesser, die beim Durchschnittsmenschen dumpf erglühen. Erweckt und belebt, sind sie jedoch strahlende, funkelnde Strudel, die an Größe sehr zugenommen haben und winzigen Sonnen gleichen. Man spricht manchmal von ihnen, als ob sie so ungefähr bestimmten physischen Organen entsprächen. In Wirklichkeit aber befinden sie sich auf der Oberfläche des Ätherkörpers, der sich ein wenig über den Umfang des physischen Körpers ausdehnt. Der Kelch einer Blüte der Convulvulus-Gattung, in den wir von oben hineinsehen, gibt eine ungefähre Vorstellung von dem allgemeinen Aussehen eines Chakra. Der ›Blumenstengel‹ entspringt einem Punkt des Rückgrates, so daß wir uns auch das Rückgrat als einen zentralen Stamm vorstellen können, aus dem in bestimmten Abständen Blüten entspringen, deren Kelche sich auf der Oberfläche des Ätherkörpers öffnen.«

»Alle diese Räder drehen sich unausgesetzt. In die Nabe oder den offenen Mund eines jeden strömt unaufhörlich eine Kraft aus höheren Welten ein – eine Manifestation des Lebensstromes, der vom zweiten Aspekt des Sonnenlogos ausgeht –, die wir ›Primärkraft‹ nennen. Diese Kraft ist siebenfältiger Natur. Alle ihre sieben Formen wirken in jedem einzelnen Chakra, wenn auch in jedem stets eine von ihnen den anderen gegenüber vorherrscht. Ohne diesen Krafteinstrom könnte der physische Körper nicht bestehen. Darum sind auch diese Zentren bei allen Menschen in Tätigkeit, obgleich sie sich in einem unentwickelten Individuum natürlich nur verhältnismäßig schwerfällig bewegen und gerade nur den für die Kraft notwendigen Wirbel erzeugen, aber auch nicht mehr. In einem entwickelten Menschen aber erstrahlen und pulsieren sie in lebendig erglühendem Lichte, so daß sie eine ungeheuer größere Energiemenge durchflutet, was wieder zur Folge hat, daß sich diesem Menschen weitere Fähigkeiten und Möglichkeiten eröffnen.« (Siehe hierzu Bild 40.)

Auf Bild 41 (Die Chakras nach Gichtel) sind die einzelnen Kraftzentren durch Symbole der Planeten bezeichnet und der Weg der Entwicklung derselben durch die Spirale gewiesen. Die jeweiligen Planeten-Charaktere zeigen die durch Entwicklung gewonnenen Würden bzw. Eigenheiten.

Der Elementar- oder Ätherkörper – evtl. auch noch Strahlungen von dem nächsten Körper – läßt sich durch den Killnerschirm (d. i. ein Kalziumschirm, oder ähnliche Instrumente) dem menschlichen Auge sichtbar machen. Auch bietet dieser Körper das »Material«, dessen sich die Wesenheiten in den parapsychologischen (spiritistischen) Sitzungen zur Sichtbarmachung bedienen, z.B. bei schattenhaften oder leuchtenden Erscheinungen, dem Teleplasma.

Der *Astralkörper* ist derjenige, den man irrtümlich als Seele und landläufig auch als Unterbewußtsein bezeichnet. Beides ist nur teilweise richtig. Er ist die dichteste Schicht des Unterbewußtseins, Sitz des Traumlebens, des vorgeburtlichen Erlebens, der Medialität und niederen Hellsinnigkeit (Astralbewußtsein), sowie das Organ des Instinktes und des animalischen Erinnerungsvermögens. Er ist der »Ort der Dämonen« im Menschen

(Ausbruch der Schizoiden, Tobsüchtigen, Wahnsinnigen, Mondsüchtigen und Besessenen, der Ort der Süchte, Leidenschaften, krankhaften Genüsse, der Irrungen und Verwirrungen, inneren Hemmungen, Verkrampfungen; der Ort der seelischen Weichenstellung für geistige Kräfte).

Diese bisherigen drei Körper sind auch im Tierreich, mit gewisser Ähnlichkeit noch im Pflanzenreich und in anderer Form im Mineral- und Steinreich, vorhanden. Aus dieser Tatsache, daß alles lebt und organisch ist, beweist sich von selbst der Unsinn der Bezeichnung »unorganisch«.

Der Niedere Mental-Körper enthält die schöpferischen Kräfte bzw. das Lager des Schöpferischen, der Intelligenz, die Organe für Hellsinnigkeit (Hellsehen, Hellhören, Hellfühlen, Hellriechen), geistiges Schauen, Intuition, das Erbbewußtsein für Familie und Rasse und die eigene Individualität, sowie den Sitz des Gedächtnisses, der Bewußtseinsschwelle und der charakterbildenden Kräfte.

In dieser Sphäre ist der Sitz des niederen (allgemeinen) Denkvermögens. Die ausgesprochen einseitige Entwicklung und dauernde Betätigung – ohne Rücksicht auf das höhere »schauende Denken« – ergibt die verkrampfte Denkrichtung, die man mit Intellektualismus (das nur verstandesmäßige Denken) bezeichnet: die Denkart, die eine Schwingung dieser Grenze »Bewußtseinsschwelle« nicht mehr zuläßt, weil sie verkrampft, verhärtet oder verbaut ist. Hier ist die Grenze, wo sich der Mensch zu entscheiden hat, ob er von da an »abwärts« (intellektuell, d. i. materiell) denken will oder »aufwärts« (ideal, d. i. spirituell), ob er sich der Erde oder dem Himmel (in sich) zuwenden will. Der Vertreter jener Richtung hat einen mehr eckigen Schädel, eine senkrechte Stirnbildung, ein flaches Schädeldach; der Vertreter dieser Richtung dagegen hat einen birnenförmigen Schädel mit gewölbter Stirn und gewölbtem Schädeldach. Zur Verdeutlichung möge noch ein Beispiel folgen, in dem Pastoren die Vertreter der beiden Typen sind: Ersterer wird eine ausgezeichnet ausgearbeitete und »wissenschaftlich« begründete Predigt halten, die jedoch leblos und ohne Seele ist. Er beherrscht das Thema, doch er erlebt es nicht.

Letzterer spricht ungezwungen, natürlich, gerade, ist mit ganzer Seele beteiligt, lebendig, er erlebt die Predigt, das Thema; die Sache beherrscht ihn. Er ist der erlebende Mystiker, und es kann passieren, daß seine Zuhörer seine Aura leuchten sehen. Beides ist bei ersterem nicht möglich. Er kann niemals Mystiker sein, denn er kann sich nicht mehr in das höhere seelische Schwingen versenken, in dem allein »das Erwachen der Seele« möglich wird, wie auch bei einem wirklichen Künstler. Nun wird hieraus auch von selbst verständlich, weshalb ein Nur-Verstandesmensch und ein Empfindungsmensch sich nie verstehen können. Ebenso ergibt sich hieraus, daß ein Intellektueller nicht mehr naturverbunden, sondern nur materiell – »objektiv« – denken kann. Die verhärtete Bewußtseinsschwelle verhindert das Weitergehen in das »Jenseits« und daher auch das Verstehen für jene Dinge, die jenseits dieser Grenze liegen oder von dort in unsere Welt des Realbewußtseins kommen. Inneres Schauen ist für ihn unmöglich geworden, jegliche Intuition ist fast abgestorben. Den Begriff des Transzendentalen (als Veranlagung) hat er verloren, weshalb er auch, aus Mangel an Verständnis dafür, zum Beispiel die Existenz jeglicher Hellsinnigkeit als »Schwindel« ablehnen muß. Wo das Organ zum Begreifen fehlt, kann auch kein Verständnis aufkommen. Er ist in Wirklichkeit der geistig Arme, der geistig »Beschränkte« (eben wegen dieser Schranke, die er selbst baute), der seelisch Verschrumpfte. Hieraus wird nun auch leicht erklärlich, daß intellektuelle Menschen immer alles, was mit der höheren Sinnenwelt im Zusammenhang steht, bekämpfen, es als feindlich betrachten. Sie sind Feinde jeder hohen Weltanschauung, jeder wahren Religion, jeder spirituellen (hochgeistigen oder wahrhaft geistigen) Entwicklung, die sie aufzuhalten versuchen. Es paßt ihnen nicht, daß es etwas geben könnte, was sie nicht begreifen können. Ein intellektueller Mensch kann sich jedoch langsam zu einem spirituellen entwickeln, wenn er den guten Willen dazu hat. Ein spiritueller Mensch kann sich aber nicht zu einem intellektuellen zurückentwickeln, ohne schweren seelischen Schaden zu erleiden, wie das Leben oft beweist.

Der *höhere Mentalkörper* ist der Sitz des Gewissens, der

wahren Vernunft und, durch seine feinsten geistigen Schwingungen, das Organ für kosmisches Bewußtsein, göttliche Erkenntnisfähigkeit und das Erinnern an frühere Inkarnationen. Die Entwicklung und damit Erweckung dieser Schicht des Seelenkörpers ermöglicht den Dauerzustand des Hellsehens in, für unsere Begriffe, phänomenalster Vollkommenheit.

Buddhi ist unser Teil der kosmischen All-Seele, der All-Seele mit dem Ewigkeitsbewußtsein und dem Karma-Gedächtnis, das bis in unseren Urzustand zurückreicht, das Organ für Allwissenheit (siehe Carus). Buddhi ist der Kern unserer Seele und die unausdenkbar feinste Schicht, die vermittelnde Membrane zum Sitz des Atma.

Atma ist der Gottesfunke in uns, das Ego oder unser unsterbliches, daher ewiges ICH und Selbst.

Es ist nicht schwer, sich diese Körper oder Zustände ineinander verbunden vorzustellen. Vielleicht gibt aber das folgende Bild noch eine deutlichere Vorstellung. So, wie der physische Körper auch feine und gröbere Teile hat (die ätherische Ausstrahlung [Aura], Lymphe und Blut, Nervensystem, Organe, Muskelmasse und Sehnen, das Knochengerüst) und man diese Systeme als verschiedene »Schichten« bezeichnen könnte, so stelle man sich auch ein sehr stark leuchtendes weißes Licht (Geist) vor, das umgeben ist von einer hauchdünnen Glasschicht, die – wie bei einer Glühbirne – von violetter Farbe (Buddhi) ist. Um diese legt sich wieder eine hauchdünne Glasschicht von gelber Farbe (höhere Mentalkörper), hierherum eine weitere von blauer Farbe (niederer Mentalkörper) und weiter eine von roter Farbe (Astralkörper). Diese wird von einer dünnen Schicht von grüner Farbe (Elementarkörper) und diese wiederum von der äußersten Schicht in grauer Farbe umgeben. Von außen wird man zuerst das Grau, dahinter das Grün und schon weniger das Rot, noch weniger das Blau, kaum noch das Gelb, ahnend nur noch das Violett und in Gedanken die Kraft- und Lichtquelle im Zentrum, das Weiß, wahrnehmen. Trotzdem sind alle Farben vorhanden und strahlen durch bis nach außen, wenn auch nicht augenfällig. Man denke aber an die Möglichkeiten, daß in solcher Flamme einmal – bildlich gesprochen – das Rot, das Blau, das Grün usw. stärker leuchten könnten. Solche Fälle zeigen – übertragen – eine stärkere Entwicklung und Mehrbetätigung dieses betreffenden Seelenkörpers, dieser Schicht bzw. ihrer Eigenschaften.

Genau so, wie es sichtbare und unsichtbare Strahlen gibt, gibt es auch sichtbare und unsichtbare Körper. Seele und Geist sind nicht sichtbar, und doch sind sie vorhanden, wie die Wirkungen beweisen. Somit ist es nun auch klar, daß diese verschiedenen Körper des Menschen verschiedene Dichtigkeitsgrade oder verschiedene Strahlungsintensität besitzen. Man braucht nur an die Dreiteilung Geist – Seele – Körper zu denken, dann ist es auch verständlich, daß der Geist eine viel zu feine Kraft ist, um sich durch den materiellen und physischen Körper bemerkbar machen zu können. Er benötigt hierfür Vermittler, die gröber sind als er, aber viel feiner als der physische Körper. Da Geist, Seele und Körper zu grobunterschiedlich sind, müssen schon im Mittler, in der Seele, verschiedene Dichtigkeitsschichten existieren, wodurch dann auch die verschieden feinen oder starken Phasen des seelischen Erlebens erklärlich werden, die dem Menschen möglich sind.

Des Geistes Wesen ist Absicht und Zweck, er ist nicht nur die höchste Form der Energie, er ist mehr als diese, er beherrscht jede Energie, er leitet und lenkt sie bewußt; er ist Herr der Materie, nicht Funktion!

Die Entwicklung des physischen Körpers ist am stärksten normalerweise bei dem einfachen Menschen, dem Landmann, Seemann und bei dem Athleten. Der Elementarkörper ist besonders stark entwickelt bei den dunkleren Rassen, bei Fischern des Meeres, nordischen Seeleuten und sonstigen körperlich robusten Personen, »die nie krank werden«. Der Astralkörper hat eine auffällige Entwicklung bei den Naturvölkern, besonders jedoch bei den Indern und im hohen Maße bei den Medizinmännern und Zauberern der Eingeborenen Afrikas, Amerikas, Australiens und der Südsee. Mehr oder minder ist er bei spiritistischen Medien entwickelt, so auch bei den Menschen, die sich beruflich als »Hellseher« betätigen. Die Bezeichnung »Hellsehen« bei diesen Personen ist irreführend, denn es handelt sich hier nur um ein gewisses Astralschauen, das durchaus nicht viel stärker ausgeprägt ist als bei vielen anderen Menschen, die nur zu bescheiden sind, um etwas Besonderes darin zu sehen und ein Geschäft daraus zu machen. Die Auswirkungen beweisen zur Genüge, daß es sich dabei nur um zeitweise kleine »lichte Momente« handelt. Weil es nur ein niederes mediales Sehen ist, kommen dabei auch viele Fehlanzeigen vor, was bei wirklichem Hellsehen ganz selten der Fall ist und Gründe besonderer Art hat.

Allgemein werden Medien oft als hysterisch bezeichnet. Das ist aber eine durchaus falsche Beurteilung. Ein Hysteriker kann medial sein, muß es aber nicht sein. Ein gesunder Hellseher ist nicht hysterisch. Es kommt hier also sehr auf die Entwicklung oder Nichtentwicklung des Mentalkörpers an.

Wie beschrieben, enthält der niedere Mentalkörper die Bewußtseinsschwelle, die ich hier die »Grenze« nennen will. In der Mystik heißt sie kurz die »Schwelle«, weil jenseits davon erst das mystische Leben, d. h. das tiefere Erlebnis, beginnen kann. Das Jenseits ist nur der jenseits unserer Sinne liegende Teil des Diesseits. Diesem ist die Seele, wenngleich unserem sinnlichen Bewußtsein unbewußt, schon jetzt eingegliedert. (Der Somnambulismus verleiht uns bis zu einem gewissen Grade das Bewußtsein des Jenseits und unserer Seele.) Hier beginnt die »geistige Wiedergeburt« des Menschen, das Große Erleben des Mystikers, die wirkliche Versenkung im allgemein verständlichen Sinne. Der wirkliche Idealist hat diese Schwelle bereits überschritten, denn er lebt ja schon – für den Durchschnittsmenschen – in »einer anderen Welt«. Dadurch allein trennt er sich sehr scharf von dem Intellektuellen und Materiellen, sind doch seine Ideen und Bestrebungen, seine ganze Einstellung, etwas Höheres, wenn sie auch von vielen, die kein Verstehen dafür haben, eben weil sie diesseits der Schwelle leben und denken, als sogenannte Fantasten belächelt werden. Das zu stark betonte Real-Bewußtsein, die »moderne Sachlichkeit«, die Jagd nach dem materiellen Erfolg, hindert sie an der Erkenntnis, daß es noch etwas Höheres und Wertvolleres gibt.

Merkwürdigerweise scheint sich die Schwelle aber kurz vor dem Tode doch für die meisten Menschen ein wenig zu verschieben, so daß sie dann einen kleinen Einblick in ihr – im Innern befindliches – Jenseits tun können und bitter erkennen müssen, was sie in ihrer »Jagd nach dem Mammon« versäumt, nicht erkannt, nicht begriffen haben beziehungsweise nicht haben begreifen wollen. Dann ist es zu spät!

Der Hochgeistige, der absolut Ideale, lebt zum guten Teil jenseits seiner Bewußtseinsschwelle, deshalb auch die verstärkte und schöpferische Schwingung seiner Seele, deshalb seine größere und stärkere, man kann sagen tiefere Erlebnisfähigkeit. Der in der Welt der Tatsachen stehende praktische Mystiker hat ebenfalls das Jenseits – der Bewußtseinsschwelle – schon erreicht. Es ist für ihn nicht schwer, einmal hüben, einmal drüben zu weilen, d. h. sich um- und einzuschalten. (Schmaler hoher Kopf, breiteste Achse in waagerechter Linie über den Augenbrauen, kleine, etwas weiche Handschrift mit Girlanden oder straffem Fadenduktus, strahlende Augen, weicher und etwas voller Mund, gutgeformte Beine.)

Erst wenn jemand über diese Schwelle hinausentwickelt ist, kann die wahre Frömmigkeit und Religiosität erwachen; vorher ist sie nur verstandesmäßig vorhanden. Je weiter er dieses Jenseits im niederen Mentalkörper entwickelt, desto mehr werden ihm die Zusammenhänge von Religion, Sexualität, Kunst, Wissenschaft, Lebenslehre, Symbolik, Mythos, Mystik nach und nach klar. Er erkennt, daß das nicht verschiedene Wissens-Gebiete sind, sondern ein Wissen, nämlich *das* Weistum. Daß Weistum auch Harmonie enthält, ist selbstverständlich. Harmonie basiert auch wieder auf der Gesetzmäßigkeit der Natur. Folglich gibt es im höheren Sinn nicht mehr die Bezeichnung »Geschmack« oder daß dies oder jenes »Geschmackssache« sei. Das wird nun auch verständlich, denn Schönheit ist allemal Harmonie und niemals Geschmack, weshalb der Hochgeistige und Wissende auch niemals etwas anders beurteilen wird als gut oder nicht gut, da er nicht mehr vom Standpunkt der Allgemeinheit, sondern vom kosmischen Gesichtspunkt aus betrachten kann und muß, weil dies der einzige richtige – und nie wechselnde – ist und bleibt. Ein Beispiel: Ein Bild von Dürer wird von jedem hochgeistigen Menschen als gut beurteilt werden müssen – ganz gleich, ob es der Masse gefällt oder nicht, denn das hat mit dem Können des Meisters nichts zu tun. Es ist und bleibt ein Meisterwerk, weil es echt ist, d. h. echt in der Darstellung; weil es natürlich und plastisch, genau und lebendig ist (was bei einem Mystiker und Wissenden nicht anders sein kann), es hat Gesetzmäßigkeit in sich bis ins Kleinste. Dagegen ein »futuristisches« Bild: Hier sieht und erkennt man im Moment, daß nur eine kranke Seele sowas zu »machen« imstande sein konnte und nicht eine gesunde. Jeder Wissende wird solch Machwerk – ohne Leben, ohne Seele, ohne Religion – ablehnen, weil er gesund ist in seinem Mentalkörper. Zu behaupten, dies sei »Geschmackssache«, ist in höherem Sinne immer ein Mangel an seelischer Reife und daher Voreingenommenheit, weil Begrenztheit.

Alle Krankheiten des physischen Körpers haben seelische Vorbedingungen und geistige Ursachen. Im ersteren Falle besteht Unordnung im Elementar- oder Ätherkörper und Astralkörper, im letzteren Fall ist es Mangel an Erkenntnis durch Nichterweckung beziehungsweise Nichtentwicklung des höheren Mentalkörpers. D. h., daß ursächlich alle Krankheiten durch unrichtiges d. h. negatives Denken (dies ist im höchsten Sinne gemeint) entstehen und daß Krankheiten so gut wie ganz unmöglich werden, wenn der höhere Mentalkörper entwickelt ist. Warum? Man braucht nur über das nachzudenken, was ich oben über seine Eigenschaften und Fähigkeiten erklärte.

Der *höhere Mentalkörper* ist bei sehr wenigen Persönlichkeiten entwickelt, soweit es sich auf Männer bezieht. Bei Frauen kann das immer nur zu einem kleinen, genauer definiert, kaum nennenswerten Teil geschehen. Darum gibt es auch keine weiblichen Adepten, Yogi, Guru, Manu und Religionslehrer. Dieser kaum nennenswerte Teil besteht darin, daß sie sich unter Ausschaltung ihres Tagesbewußtseins für kurze Zeit in die Zone des höheren Mentalkörpers versetzen; landläufig würde man sagen: »einen Blick ins Jenseits tun«. (Eine ausführliche Darstellung der Art und des Erreichens dieses Zustandes findet man in meiner *Kosmischen Religion.*)

Die Möglichkeiten, den höheren Mentalkörper tatsächlich mehr als eben erläutert zu entwickeln, sind dem Europäer dadurch, daß er Sklave seines Berufes ist, so sehr genommen oder zum mindesten so erschwert, daß es nicht verwundert, wenn man solche Persönlichkeiten nicht trifft. Selbst wenn man das Glück einmal hätte, sie zu treffen, würde man nicht darüber sprechen wollen. Abgesehen davon, würden sich Menschen von diesem besonderen Grad von Geistigkeit – wenn nicht gerade nötig – selten in den Trubel der Großstadt mischen. Sie sind geistig dem heutigen Stande der Menschenentwicklung um Jahrhunderte voraus und werden von der Allgemeinheit nicht verstanden. Sie haben ein Wissen und Können, das auch den Menschen von sogenannter höchster Intelligenz und Bildung weit über den geistigen Horizont gehen würde. Darum würden sie angefeindet werden, wie einst Christus und Paracelsus angefeindet wurden. Hieraus wird nun auch verständlich, daß diese Großen fast ausschließlich in der Einsamkeit für sich leben, wie es ja bekanntlich die Yogi, Adepten usw. seit altersher bis auf den heutigen Tag tun, entweder hoch im Gebirge oder tief im Walde. Sie benötigen keine anderen Menschen mehr, stehen über allen Dingen. Es gibt für sie keine Probleme. Jeder geistige Mensch sucht sich für gewöhnlich solchen Umgang, von dem er noch lernen kann. Das ist jenen nicht möglich, die den höheren Mentalkörper weit entwickelt haben, denn es gibt deren sehr wenige. Sie kennen die Gesetze der Natur und Magie und arbeiten mit ihnen. Nahrung benötigen sie lächerlich wenig infolge der Betätigung ihres Solar plexus. Was sie überhaupt benötigen oder sich wünschen, das schaffen sie ohne die geringste Mühe herbei; sie sind nie krank, benötigen weder Luxus noch Bequemlichkeit, denn sie stehen über den Dingen und sind restlos bedürfnislos geworden. Kein Tier, weder klein noch groß, belästigt sie auch nur im geringsten. Sie sind die wahren Mystiker und besitzen das Große Erleben und Wissen, wie es nur ganz wenige kennen. Sie haben den »Himmel auf Erden« erreicht und sind wunschlos geworden. So leben sie ganz für sich und ihrer inneren Entwicklung. Sie geben hier und da, wenn sie einmal einen ehrlich suchenden

Menschen treffen, der es wert ist, geeignete Weisungen für dessen höhere Entwicklung. Sie kennen ihre eigenen Präexistenzen und schauen die anderer. Ihre Betrachtungsweise der Dinge und Menschen ist zu vergleichen mit dem Verhalten eines scharfen Beobachters, der von der Spitze eines hohen Berges aus durch ein gutes Fernglas die Ereignisse und Menschen weit unten im Tal sieht, klar durchschaut, miterlebt und ihre Ursachen und Folgen weiß. Erkennen, Verstehen, Liebe und Güte sind bei ihnen eins geworden.

In dieser »Schicht« gibt es keinerlei Krankheiten mehr, weder seelische noch körperliche. Man kann bei einer Person im magnetischen (nicht hynotischen) Schlaf das Ich in diesem Körper Umschau halten lassen, um die Ursachen von Störungen und Leiden zu finden und um darüber Auskunft zu geben. Diese Schicht ist auch der Ort, wo Gedanken negativer Art die geistigen Ursachen zu Krankheiten werden.

Der letzte Körper, *Buddhi,* den man die erste Emanation des Geistes bezeichnen könnte, der zugleich der Kern unserer Seele ist, ist für die Experimental-Psychologie nicht mehr erreichbar. Nach persönlichen Informationen, die ich von einigen Yogi erhielt, gibt es nur drei Menschen, die einen entwickelten Buddhikörper besitzen.

Über den Geist, das Ich-Selbst, schrieb ich schon vorher. Er ist das unsterbliche, unzerstörbare Ego, das ewig und für den Menschen weder faßbar noch wägbar ist, als Teil der großen kosmischen Ur-Intelligenz, Gott. Darum ist es auch Unsinn, von »Geistes«-Krankheiten zu sprechen, denn der Geist ist unerreichbar für irgendeine Krankheit, wohl aber sein physischer Apparat, das Gehirn beziehungsweise die Gehirnrinde.

Ich glaube, im Vorhergehenden das Wesentliche von den einzelnen seelischen Körpern beziehungsweise »Schichten« ausführlich genug erklärt zu haben. Eine gewisse Weitläufigkeit an einzelnen Stellen war nicht zu umgehen und geschah nur, um zu besserer Darstellung zu gelangen und Hinweise zu geben, in welcher seelischen Sphäre einzelne Störungen zu suchen sind. Noch ausführlicher wollte ich wiederum nicht werden, da ich nicht die Absicht hatte, ein voluminöses Werk über dieses Thema zu schreiben, sondern nur soviel, wie unbedingt für das Folgende nötig ist. Obgleich das hier Beschriebene uralte Lehren sind, ist es dennoch für den Westen neu, vielleicht sogar noch zu neu, als daß viele es verwenden wollen oder können.

2. Über die Psychoanalyse und ihre Systeme

Als Begründer der Psychoanalyse wird Siegmund Freud angesehen. Er war Astheniker, und danach sind seine Erkenntnisse zu werten. Man kommt zu einer gewissen Ablehnung, wenn man auch zugeben muß, daß in dem, was er gebracht hat, Wahrheiten enthalten sind. Man folge einmal seinen Gedankengängen.

Das Unbewußte ist der »alte Adam« in uns. Seine Ansichten stehen im Widerspruch zu dem kultivierten sozialen Selbst. Sie sind vom Unterbewußtsein durch einen Mechanismus abgeschlossen, den Freud die Zensur nennt. Es herrscht also ein unüberbrückbarer Zwiespalt zwischen der älteren und neueren Stufe geistiger Tätigkeit. Als Ergebnis des Konfliktes verkleidet sich das primitive Streben je nach dem kulturellen Grad des Individuums. Das Unterbewußtsein ist also der primitive (?) Mensch in uns, es besteht aus Wünschen, die dem Bewußtsein widerstreben, da sich dieses vollkommener entwickelt hat.

Das Kind wird nicht weiß, wie ein unbeschriebenes Blatt, geboren, sondern mit der »Erbsünde« des Unbewußten und dem begrenzten freien Willen des Bewußten. Der stärkste Trieb des Unbewußten ist der sexuelle oder Liebestrieb. Das Kind empfindet aus Eifersucht eine Abneigung gegen Vater oder Mutter. Dieses Gefühl wird später unterdrückt. Als Sicherheitsventil werden Träume erzeugt. Gelingt die Unterdrückung nicht vollständig, entstehen Nervenstörungen. Dieses Gefühl und die Unterdrückung ist der berüchtigte Oedipuskomplex. Doch während Freud stets nur diesen Oedipuskomplex sucht, gehen seine Schüler, u. a. Otto Rank, darüber hinaus bis zur Entdeckung einer »Prae-Oedipus-Situation«. Rank spricht von einer lustvoll betonten pränatalen Fantasie. Er nennt diese die »Urfantasie« von der intra-uterinen Coitusbelauschung. Deshalb haßt beispielsweise ein Mädchen seinen Vater, weil es durch den bösen Vater aus dem Mutterleib vertrieben wurde. Auf diese Weise erklärt sich Rank die Frigidität der Frauen.

Es ist die Aufgabe der Zensur zwischen Bewußtem und Unbewußtem, jedem Versuch des Unbewußten, irgendwelche Wünsche zum Bewußten zu befördern, Widerstand zu leisten. So können die Wünsche nicht in eigener Gestalt auftreten, sondern der Zensor fängt sie auf und verkleidet oder symbolisiert sie. Gelingt dem Zensor jedoch mächtigen, unbewußten Wünschen gegenüber keine wirksame Kontrolle, so zerstören diese die Nerven, es kommt zu einem Nervenzusammenbruch.

Die Psychoanalyse glaubt nun, wenn der Kranke seine unbewußten Wünsche kenne, so sei er auch imstande, ihren unterminierenden Einfluß durch bewußten Widerstand zu hemmen. Demnach ist es Aufgabe der Psychoanalyse, des Arztes oder des Erziehers, den unbewußten Wunsch herauszufinden.

Während nun Freud die Ursache des Traumes auseinandersetzt, dem Träumer aber in keinem Sinne behilflich ist, seiner Schwierigkeiten Herr zu werden, abgesehen davon, daß er eine klarere Erkenntnis seiner Lage bekommt, will C. G. Jung den Träumer mit Maßnahmen für die Zukunft versehen. Er geht nicht auf die Fragen nach der Ursache, sondern gleich auf die Lösung des Traumes ein. Im Gegensatz zu der Freud'schen eingebildeten Erfüllung eines Wunsches legt er den Traum schöpferisch als eine zielbewußte Tätigkeit des Nervensystems aus. Der Hauptzweck des Traums bestehe darin, die unangenehmen Bedingungen und Einschränkungen des Lebens dadurch zu erleichtern, daß während des Schlafes ein Ausgleich geschaffen und so das gesundheitliche Gleichgewicht aufrecht erhalten werde. Freud »heilt« die üblen Folgen der Vergangenheit, Jung beugt den üblen Folgen für die Zukunft vor. Nach Jung ist die Fantasie eine von der Natur geschenkte Hülle, um die Schläge des Lebens zu ertragen. Je sensitiver der Mensch, desto notwendiger ist für ihn gegenüber der nüchternen Wirklichkeit der Schutz der ausgleichenden Fantasie. Dazu beschränkt Jung die Erregbarkeit der Träume nicht – wie Freud – auf sexuelle Wünsche.

Ein Schüler Freuds, Wilhelm Stekel, sagt nun wieder, daß unser teilweise unbewußtes Wunsch- und Begehrungsleben, wie es in den Träumen zutage tritt, nur im Haß wurzele. Nach ihm entsteht jede Liebe nur aus Haß. »Das Kind lernt an den Objekten der Umgebung den Haß überwinden und verzichtet auf feindliche Regungen zugunsten einer geliebten Person, es lernt lieben und den Haß überwinden.« Er sagt weiter: »Es gibt zwischen zwei Menschen keine andere Beziehung als die erotische.« Nach ihm ist die Inzest-Liebe (Oedipus-Motiv) keineswegs krankhaft, sondern eine normale Erscheinung, Durchgangsstation zur Umwandlung des gesellschaftsfeindlichen Hasses in menschenfreundliche Neigungen.

Einem ganz jungen Kinde sind »Haßgefühle« fremd, mögen sie auch in der Charakterveranlagung vorhanden sein und sich später entwickeln.

Alfred Adler, ein Schüler Freuds, konstruierte eine Individual-Psychologie. Daß für ihn das Leben nur von der Geburt oder Empfängnis bis zum Tode währt (!) und darum aus diesem Zeitraum allein alle Störungen zu erklären seien, ist nicht überraschend. Doch Freud und auch Adler sind heute überholt.

Über solche Auswüchse artfremder Mentalität, die nur intellektuell (an der Oberfläche haftend) und nicht geistig-seelisch (d. h. in die Tiefe und wahren Hintergründe gehend) ist, darf man sich nicht wundern.

Es ist unsinnig und auch lächerlich, alles nur auf Sexualität basieren zu wollen. Die wahren Ursachen liegen auf anderem Gebiet und werden nicht beachtet. Die Wiedergeburtslehre – eine Selbstverständlichkeit – gibt erst die richtige Auskunft. Also ist die Psychotherapie, ohne diese in Betracht zu ziehen, keine wahre Heilmethode. Psychologie – die Lehre von der *Seele* – läßt sich mit dem *Nur*-Intellekt nicht erfassen. Es gehört *Religio* dazu, Gottesbewußtsein, denn die Seele kommt aus der geistigen Welt Gottes. Darum ist diese Basis die echte und wahre für Erfolge in kürzerer Zeit. Aber das ist vielleicht nicht erwünscht.

Wir benötigen keine Theorien, sondern empirische Forschungserkenntnisse, da wir Forscher und erkenntnisreife, tiefgründige Wissenschaftler auf diesem Gebiete haben, die naturnähere Wege gehen, die auch weniger kompliziert sind.

Wer fortschrittlich sein will, der halte sich an Jung, der 1934 sagte: »Es ist ein schwerer Fehler der medizinischen Psychologie gewesen, daß sie jüdische Kategorien unbesehen auf die christlichen Germanen anwandte. Damit hat sie das kostbare Geheimnis des germanischen Menschen, seinen schöpferisch-ahnungsvollen Seelengrund, als kindisch-banalen Sumpf erklärt. Diese Verdächtigung ist von Freud ausgegangen. Er kannte die germanische Seele nicht.« (Zu empfehlen wären auch die Schriften von Dr. F. Künkel, die Werke des Münchner Nervenarztes Dr. Heyer und des Hamburger Professors A. Jores.)

3. Die Chirologie als Hilfsmittel für die Seelenheilkunde

Es ist die Pflicht jedes Heilers, sei er Arzt oder Heilpraktiker, sich aller guten Mittel zu bedienen, um der leidenden Menschheit zu helfen. Es gibt genug Methoden, man muß nur den Mut besitzen, sie zu studieren und sie praktisch zu nutzen. Die einst belächelte Graphologie und die als »abergläubisch« verrufene Traumdeutung werden heute mit bestem Erfolg angewandt und geben gerade bei der Psychotherapie oft Aufschluß, den man auf andere Art nicht erreichen kann. Beide Richtungen sind vom Unterbewußtsein weitgehend beeinflußt; so auch die Innenhand. Die Hand eines Kindes gehört in den ersten Jahren immer dem »Genießertyp« an, entsprechend der Lebenseinstellung. Erst um das achte Lebensjahr herum beginnt die Formung zu einem bestimmten Typ, entsprechend der angeborenen Eigenart und den Charaktereigenschaften, soweit sie sich auf Umweltverhalten und Berufs- oder Betätigungs-Eignung beziehen. Die Nagelformen weisen schon viel früher auf bestimmte Krankheitsdispositionen hin. Mit den drei Handtypen, wie sie Prof. Dr. F. Kretzschmer verwendet – leptosom, athletisch und pyknisch –, mag man für die Konstitutionsforschung auskommen, für die Klassifizierung einer typologischen Charakteristik sind sie aber unzureichend, denn die Unterschiedlichkeit in jedem seiner drei Typen ist schon zu groß und abweichend. Er macht bei einem leptosomen Typ einen Unterschied zwischen »mittelkräftig« und »hager«, was für die Konstitutionsforschung genügen mag. Die Charakteristik ist auch hier schon um ein Bedeutendes unterschiedlich, ja sie kann sogar konträr sein. Aus diesen Gründen ist diese Einteilung für die Psychotherapie, bei der es weit mehr auf das Umweltverhalten und demzufolge auf die Grundcharakteristik ankommt, zu wenig verwendbar. Die wissenschaftliche Chirologie kennt sieben

Handtypen mit je einer besonderen Charakteristik. Diese Einteilung bietet ein sehr genaues Erkennungssystem mit feinen Definitionen, weshalb sie auch ein ausgezeichnetes Hilfsmittel ist, die jeweiligen psychischen Störungen besser zu ergründen. Selbstverständlich geschieht dies nicht allein auf Grund des Handtyps, sondern unter Heranziehung möglichst aller Merkmale, die von der Innenhand geboten werden. Sie sind, wenn die Hand nicht arm an Linien ist, überraschend reichhaltig an Auskünften. Diese sind nicht etwa intuitiv zu erkennen, sondern, da sie alle jahrzehntelang nach empirischer Forschungsmethode genau festgelegt und praktisch geprüft und bestätigt wurden, rein objektiv und grammatikalisch ablesbar. Das ist der besondere Vorteil, den die wissenschaftliche Chirologie bietet. Mancher mag auch heute noch hie und da die Meinung vertreten, daß die Handlinien durch Faltung entstünden; diese Meinung ist zu lächerlich, um darauf näher einzugehen. Tatsache ist und bleibt, daß ein Kind bei der Geburt schon in seinen Händen ein bestimmtes und reiches Linienbild hat, das sich allerdings im Laufe eines Monats um ein weniges verringert. Doch die Anordnungen der Hauptmerkmale bleiben für das ganze Leben erhalten, da sie durch ein bestimmtes Gesetz vorgeburtlich geschaffen und genau festgelegt sind. Auf die Ereignisse komme ich noch später zurück.

Alles in der Natur geht nach seiner Ordnung, alles ist Harmonie. Jede seelisch-geistige Veränderung, ob Fortschritt oder Verschlechterung, findet äußerlich ihren Widerschein. Angeborene Schönheit und Vornehmheit werden durch Ausschweifung ausgelöscht und erhalten ein gewöhnliches oder gemeines Gepräge. Häßlichkeit verschönt sich durch den Ausdruck guten Denkens und besonders durch die Gewohnheit geistiger Arbeit. Das Seelisch-Geistige beeinflußt das Physische, und der Körper wirkt auf das Seelisch-Geistige ein. Auch die Physiologen geben in vollständiger Übereinstimmung mit der Gnosis zu, daß die Körperformen beim Tier mit besonderen Eigenschaften und Naturtrieben in Verbindung stehen. (Siehe hierüber auch: Porta, Schewe, Lavater, Zeising und dessen geistigen Nachfolger Carus.) So lassen die Formen auch den Charakter erkennen. Sie wurden von den alten Forschern »Signaturen« (Merkmale) genannt und betreffen natürlich nicht nur – wie Gall und Lavater es annahmen – Schädel und Gesicht, sondern den ganzen Körper.

Die Nerven, die den ganzen Körper wie ein Netz bedecken, lassen gemeinhin mit dem Blut die vitale Elektrizität kreisen, von der sie durchdrungen sind. In ihren hohen, rohrförmigen Wänden enthalten sie einen durchsichtigen, sehr empfindlichen Strom, der das Fortpflanzungsmittel der Empfindung bildet. Das Gehirn ist der Behälter der nicht wägbaren Kraft, Flüssigkeit oder Elektrizität, die von Blut und Nerven dargestellt werden. Es ist der Sitz des Lebens (Zirbeldrüse), des Verstandes, z. T. auch der Seele (Kleinhirn) und ihrer vier Sinne: Gesicht, Gehör, Geruch und Geschmack. Der fünfte Sinn, der Tastsinn (Gefühl), ist weiter vom Gehirn entfernt, aber dennoch nicht weniger als die anderen Sinne eng mit ihm verbunden.

Bekanntlich gibt es zwei Arten von Nerven: Bewegungs- und Empfindungsnerven. Unter den Nerven, die vom Rückgrat und verlängerten Mark (Gehirn) ausgehen und sich zur Hand hin erstrecken, sind jene Nerven, die für die Empfindungen bestimmt sind, fünfmal so wichtig wie die Nerven, die der Bewegung dienen. Dagegen ist zu beobachten, daß bei Tieren, deren Gestalt noch nicht vollkommen entwickelt, deren Muskelkraft aber groß ist, wie z. B. bei einem jungen Pferd, die Bewegungsnerven um ein Drittel wichtiger sind als die der Empfindung.

Sind die Finger Werkzeuge des bewußten Seelenlebens, dann muß nach Ansicht einiger Physiologen die Handfläche, die durch Fieber, Auszehrungskrankheiten und wesentliche Reizstörungen erhitzt wird, gewissermaßen der Raum des unbewußt triebhaften Seelenlebens sein. Die Verbindungswege für diese Überfülle an triebhaftem Leben sind die sich unter den Fingern befindlichen Erhöhungen der Handfläche (»Berge« genannt) und eine mehr oder weniger starke Anhäufung von Tastkörperchen auf den dort befindlichen Nerven. Das Innere der Hand, die positive Seite, der Sitz des Tastsinnes und der Nervenempfindlichkeit, umfaßt etwa zweihundertfünfzig bis dreihundert Tastkörperchen, nach anderen Feststellungen eintausendsechshundert Nervenenden. Die äußere, negative Seite der Hand, auf der sich die Chirognomie (die Physiognomie der Hand) aufbaut, umschließt nicht ein einziges Tastkörperchen. Der Unterschied, der sich hieraus ergibt, ist leicht verständlich, wenn man bedenkt, daß der Daumen eines Idioten keine wahrnehmbaren Tastkörper enthält.

Nach dieser einfachen Feststellung, die auf einer unleugbaren Tatsache beruht, wird man nun verstehen lernen, daß die Chirognomie ohnmächtig bleiben mußte und trotz sehr guter und treffsicherer Erkenntnismöglichkeiten (wie Teile der Charakteristik, Berufseignung, Grundrichtung des Denkens, Verhalten zur Umwelt usw.) nur unzulängliche Ergebnisse geben konnte. Mit unbedingter Sicherheit kann sie nur Naturliebe und teilweise die Einstellung zur Umwelt anzeigen, die aber in jedem Moment durch das Überwiegen von Leidenschaften, Einsichten, Fähigkeiten, ja selbst durch den Grundtyp – den ich durch die Schaffung einer empirischen Chiromantie mit viel Sorgfalt und großer Genauigkeit aufdeckte – ihre ursprüngliche Bedeutung teilweise verlieren, wenn man nicht auch die Innenhand mit ihren Linienformationen und anderen Merkmalen genau in Betracht zieht. Es ist hier ebenso wie bei der wissenschaftlichen Graphologie, wo man auch alle Merkmale genauestens beachten muß, um ein vollständiges Gesamtbild zu erreichen. (Genauere Ausführungen hierüber sind in meinem Lehrbuch *Wissenschaftliche Handlesekunst – Chirosophie* mit sehr vielen Abbildungen, enthalten, weshalb ich mir an dieser Stelle weitere Wiederholungen sparen will.)

Wie ich schon an anderer Stelle nachwies, sind die Handlinien Ströme oder Flußbetten, Strombetten einer ungebundenen Elektrizität, die zugleich Licht, Wärme, Magnetismus, nur mit gewissen Unterschieden, ist und die uns sehr wohl mittels der durch unsere Nervensystem aufgenommenen und eingeatmeten Atmosphäre mit den kosmischen Kräften und Strahlungen in Verbindung setzt. Wenn diese kosmischen Ströme – man kann sie auch Weltenäther nennen –, die unaufhörlich von der Außenwelt zum Gehirn und vom Gehirn zur Außenwelt fließen, durch Willensanstrengung in eine bestimmte Richtung gedrängt werden, dann ist es klar, daß dieser Durchgang Spuren zurücklassen muß, wie beispielsweise der dauernd auf eine Stelle eines Steines fallende Wassertropfen. Ist die Wirkung anfangs auch nicht oder nur wenig sichtbar, so wird sie es doch mit der Zeit durch Wiederholungen. Starke Eingriffe in den Organismus, wie Krankheiten, größere Erschütterungen, Kummer, Gram, können auch Spuren auf dem Gesicht hinterlassen, Züge und Ausdruck verändern, Falten eingraben und die Haare des Kopfes in kürzester Zeit grau oder weiß werden lassen. Ebenso, wie im Gesicht, können sich diese Spuren durch entsprechende Zeichen in der Hand eingraben, da die Organe mit bestimmten Stellen der Hände in enger Verbindung stehen.

Im Hinblick auf Ereignisse der Zukunft läßt sich erklären: Jeder noch so stark, noch so vollkommen gebaute Mensch wird mit irgendeinem beziehungsweise mit einem bestimmten und zerstörenden Keim geboren. Es gibt keinen Menschen ohne bestimmte Krankheits-Dispositionen von Jugend an. Jeder unterliegt früher oder später einer Unvollkommenheit, einer physischen Schwäche, die zu gegebener Zeit seine Vernichtung herbeiführen muß. Noch ist dieser Keim nicht sichtbar, aber er wird eines Tages unvermeidlich in irgendeinem Teil des Organismus hervortreten, in den inneren Organen oder im Gehirn; er ist latent, wie alle Keime. Aber die Zeit seines Aufbrechens ist schon festgesetzt. Da alle Organe zusammenhalten und miteinander in Verbindung stehen, ist dieser Zeitpunkt auch im Gehirn vermerkt. Durch diese Verbindung kann und muß er auch in der mit dem Gehirn eng verbundenen Hand angezeigt sein, was durch jahrzehntelange Erfahrungen bewiesen ist.

Warum sollte nicht die Natur, dem Menschen erkennbar, die gefährlichen Zeitpunkte – Krisen – seines Lebens bezeichnen, damit er ihnen zuvorkommen und sie, wenigstens zum Teil, vermeiden oder abschwächen oder sie gar einer neuen Bewegung nutzbar machen kann durch Anwendung seiner Eigenschaften, Weisheit und Willenskraft? Das Observatorium sagt durch Berechnung voraus, wann Sturm, Unwetter usw. eintreffen werden, wodurch viel Schaden erspart und Unglück durch

Intelligenz und Willen verhütet werden kann. Aristoteles sagt: »Der weise Mensch beherrscht die Sterne (kosmischen Einflüsse).« Dem Unwissenden erscheint es ebenso unmöglich, die Vergangenheit wie die Zukunft zu erkennen. Wenn aber vollzogene Geschehnisse Spuren zurückließen, ist es ebenso sicher, daß die kommenden Ereignisse ihre Wurzeln haben. Die metaphysischen Phänomene und Wirkungen sind nur eine Erweiterung des Kreises der Welterscheinungen, der den Menschen zur Wahrnehmung und zur Erkenntnis angewiesen ist. Die wissenschaftliche Chirologie ist nichts anderes als eine Meta-Physiologie und basiert, ebenso wie andere Wissenschaften, auf dem Gesetz von Ursache und Wirkung. Da ihre Ergebnisse unter gleichen Verhältnissen immer die gleichen sind, sie also objektiv gelehrt und erlernt werden kann, erfüllt sie auch die Anforderungen, die an eine Wissenschaft zu stellen sind. Wenn heute noch die Bezeichnung »Handlese-Kunst« (in deutscher Sprache) gebraucht wird, so deshalb, weil die Gestaltung des Gesamtbildes durch die Hand-Analyse etwas Künstlerisches in sich trägt, wie etwa eine ausführliche Handschriftenanalyse in der Gestaltung des Charakterbildes, wie die Gestaltung eines Bühnenbildes mit dem gegebenen Material, wie das Gesamtbild einer vollkommenen ärztlichen Diagnostik, bei der auch in jedem Fall die wissenschaftliche Basis vorhanden sein muß.

In dieser Monographie kann ich nur auf solche chirologischen Merkmale eingehen, die für die Psychoanalyse in Betracht kommen.

Alle drei Hauptlinien, die Lebenslinie, die Kopflinie und die Herzlinie, sind, wie auch andere Linien, schon bei der Geburt, besser gesagt, bereits bei einem sieben Monate alten Fötus, vorhanden und ändern sich im Laufe des Lebens nicht, soweit Richtung (Verlauf) und Lage in Betracht kommen. Sie ändern sich jedoch – je nach Umständen – in ihrer Konstitution, d. h. in der Farbe, Tiefe, Beschaffenheit und Endung. Die anderen Linien zeigen eher Veränderungen, wie Bruch, Zersplitterung, Verkürzung oder Verlängerung, Parallellinien usw. an, doch müssen sie es nicht. Bei robusteren Naturen ist das Fehlen der Magenlinie und des Venusgürtels nicht von übler Bedeutung.

Eine gute Linie muß gerade oder gewölbt verlaufen, sie darf nicht zu breit, nicht zu dünn sein, nicht zerrissen, nicht gebrochen, nicht gewellt oder gewunden und nicht mit Merkmalen versehen, die auf Krankheiten hinweisen: Punkte rot oder dunkel oder weiß, Ringe (zwei bis vier Millimeter im Durchmesser), Sterne, Gitter, eine andere Farbe als ein helleres Rot. Sie darf auch keine Inseln (Vererbungsmerkmale) enthalten noch deformiert sein. Deformation der Herzlinie ist auffallende Kürze, d. h., wenn sie schon unter dem Ringfinger endet oder in die Wurzel des Mittelfingers verläuft, oder quer durch die Hand, von Rand zu Rand führt. Deformationen der Kopflinie: wenn sie auffallend kurz ist, d. h., schon unter dem Mittelfinger endet, oder tiefer gesenkt ist, als auf Abbildung 7 markiert, wellenförmig, gebrochen oder gespalten ist, und die Spaltung unter dem Mittelfinger beginnt, doppelt vorhanden, und endlich, wenn die Kopflinie in die Herzlinie führt. Deformationen der Lebenslinie: wenn sie nur kurz ist, d. h., kaum die Hälfte von dem normalen Verlauf um die Daumenwurzel erreicht, wenn sie anstatt um die Daumenwurzel nach der anderen Seite führt – wie auf Abbildung 55 links –, oder wenn sie kettenartig ist und nach innen eingebogen oder nach außen rückwärts gebogen verläuft. Jede Verletzung der Lebenslinie weist auf Lebensgefahr.

Besondere Merkmale für die Seelenheilkunde sind die Beschaffenheit der Kopflinie, Sonnenlinie, Herzlinie, Lebenslinie, des Venusgürtels und das Vorkommen von Vorgeburtslinien, ferner der Daumen als Ausdruck der Persönlichkeit und Merkmal für das Maß von Energie und Willen.

Hände mit sehr wenig Linien, also Hände, in denen kaum mehr als nur die drei Hauptlinien, Lebenslinie, Kopflinie und Herzlinie, vorhanden sind, bieten naturgemäß kaum irgendwelche Anhaltspunkte, um seelische Störungen zu erkennen (Bild 50). Es kommt hierbei sehr viel auf den Typ der Hand und auf das Niveau an. Siehe Bild 50 und 60/13. Es ist also notwendig, die verschiedenen Handtypen und deren Charakteristik zu kennen. Ich habe sie ausführlich in meinem Lehrbuch *Wissenschaftliche Handlesekunst – Chirosophie* in Wort und

Bild erklärt, weshalb ich mir hier die Wiederholung erspare und nur kurz berühre, was für die Psychodiagnostik nötig ist.

Die *primitive Hand* (Elementartyp; Bild 42) ist kurz, breit, gedrungen, mit dicken kurzen Fingern und einem kurzen, festen und geraden Daumen versehen. Die Innenhand weist nie mehr als drei oder vier Linien auf. So primitiv wie diese Handform ist auch der Besitzer. Bei ihm kommen seelische Störungen nicht vor, sie machen ihm nichts zu schaffen. Er kennt keine Konflikte, und äußere Einflüsse können ihm wenig oder nichts anhaben. Dieser Typ kommt durchweg nur bei Männern vor, Frauen haben so gut wie nie diesen Handtyp.

Die *Spatel- oder praktische Hand* (Bild 43; Fingerspitzen sind breiter als die Finger) ist in ihrem Linienreichtum sehr verschieden. Manche dieser Hände haben wenig Linien; hier handelt es sich um rein praktisch und nur materiell eingestellte Personen, Kraftmenschen mit starkem Verwirklichungssinn und guter Durchführungskraft. Doch können diese Menschen auch viel Gemüt haben, auch körperliche Feinfühligkeit, doch wenig seelische Empfindungsfähigkeit. Die seelische Widerstandskraft ist groß und zähe, weshalb auch wenig Konfliktmöglichkeiten gegeben sind. Diese Tatmenschen werden recht gut mit sich und allen Situationen fertig, falls sie wenig Linien in den Händen haben. Sind in einer Spatelhand dagegen viele Linien vorhanden, dann ist es – wie immer bei vielen Linien – so, daß die seelische Schwingungsfähigkeit sehr viel größer und stärker ist. Dann sind auch die Konfliktmöglichkeiten schon viel weitgehender, besonders wenn es Frauenhände sind. Dieser Typ wird sich durch seine praktische Lebenseinstellung zumeist schnell wieder zurechtfinden, so daß tiefgehende Störungen nicht erst solche Gewalt über ihn gewinnen, wie dies bei den folgenden Typen der Fall ist.

Der *eckige oder nützliche Handtyp* (Bild 44) gehört jenen Personen an, die wohl zu den meisten Konflikten neigen und bei denen die Konfliktmöglichkeit den größten Spielraum innehat. Durch das mehr oder minder stark ausgeprägte, doch immer vorhandene Konservative in ihrem Wesen hängen sie zutiefst an althergebrachten Sitten und Anschauungen und sind darum die Engherzigen, die Spießbürgerlichen, die ehrgeizigen und manchmal krankhaften Streber, die Rechthaberischen, Herrschsüchtigen, Berechnenden, leicht in ihrer Ehre Gekränkten, Kleinlichen, übermäßig Sparsamen und zu oft auch Nörgler.

Man könnte meinen, diese Menschen sind schon mit Bedenken, mit vielen Wenn und Aber, geboren worden, denn »Bedenken« haben sie mehr als genug in fast allen Angelegenheiten. In ihrer Kleinlichkeit und Engherzigkeit sind sie auch übertrieben korrekt und sparsam bis zur Pedanterie. Feindlich gegen alle Neuerungen eingestellt, können sie sich nur zu schwer umstellen und »leiden« daran, daß nicht »alles so wie früher« ist. Viele dieser Personen begingen nach dem Verlust ihres Geldes durch die Inflation Selbstmord, da sie in übertriebenem Hang an dem Realen nicht den inneren und religiösen Halt besaßen, den sie der Umwelt durch ihre Reden oft vorzutäuschen bestrebt waren. Das »Das darf man nicht«, »Das tut man nicht«, »Was würden die Leute sagen«, gehört anscheinend zu ihrem Leben als Notwendigkeit. Nie sind sie seelisch gelockert, schwungvoll und unternehmungsbereit, ihre Ehre ist mehr als leicht gekränkt. Sie sind voll von inneren Hemmungen und werden sich kaum je vordrängen oder gar Draufgänger sein. Nur nicht auffallen oder gar mit den Behörden etwas zu tun haben. Der stille Genießer, wenn es nichts kostet und er nicht selbst zu rechnen braucht, wohl aber im Stillen abschätzt und berechnet, »was das wieder alles gekostet hat«. Er tut fromm, weil es bei anderen guten Eindruck macht und seinen guten Ruf fördert, und schimpft auf die »schlechten Menschen«. Immer tätig, hat er alles in bester Ordnung, regt sich aber über Kleinigkeiten leicht auf und nörgelt.

Mit jedem Fortschritt, den er bewundert, ist er innerlich im Kampf, jede Lockerung, Großzügigkeit und Freimütigkeit, Ausgelassenheit und überschäumende Lebensfreude erscheint ihm wie ein Verbrechen oder zumindest als ungehörig. Er ist nur froh und aufgeschlossen unter gleichen Typen und hält sehr auf »unsere Kreise«, auf Klasse und Kaste, Titel, Orden.

Der *knotige Handtyp* (Bild 47) ist im allgemeinen eine seltenere Erscheinung. Bei der innerlich religiösen Einstellung und liberaleren Denkrichtung pflegen diese Menschen am allerwenigsten zu inneren Konflikten zu neigen und, wenn solche vorkommen sollten, finden sie selbst eine Lösung dafür. Innerlich weit und groß, seelisch schwingend, denken sie sich auf philosophische Weise in gegebene Situationen hinein und aus ihnen hinaus. Ihr tiefes Nachsinnen über die Dinge – und oft auch kosmisches Denken, wozu sie mehr als alle anderen Typen neigen – läßt sie alles besser verstehen. Verstehen ist es, was sie überall zumindest versuchen zu gewinnen und womit ja auch schon viel erreicht ist.

Der *konische Handtyp* (Bilder 45 und 49) zeigt den Gefühlsmenschen an. Abhängig von seinen Gefühlen und Empfindungen, von seinen »Stimmungen« und der Weichheit seines Gemüts, ist er allem Seelischen sehr zugeneigt und bietet daher leicht einen geeigneten Boden für allerlei innere Konflikte. Leicht gekränkt und innerlich verletzt, trägt er lange daran und empfindet tiefer als andere. Dies um so mehr, je zarter die Hand ist. Das Reale, Materielle, liegt diesen Menschen nicht besonders, weshalb sie auch mit einer gewissen Oberflächlichkeit leben, sich nicht gern mit Sorgen belasten, ausgenommen, wenn sie oder ihre Angehörigen krank sind, dann ist ihr Mitleiden groß. Bei weichen Händen und kleinen Daumen kommt eine gewisse Haltlosigkeit in Betracht und Mangel an Willen. Dieser Typ ist zumeist auch ängstlich und oft feige aus körperlicher Schwäche.

Der *ideale Handtyp* (Bild 46) ist in mancher Hinsicht noch viel empfindsamer als der konische Typ, in anderer Richtung, was seelische Widerstandskraft anlangt, wieder stabiler. Da das Denken dieser Personen vielmehr ein Herz-Denken ist, also stark intuitiv und fast nur empfindungsmäßig, erkennen sie

Situationen auch viel besser und tiefer. Der eine Typ mit schlanken konischen Fingern ist mehr Gefühlsmensch und innerlich nicht so stabil wie der andere Typ mit den mehr eckigen Fingerformen, der auch der innerlich reifere und darum auch den Lösungen von Konflikten aus eigenen Erkenntnisgründen und -möglichkeiten leichter zugänglich ist.

Die *Genießer-Hand* (Bild 49) ist weich, mehr oder minder »schwammig«, fleischig, mit vielen Grübchen versehen, in der Form zumeist konisch. So weich diese Hand ist, so schwach ist auch die körperliche und seelische Konstitution, allen Suggestionen leicht zugänglich, innerlich ängstlich, träumerisch und beschaulich bis zur Bequemlichkeit und Faulheit, genießerisch bis zur Schwelgerei, aber auch gutmütig bis ins Pathologische. Da die mangelhafte körperliche Widerstandskraft ihnen den seelischen Halt vorenthält, sind sie am leichtesten leidanfällig und am schwersten von Konflikten zu befreien.

Der *gemischte Handtyp* (Bild 48) setzt sich aus verschiedenen, mitunter aus allen obengenannten Handtypen zusammen. Seine Einstellung zur Umwelt ähnelt sehr stark der des Spateltyps.

Die hier gegebenen Eigenschaften beziehungsweise Umweltverhaltensweisen der einzelnen Handtypen sind allgemein. In wie weit Abweichungen davon im Sinne von Verstärkung oder Abschwächung der Eigenschaften in Betracht kommen, ist an der Form, an dem Ausdruck und der Art des Daumens zu ersehen. Ein starker, gerader (unbiegsamer) Daumen verstärkt die Eigenschaften in Richtung auf Persönlichkeit, Selbstvertrauen und Selbstbewußtsein, Durchsetzungskraft, Energie. Ein biegsamer weicher Daumen verstärkt Eigenschaften in Richtung auf Anpassung, Nachgiebigkeit, Willensschwäche, Laschheit, Beeinflußbarkeit. Deformierte (krumme) Finger weisen auf die entsprechenden Organe und deren Schwäche hin (siehe Bild 10).

Von den Hand-Bergen, falls sie plastisch stark hervortreten, seien noch einige Eigenschaften genannt, die für die Seelenheilkunde manch guten Hinweis bieten (Bild 2): Venusberg: starkes sexuelles Wunschleben, Magnetismus, Gutherzigkeit, Lebenskraft. Jupiterberg: Neigung zu Genußsucht, Heftigkeit, Aufbrausen, Geltungsdrang. Saturnberg: Nervenüberreizung, Grübelei, Schwermut, Hysterie. Apolloberg: erhöhte Tätigkeit des Solar plexus. Merkurberg: Nervosität, Nervenirritationen (Gehirnnerven). Marsberg: seelische Widerstandskraft, zähe Konstitution. Mondberg: große Phantasie, Melancholie, Stimmungen, Hypochondrie.

Je weicher eine Hand, desto schwächer die körperliche und seelische Widerstandskraft!

Die *Niveau-Unterschiede* der Handeigner lassen sich aus dem groben und feinen Hautgewebe erkennen, wie auf den Bildern 50 und 60 – in den großen Kreisen auf den Mondbergen – sehr unterschiedlich und klar ersichtlich ist. Je feiner die Haut des Handrückens und das Hautgewebe der inneren Handfläche, um so höher ist das geistig-seelische Niveau des betreffenden Menschen. Man vergleiche daraufhin alle Bilder der Innenhände. Die Feststellung des geistig-seelischen Niveaus ist sehr wichtig sowohl für die Charakteranalyse als auch für die Psychotherapie, da die verschiedenen seelischen Empfindlichkeitsgrade auch eine verschieden zarte Frage- und Behandlungsart verlangen, sowohl in der Sprache als auch in der Schrift. Außerdem zwingt dieser Unterschied dazu, an die Doppeldeutigkeit der Eigenschaften und ihre Wertung zu denken, denn es ist nun einmal so: »Wenn zwei das gleiche tun, so ist es nicht dasselbe.« In der Chirologie ist die Feststellung des Niveaus eine rein objektive, bei der Handschrift jedoch ist sie von der Höhe des geistig-seelischen Niveaus des Begutachtenden selbst abhängig und kann nur geschätzt, nicht objektiv erfaßt werden. Wer aber Niveau schätzen will, dessen eigenes Niveau muß naturgemäß ein höheres sein als das, was er in der Lage ist zu »betrachten«, zu begutachten! Das fällt bei der Chirologie fort!

Vererbungsmerkmale (Bild 21) sind Inselformationen in den Linien, besonders in den Haupt-Linien. Die meisten dieser

Merkmale sind organischer Art. Nur einige davon kommen für die allgemeine Seelenheilkunde in Betracht, so Zeichen 28: innere Schüchternheit, Erröten in der Jugend; 29: äußere Schüchternheit, Lampenfieber u. ä., seelische Hemungen; 30: unterdrückter Sexualtrieb, sexuelles Ungewecktsein; 12: Disposition zur Onanie; 31: vorgeburtliche Einflüsse durch traurige Erlebnisse der schwangeren Mutter. Die Merkmale 28, 29, 31, sind oft gemeinsam vorhanden, da 28 und 29 durch 31 ihre Ursache haben. Zeichen 20: schicksalsmäßige tiefe Liebesenttäuschungen; 21: Nervenüberreizung, erhöhte Sensibilität; 27: Nervenüberreizungen. Bei den anderen organischen Vererbungsmerkmalen muß man die metaphysischen Entsprechungen kennen, um sie als Hilfsmittel erfolgreich verwenden zu können. Ich will hier die Vererbungsmerkmale organischer Art zu Bild 21 nennen, die ich in den letzten Jahren um einige ergänzen konnte.

1. Schwache Körperkonstitution in der Jugend;
2. Schwache Körperkonstitution, begrenzt auf Zeit (Länge der Insel; abmeßbar nach Jahren);
3. Krebsleiden bei Vorfahr der mütterlichen Generation (rechte Hand väterlich);
4. Augenschwäche linkes Auge (weil linke Hand);
5. Gehörschwäche linkes Ohr (weil linke Hand);
6. Migräne (Vorfahr hatte Gehirnverkalkung);
7. Nasenleiden (Gedächtnis?);
8. Herzleiden (welcher Art: aus Konstitution der Linie erkenntlich);
9. Lungentuberkulose in mütterlicher Generation;
10. Gebärmutterleiden;
11. Bauchschwangerschaft;
12. Pathologische sexuelle Neigungen;
13. Gicht bei Vorfahren, und Disposition dazu;
14. mit 3: Magenkrebs (bei Vorfahren mütterlicherseits);
15. mit 3: Zungen-, Hals- oder Brustkrebs (bei Vorfahren mütterlicherseits);
16. mit 3: Mastdarmkrebs (bei Vorfahren mütterlicherseits);

17. mit 3: Darmkrebs oder Leberkrebs (bei Vorfahren mütterlicherseits);
18. mit 3: Unterleibskrebs (bei Vorfahren mütterlicherseits);
19. natürliche Medialität, Wahrträume, Vorahnungen (atavistisch);
20. tiefgreifende Selbst-Täuschungen, darum Liebesenttäuschungen;
21. Medialität, Hellsinnigkeit;
22. überfeines Nervenleben, Nervenüberreizung;
23. Magenleiden, zumeist nervös;
24. Gallenleiden;
25. Nierenleiden;
26. Leberleiden;
27. zerebrales Nervensystem, Disposition zu Überreizung;
28. Jugendschüchternheit, Erröten (seelische Hemmungen);
29. äußere Hemmungen, Lampenfieber (seelische Hemmungen);
30. unterdrückter, verdrängter Sexualtrieb;
31. Vorgeburtseinflüsse (von seiten der Mutter);
32. geschwächtes Rückgrat, Rückenschwäche;
33. überanstrengte Gehirnnerven, zu starker Verbrauch.

Hierzu muß ich noch bemerken, daß die Zeichen 14, 15, 16, 17 und 18 mehr Ergänzungszeichen zum Merkmal 3 und daher nur als Auskunftszeichen zu werten sind. Wenn ein Vorfahr zum Beispiel Magenkrebs hatte, ist es nicht gesagt, daß ein Nachfahr nun auch Magenkrebs bekommen muß.

Vorstehend aufgeführte Erbzeichen sind allemal als Dispositionen zu werten, die beim Vorkommen der betreffenden Inseln nicht bedeuten müssen, daß das Leiden akut wird, wohl aber bei genügend Anreizung akut werden kann.

Von den Erbzeichen müssen Merkmale unterschieden werden, die von angeborenen Dispositionen zeugen, oder solche, die erworben wurden. Beide Arten enthalten keine Inseln. Zu solchen gehören auf Bild 21 die Zeichen 11, 30, 31, 32, 33. Das Zeichen 33 zeigt übermäßige Inanspruchnahme der Gehirnnerven durch geistige Arbeit; die anderen wurden bereits genannt und erklärt. Zu 12 und 30 wäre noch zu bemerken, daß beide Teile im Zusammenschluß den Venusgürtel ergeben und daß, wenn dieser zerrissen oder mehrfach zerrissen erkennbar ist, Überreizung des Sexualnervenzentrums (unteres Rückgrat) vorliegt und erhöhte Disposition zu Hysterie anzeigt.

Im Hinblick auf Typ und Linien ist noch folgendes zu beachten: Entsprechend der intellektuellen beziehungsweise materiellen Einstellung zur Umwelt haben eckige und spatelförmige Handtypen, wie der primitive Typ, an und für sich wenig mehr Handlinien als die drei Hauptlinien. Dagegen weisen konische, knotige und ideale Handtypen immer mehr Linien auf, entsprechend ihrem reicheren Innenleben, ihrer größeren seelischen Erschütterungsfähigkeit und ihrem tieferen Erleben.

Da es nun nicht nur reine Typen, sondern viele gemischte gibt, ist es selbstverständlich, daß Hände vom eckigen oder spatelförmigen Typ mit mehr oder minderem Linienreichtum vorkommen. In solchem Fall ist die Denkart dieser Personen nicht mehr nur real, sondern auch spirituell, das heißt sie besitzen ein tieferes Empfindungsvermögen und Erleben. Das gibt dann auch ein entsprechend anderes Charakterbild.

So kommt es vor, daß man Hände der anderen Typen antrifft, konisch, knotig oder ideal, die nicht viel mehr als die drei oder vier Hauptlinien aufweisen. Menschen, die von Natur aus ein tiefes Gemüts- und Seelenleben besitzen, haben also – wie aus dem Mangel an Linien ersichtlich – keines? Richtig, es muß irgendwo total unterdrückt oder ausgerottet worden sein. Dafür können nur sehr schwerwiegende Gründe vorgelegen haben, also seelische Verhärtung oder totale Abstumpfung durch Ereignisse der Vergangenheit. Bei diesen Fällen ist besondere Vorsicht geboten, denn Abstumpfung aller Gemütswerte, allen tieferen Empfindens und Erlebens bis zur Härte und gegenteiligen Umwelteinstellung vom Idealen zum Materiellen führt auch zur Unaufrichtigkeit, bisweilen zur bewußten Falschheit, Heuchelei, intriganten Berechnung, ja sogar manchmal bis zum Kriminellen.

Sehr oft haben konische und zarte, schlanke Hände mit sehr vielen Linien, die an sich einen Empfindungsmangel kennzeichnen, eine intellektuelle Kopflinie (die ziemlich waagrecht verläuft, wie auf den Bildern 7, 50, 55, 58, 62). Diese Konstellation zeigt beim ersten Blick in die Hand einenen disharmonischen Menschen an. Hier befindet sich der Handeigner in ständigem inneren Kampf zwischen Empfinden, Intuition, Gemüt und dem verstandesmäßigen Denken. Er empfindet sehr richtig, wie er handeln soll, doch gehorcht er oft dem »Verstand«, der sich einschiebt, und handelt dann doch falsch und kommt darum zu Mißerfolgen oder Schaden. Er handelt gegen besseres Wissen! Da das intuitive Erkennen naturgegeben und echt ist, das verstandesmäßige Denken aber diese klare Erkenntnismöglichkeit verhindert und verdirbt, müssen solche Menschen zur besseren Einstellung auf ihre Intuition zurückgeführt werden.

Im folgenden bringe ich praktische Beispiele. Ich beschränke mich bewußt auf die seelischen Störungen und deren Merkmale und lasse die für diese vorliegende Arbeit nicht nötigen – für die Praxis aber unbedingt erforderlichen – charakterologischen Ergänzungen fort, die ich schon in meinem Buch *Wissenschaftliche Handlesekunst – Chirosophie* ausführlich beschrieben habe. Daß eine vollständige Charakteranalyse für die Seelenheilkunde nicht nur eine beste Basis bietet, sondern dazugehört, ist für mich selbstverständlich, da Krankheit und Charakter Polaritäten sind, die beide der geistigen und seelischen Zone entspringen und das Schicksal formend beeinflussen.

4. Psycho-Diagnosen

Bild 50

Ich habe schon weiter oben erklärt, daß Hände mit wenigen Linien eine nur materielle oder aber – bei guter Form – eine rein verstandesmäßige, daher reale Einstellung zur Umwelt offenbaren. Es sind in solchen Fällen nicht viel mehr als drei Hauptlinien zu erkennen, wie Bild 50 zeigt, und darum auch keinerlei Signifixe gegeben, die eine seelische Analyse ermöglichen, es sei denn, daß man aus der Hand- und Fingerform oder aus der Plastik der Berge einige Hinweise in charakterologischer Hinsicht findet. Doch diese Personen sind ja auch nicht kompliziert, haben daher auch keine sehr tiefgehenden Konflikte und seelischen Störungen, ausgenommen vielleicht solche, die aus falschem Denken durch Erziehung und übernommene Anschauung entstehen können. Die hier vorhandene grobe Haut weist auf Mangel an seelischem Empfinden, also auf seelische Robustheit: Niveau 5.

Bild 51

Seltenes gibt dieses Handbild zu erkennen. Vor allem ist es hier die besondere Biegung der Kopflinie mit ihrer Spaltung am Ende. Diese steil abfallende Kopflinie in der Länge bis tief in den Mondberg ist ein typisches Merkmal für angeborene krankhafte Grübelei, Depression bis zum Wahnsinn und Selbstmord. Die Spaltung am Ende zeigt Bewußtseinsstörungen an und daß äußere (astrale) Einflüsse zu Besessenheit sehr geneigt machen. Dies um so mehr, da die Handform – wie aus diesem Abdruck ersichtlich – sehr feingliedrig, geistig ist, mit den Merkmalen für Drüsenleiden.

Eine Parallele zur Lebenslinie weist auf Angstgefühle in der Jugend bis zur Lebensmitte. Die Lebenslinie selbst verläuft am Ende in eine Insel (Schwäche des Körpers und Krebs bei Vorfahr anzeigend).

Der markante Stern auf dem Saturnberg deutet auf eine Katastrophe (Unfall schwerer Art). Die Endung der Herzlinie in das Beugegelenk des Zeigefingers: Halsverletzung. Die Insel in der Apollolinie ober- und unterhalb der Herzlinie zeigt Scheu innerer und äußerer Art, was durch die Lebens-Schwesterlinie verstärkt wird. Endlich verlaufen die sogenannnten Ehelinien am Handrand unter dem kleinen Finger alle abwärts zeigend, schicksalshaft: Alles Merkmale von Kräften und Mächten, die zusammenwirkend sehr leicht die Neigung zum Selbstmord zur Tat werden lassen können.

Zur besonderen Beachtung: Auf der Lebenslinie befinden sich zwei sehr scharfe Querstriche (Krisenzeiten) im etwa fünfundzwanzigsten und dreißigsten Lebensjahr. Die erste dieser Schnittlinien ist mit einer Linie verbunden, die in den Stern im Saturnberg und drüber hinaus in das Beugegelenk des Mittelfingers reicht, was auf Isolierung hinweist. Gleichzeitig befindet sich zwischen beiden Schnittlinien der Lebenslinie ein innen (auf dem Venusberg) geformtes Viereck, das auch auf Isolierung (Krankenhaus, Gefängnis usw.) hinweist, für etwa vier bis fünf Jahre. Mit diesem zweiten Strich schließt das Leben des Handeigners ab.

Gleichzeitig mag dieses wieder einmal erkennen lassen, daß eine lange Lebenslinie nicht auch immer ein langes Leben bedeutet. Es kommt auf diese scharfschneidenden kleinen Querlinien über der Lebenslinie in der rechten Hand an. Diese Linien, bei den meisten Menschen vorhanden, zeigen die von den Vorfahren väterlicherseits erreichten Lebensalter an und bedeuten immer in allen Händen: gesundheitliche Krisen. Die tiefste Schnittlinie: das Ableben.

Diese Merkmale hängen mit den eingangs dieses Werkes beschriebenen Rhythmen zusammen, die ein Mensch aus seiner Blutsippe mitbringt.

Bild 52

Dies ist eine besonders linienreiche Hand. Es erfordert viele und tiefere allgemeine Kenntnisse der Chirologie, um in diesem »Liniengewirr« die einzelnen Merkmale herauszufinden. Ich wählte absichtlich die Reihenfolge der Bilder 50, 51, 52 und 53, weil ich damit gleichzeitig einen anschaulichen Vergleich geben will über die Begriffe: Niveau hoch oder minder; linienarm, d. h. nur die drei Hauptlinien; wenige Linien, d.h. wenig mehr als die drei Hauptlinien; linienreich, d. h. außergewöhnlich viele Linien; anormaler Linienreichtum, der sich als ein unentwirrbares Netz von zerrissenen Linien zeigt, wie er nur mehr bei Idioten vorkommt (Bild 53). Bewußtseinsstörungen angeboren!

Der überaus große Linienreichtum dieser Hände (Bild 52) weist auf ein besonders zartes und tiefes Seelenleben hin. Wären sie als Typ konisch oder ideal, so wäre hier die größte, noch im gesunden Maße gegebene Erlebnisfähigkeit. Durch den mehr praktischen und eckigen Einschlag der Handform ist jedoch die Erlebnisbereitschaft gehemmt. Diese Frau wird sich trotz tiefen Erleben-könnens nie dem Ereignis ganz hingeben, weil das Konservative, das sie durch Veranlagung (Handtyp) besitzt, das nicht zuläßt. Die Daumen sind gut entwickelt, gerade und unbiegsam, etwas derb, und zeigen so eine Persönlichkeit, die sich immer zu beherrschen weiß.

Folgende Merkmale für seelische Störungen kommen hier in Betracht: Niveau 2.

Linke Hand:

a: Insel für geschwächte Gehirnnerven;
b: ebenso (erbliche Belastung, da Insel in der Linie);
c: Insel am Ende der Kopflinie: vererbte Migräne;
d: Kopflinie tief nach unten gesenkt: Melancholie. (Vorfahr mütterlicher Generation hatte Wahn);
e: Anfang der Kopflinie gespalten weist auf zeitweise momentane geistige Abwesenheit bzw. kurze Ohnmachten oder Benommenheit hin;
f: Inseln in der Apollolinie bedeuten Schüchternheit und Unsi-

cherheit im Benehmen, Lampenfieber (äußeres Leben) und Erröten in der Jugend (innere Schüchternheit);

g: Insel an dieser Stelle weist auf vererbte Uterus-Störungen;

h: bei h mündet der Anfang des Venusgürtels (der starke Unterdrückungen der sexuellen Triebe bis zum achtundzwanzigsten Lebensjahr anzeigt) schwungvoll in die Schicksalslinie: versuchte Entführung oder Verschleppung der Handeignerin;

i: vorgeburtliche Einflüsse: die Mutter hatte traurige Erlebnisse während der Zeit der Schwangerschaft;

k und l: Gedanken aus Lebensüberdruß.

Rechte Hand:

a: Schicksalslinie aus dem unteren Mondberg kommend: Freude am Reisen, Wahrträume;

b: Insel in der Apollolinie: Schüchternheit in der Jugend, Erröten;

c: Insel in der Apollolinie oben: Schüchternheit und Unbeholfenheit im Verkehr mit anderen Menschen, Lampenfieber;

d: Anfang der Kopflinie gespalten: zweitweise momentane geistige Abwesenheit bzw. Benommenheit auch nach dem 30. Jahre;

e: vorgeburtliche Einflüsse (wie oben);

f: geschwächte Gehirnnerven auch aus der väterlichen Generation vererbt;

g: Migräne, erblich aus der väterlichen Generation;

h: Fehlgeburt;

i: Insel in der Neptunlinie: eine Liebesangelegenheit mit sehr viel Leid;

k und l: Gedanken aus Lebensüberdruß (nur noch zart gezeichnet, daher vermindert).

Der Verlauf der Kopflinie in der rechten Hand ist, entgegen der Kopflinie in der linken Hand, in intellektueller Richtung, weshalb die frühere melancholische Tendenz fortfällt. Die Konstitution der Kopflinien ist in beiden Händen nicht gut (durch die dünnen Parallelen, wo eine starke Linie sein soll), was die Schwäche der Gehirnnerven bestätigt.

Die Feststellung dieser Merkmale ergibt folgendes Bild:

Eine Frau von gutem geistigen Niveau, großer Sensibilität und tiefer Erlebnisfähigkeit. Konservative Erziehung läßt sie auch später an althergebrachten Sitten und Anschauungen festhalten, und alle noch so starken inneren Regungen, die ihr in der Jugend einige romantische Erlebniswünsche verursachten, werden später durch verstandesmäßiges Denken und Persönlichkeitsbewußtsein nach außen hin unterdrückt, wie das sexuelle starke Triebleben vor dem achtundzwanzigsten Lebensjahr. Die inneren Hemmungen sind zu stark, ein dauerndes schüchternes Erröten und eine äußere Gehemmtheit durch die Unsicherheit im Benehmen und im Sprachausdruck lassen sie sich mehr in sich zurückziehen und mit praktischen Dingen beschäftigen. Ein in der Kindheit erlebtes Entführungsereignis bedrückt ihre Seele – trotz Sinn für Romantik und Abenteuer – noch mehr und besonders als »dunkler Punkt«, zumal sie dabei aus Angst einer Ohnmacht erlag. Eine später erlebte überaus bittere Erfahrung in der Liebe ließ einen Bruch in ihrer Seele und Gedanken aus Lebensüberdruß zurück, so daß sie fernerhin ihr seelisches Erleben noch mehr abdrosselte und ihr Gedankenleben dem Realen zuwandte. Jahrelang plagte sie die scheinbar nie endenwollende Migräne und verstärkte die ohnehin (erblich) gegebene Benommenheit, für die vielleicht auch noch erblich bedingte (angezeigte) nervöse Magenstörungen in Betracht zu ziehen sind. Bei der vorhandenen, sonst stabilen Körperkonstitution und Energie wurde alles auf disziplinierte Haltung eingestellt. Die zu streng konservative Jugenderziehung unterdrückte ihre Erlebnisbereitschaft und ihren Erlebnismut, weshalb das Entführungsereignis sie in einer Zeit innerer Konflikte überraschte, so daß es tiefgreifend wirken mußte, besonders da es sich um einen so überaus sensitiven Menschen handelte. Aus denselben Gründen mußte auch das tragische Ereignis der Liebesangelegenheit besonders tief wirken, den »guten Glauben an die Menschen« erschüttern, so daß – für ihren geistigen Horizont – nur noch die Rettung in die »Haltung« das Gegebene war.

Bild 53

Dies sind Handabdrücke eines vierjährigen Knaben, der sich, als Idiot geboren, in einer Schweizer Anstalt befindet. Die Hauptlinien, eher ein Netzgeflecht feinster Haarlinien als wirklich tief eingezeichnet wie bei normalen Menschen, sind kaum zu erkennen. Die Herzlinie, all zu breit, verästelt und mit Inseln versehen, wird, wie die zerrissenen mit großen Inseln versehenen und links doppelt erscheinenden Kopflinien und die in linker Hand fadendünn gezeichnete Lebenslinie, von einer Flut aus dem Venusberg ausströmender Haarlinien überschwemmt, alles fast bis ins Unkenntliche verzerrt. Alle Hauptlinien zeigen Merkmale für erbliche Belastung und teilweise durch Medizinalgifte verdorbene Erbmasse. Paralyse bei den Vorfahren mit Irrsinn als Abschluß (in der väterlichen Generation, angezeigt in der rechten Hand), außerdem auch ein Fall von Wahnsinn in der mütterlichen Generation.

Für das dreißigste und zweiunddreißigste Lebensjahr sind zwei sich schicksalsmäßig ergebende Begegnungen für Liebesangelegenheiten angezeigt. Wie bedauerlich, wenn der Handeigner dann nicht sterilisiert sein sollte. Das »Vorherwissen« solcher Situationen, wie es durch die Chirologie geboten wird, kann viel Unglück verhüten. Zu bessern und zu heilen gibt es in diesem Falle nichts.

Bild 54

Die Hand dieser Frau zeigt schwerwiegende Merkmale, die besonders deutlich erkennen lassen, daß bei den Vorfahren vorhanden war, was man fälschlicherweise mit »Geisteskrankheit« bezeichnet. Ich nenne dies Gehirnkrankheit. Daneben aber zeigen sich viele Merkmale, die auf seelische Störungen hindeuten. Niveau 2.

Bevor ich jene Signifixe nenne, will ich angeben, wie man erkennt, ob die Gefahr des Irrsinns besteht oder nicht: Eine punktierte Senkrechte trennt die Hand in eine innere Hälfte (vom Daumen bis zur Mittellinie) und in eine äußere Hälfte (von der Mittellinie bis zum äußeren Handrand). Diese Senkrechte teilt auch die Kopflinie in zwei Teile. Sie zeigt für die innere Hälfte das Gebiet des Kleinhirns und des Unterbewußtseins an und für die äußere Hälfte das Gebiet des Großhirns und des Tagesbewußtseins. In der linken Hand des Bildes 18 befindet sich die »Spaltung« der Kopflinie ein wenig »jenseits« der Senkrechten und zeigt damit an, daß die Gefahr, irrsinnig zu werden, für die Handeignerin ziemlich vorüber ist. In der rechten Hand dagegen (Bild 23/10) findet sich die Spaltung deutlich sichtbar diesseits der Senkrechten, so daß die Gefahr für die Zeit nach dem achtundzwanzigsten Lebensjahr immer noch gegeben ist. Sie ist latent vorhanden. Es muß in diesem Falle also prophylaktisch gearbeitet werden.

Handtyp: konisch-eckig.

Merkmale in der linken Hand:

A. Bruch in der Herzlinie: Herzensenttäuschungen im Alter von zweiundzwanzig Jahren.

L. Diese Herzensenttäuschungen sind auch später, bis zum dreißigsten Lebensjahr, schicksalsmäßig bedingt (a).

K. Anfang der Kopflinie gespalten: Dispositionen zu Ohnmachten und geistiger Abwesenheit. Die Kopflinie endet bei C und enthält zwei große, eckige Inseln für ererbte Migräne und eine weitere kleine Insel in der Mitte für Disposition zu Gehörstörungen (erblich). Auch ist hier eine zweite Kopflinie geprägt: H, was auf »geistige Störungen« bei den Vorfahren mütterlicher Generation hinweist. Die Spaltung jenseits der Senkrechten (punktiert) zeugt von Irrsinn bei Vorfahren der mütterlichen Generation.

F. Bogenlinie abwärts weist auf Selbstmord bei Vorfahr mütterlicher Generation und die Insel (F) an dieser Linie auf psychische Störungen besonderer Art.

M. Unterleibsleiden (Ovarien links).

Diese Feststellungen ergeben folgendes Gesamtbild: Eine Frau im Alter von siebenunddreißig Jahren, Empfindungs-Bewegungs-Naturell, doch auch praktisch eingestellt und der Umwelt ohne Scheu zugeneigt. Traurige Ehe- und Liebesangelegenheiten haben sie etwas einsam gemacht, obgleich leidenschaftliches Temperament und starkes Liebesbedürfnis vorhanden sind und nach Ausgleich drängen. Sie drosselt dennoch ab, aus Bedenken vor neuen Bitternissen. Durch geistige Interessen, Bücherlesen, Arbeit in der Hauswirtschaft und Betreuung ihres großen Jungen versucht sie, die Neigungen zur Grübelei auszuschalten, hat aber zeitweise doch depressive Stimmungen. In der Jugend Schwindelanfälle, später seltener. Jugendschüchternheit ist heute überwunden.

Großvater väterlicherseits war Trinker; mütterlicherseits lag Schwachsinn vor, der in einem Fall zum Selbstmord führte, wie bestätigt wurde.

Die Dispositionen zu Irrsinn und Wahnsinn bleiben latent weiterbestehen. Die rhombenförmigen Inseln in oder an der Kopflinie weisen darauf hin, daß Syphilis bei Vorfahren vorgekommen ist.

Bild 55

Konischer Handtyp. Ein kleines Mädchen im Alter von acht Jahren, schmal und zart von Figur; gebogene Nase mit hochgeformten Nasenlöchern, die eine angeborene tiefe Leidenschaftlichkeit im Liebesleben anzeigen; schöne Handformen. So schön das Handbild außen ist, so erschütternd ist es innen.

Der Großvater mütterlicherseits ist Romane, die Großmutter mütterlicherseits Schottin. Wenn diese beiden Völkerstämme auch nicht fremdrassig sind, so sind sie sich innerlich doch wesensfremd. Aus diesem Grund kann das Kind auch nicht harmonisch sein, zumal starke Dekadenzmerkmale auf schlechte Erbmasse beider Eltern hinweisen. (Deutlicher war übrigens der Handabdruck wegen der sehr feinen Linien nicht herzustellen.) Niveau 2.

Kopflinie. Links: kettig und gesplittert von Anfang an und noch unter dem Mittelfinger sich spaltend, in eine zerrissene große Insel endend: schwache Gehirnkraft, das Lernen in der Schule sehr erschwerend, gänzlicher Mangel an Konzentration der Gedanken. Disposition zu quälender Migräne. Verträumt, grübelnd.

Kopflinie. Rechts: auch hier Zersplitterung der Kopflinie bis zur (normalen) Lebensmitte, Inseln (Erbmerkmale) für Augen- und Ohrenschwäche beiderseits, nach dem achtundzwanzigsten Lebensjahr mehr verstandesmäßig denkend.

Herzlinie. Links: sehr zerrissen und mit Inseln versehen bis unter den Saturnberg verlaufend: Herzneurose, Egoismus in Liebesangelegenheiten und darum Enttäuschungen.
Rechts: zerrissen und breit, zum Jupiterberg strebend mit Inselbildungen am Ende: Herzmuskelschwellung, leichte Schwäche der Lunge rechts. Es war Lungentuberkulose in der väterlichen Generation.

Venusgürtel. Links: zerrissen und zersplittert: angeborene Schwäche des Sexualnervenzentrums, darum Disposition zu Hysterie.
Rechts: das gleiche, mit Merkmal für Schwäche des Rückgrates (für schwere körperliche Arbeit ungeeignet), also auch für die Zeit nach dem dreißigsten Lebensjahr.

Lebenslinie. Links: im Anfang kettig und zerrissen, schwächt sie sich, wie ihre Schwesterlinie, fadenartig ab und weist in der Endung (bogenartig zum Mondberg verlaufend) auf Disposition zu Ovarienleiden.
Rechts: die Lebenslinie verläuft sehr ähnlich wie in der linken Hand, ebenfalls fadenartig endend: eine körperlich sehr schwache Konstitution mit schwacher Lebenskraft, zum Siechtum neigend. In der rechten Lebenslinie ist um das zwanzigste Lebensjahr ein Bruch erkennbar, sie ist nur mit einer feinen Haarlinie über die Bruchstelle verbunden: Lebensgefahr.

Vorgeburtslinien und Giftlinien (Neptunlinien) sind hier ebenfalls erkennbar, die auf gewisse Schüchternheit und auf Schwächung des Körpers durch Medizinalgifte hinweisen. Disposition zu Bewußtseinsstörungen.

Gesamtbild: Dieses achtjährige, etwas verträumte Mädchen von asthenischem Typ war in frühester Jugend schwächlich und von sehr zarter körperlicher Konstitution, besaß aber gewisse Zähigkeit und hat sich inzwischen etwas besser entwikkelt. Immerhin ist die schwächliche Konstitution vorhanden und wird auch bleiben (wofür die fadenartige Lebenslinie deutlich spricht). Eine außergewöhnlich schwache allgemeine Nervenkonstitution, die sich nur um weniges nach dem achtundzwanzigsten Lebensjahr bessert. Die besondere erbliche Belastung der zerebralen Nerven und des Sexualnervenzentrums von seiten der mütterlichen Generation (physisch dekadente Großeltern) bilden hier eine Basis für körperliche und seelische Störungen, deren Möglichkeiten nicht abzusehen sind, zumal auch die dadurch geschaffene Sensibilität eine gefahrbringende Medialität in sich schließt. Die vorhandenen Dispositionen zu schwerer Migräne, ebenfalls aus der mütterlichen Generation stammend, verschärfen zu gegebener Zeit die Situation. (Zeitbestimmungen für Beginn und Dauer der Migräne sind bisher noch nicht genau erforscht.)

Die schöne äußere Hand und das feine Gesicht täuschen über den wahren Sachverhalt, den die Innenflächen der Hände dagegen sehr deutlich offenbaren.

Dritter Teil

Handdiagnostische Merkmale bei erblicher Belastung

Gerade das macht die medizinische Hand- und Nageldiagnostik besonders wertvoll, daß sie eine Anzahl objektiv leicht auffindbarer Merkmale bietet, die eine erbliche Belastung mit aller Sicherheit erkennen lassen. Wie außerordentlich wichtig diese Tatsache ist, braucht nicht besonders hervorgehoben zu werden, zumal es andere Untersuchungsmethoden kaum in so kurzer Zeit – etwa in fünf bis zehn Minuten – ermöglichen, festzustellen, ob bei den Vorfahren Lähmung, gewaltsamer Tod, Selbstmord, schwerer Alkoholismus usw. vorgekommen ist.

Die Kürze der benötigten Untersuchungszeit und die Treffsicherheit von 98% nach den Merkmalen aus den Händen halte ich persönlich für einen besonderen Vorzug dieser Untersuchungs- und Feststellungsmethode. Im allgemeinen verhält es sich bei jeder Art von Diagnostik so: Wenn das Merkmal für ein Leiden vorhanden ist, dann ist auch das Leiden vorhanden. Es kann aber ein Leiden vorhanden sein, ohne daß ein diagnostisches Merkmal dafür angezeigt oder gegeben ist. Die Handdiagnostik macht hierin keine Ausnahme. Sind bis heute in der Handdiagnostik auch nicht die Merkmale für alle Leiden und erblichen Belastungen gefunden worden, so ist die Anzahl der bereits gefundenen und sichergestellten Merkmale sehr beachtlich, wie ich im folgenden noch zeigen werde. Gewiß gibt es auch unter diesen Zeichen solche, die vorerst einen Hinweis darauf bieten, daß leichtere Störungen als Dispositionen gegeben sind. Es ist jedoch selbstverständlich, daß man sie mit in Betracht ziehen muß, da akute Auswirkungen nur eine Frage der Zeit und der Anreizung sind, denn die Möglichkeiten zur Auswirkung sind immer gegeben. Dies gilt bei Disposition zu Ohnmachten und Schwindelgefühl, die scheinbar nicht an bestimmte Zeiten gebunden sind, obgleich es mir sehr wahrscheinlich ist, daß auch diese Auswirkungen an bestimmte individuelle körperliche oder seelische Rhythmen gebunden sind.

Unter die folgende Aufstellung der genannten Merkmale nehme ich nicht einmal jene, die ich bereits auf Bild 21 brachte – an die ich auch in dieser Hinsicht noch einmal erinnern möchte –, sondern ich mache auf die Deformationen von Linien aufmerksam, die hierfür besonders in Betracht kommen.

Bild 56

Im Bilde dieser beiden Hände fällt sofort die große Verschiedenheit der Linienformationen (Verlaufsrichtungen) auf. Hier kommt es besonders auf die Herzlinie an, die in der rechten Hand einen Zusammenschluß mit der Kopflinie (bei 1) findet; dies bedeutet, daß bei den Vorfahren väterlicher Generation gewaltsamer Tod und sehr wahrscheinlich auch Lähmung vorgekommen ist.

Keinesfalls lag hier ein Fall von Mongolismus (Idiotie) vor, wie manche Wissenschaftler diese Herzlinie (rechts) – in ihrer irrigen Meinung – gerne bewerten möchten. Diese Personen haben nicht meine Erfahrung von über fünfzig Jahren und sprechen ihre Auffassung nur dem Engländer Crookshank nach.

Diese Herzlinie zeigt in ihrem Verlauf an drei Stellen auffallende Verdickungen an, die auf Herzklappenfehler hinweisen (siehe Bild 56/2). Niveau 3. Außerdem zeigt die Kopflinie in Verbindung mit Kombinationslinien eine große (mit 3 bezeichnete) Insel an, die auf Störungen des Unterbewußtseins durch Vererbung zeigt. Eine weitere gleiche Insel (mit 4 bezeichnet) bedeutet, daß mehrere Mitglieder der Sippe (bei den Vorfahren) in dieser Richtung erblich belastet waren. Die Insel 5 hat hier als Merkmal dafür, daß bei den Vorfahren auch Krebs vorgekommen war, weniger Bedeutung. Die beiden gekreuzten Linien des Venusgürtels weisen auf leichtere Störungen der Sexualorgane (6) und auf schwaches Rückgrat hin.

In der linken Hand wären zu erwähnen: die durch die Inseln in der Herzlinie angezeigten organischen Herzstörungen (Herzmuskelschwellung), die auch durch die Breite und »Aufgerolltheit« der Linie in der Mitte registriert sind; des weiteren eine am Ende der Kopflinie (2) zerbrochene Insel, die auf bei Mitgliedern der mütterlichen Generation gewesene Migräne hinweist, die aber bei dem Handeigner nicht mehr, oder nur noch in einem sehr schwachen Maße, auftreten wird.

Bild 57

Hier bildet die Herzlinie bei 1, gleicherweise wie im letzten Bild, einen Anschluß an die Kopflinie und, mit gleicher Bedeutung, an die Lebenslinie; ferner zeigt sie, daß auch dieser Handeigner mit einem gewaltsamen Tod zu rechnen hat, weil es die rechte Hand ist (siehe auch Bild 26/30). Zudem ist die Kopflinie sehr tief gesenkt bis 3. Es läßt sich ein Wachstum der Linie – vorerst noch schwach – bis 4 verfolgen. Dies besagt, daß der Handeigner ein Grübler ist und unter Melancholie zu leiden hat und sie noch weiter fördert. Ein noch weiteres Wachsen der Kopflinie nach unten schließt die Gefahr des Wahns in sich. Wenn die Linie 5 den Anschluß an die Kopflinie erreicht hat, können sich leicht Halluzinationen und Hellgesichte einstellen, die bei dem niederen geistigen Niveau des Handeigners gefährlich werden können, zumal die Stabilität der körperlichen Konstitution durch Medizinalgifte (6) gelitten hat. Darüber hinaus zeigt das dicke erste Daumenglied, daß auch Tobsuchtsdisposition, zumindest starker Jähzorn, vorliegt. Niveau 4.

Als ergänzende Hinweise mögen genommen werden: eine schwere chronische Krankheit in der frühen Jugend (7), angezeigt durch die Bogenlinie vom Anfang der Lebenslinie (die ohnehin nicht harmonisch, sondern recht zerrissen verläuft) zum Saturnberg; die unterdrückten sexuellen Triebe (8) und die innere Scheu, angezeigt durch die Insel in der Apollolinie (2), die auf vorgeburtliche seelische Beeinflussung weist.

Bild 58

Auf diesem sehr klaren Abdruck ist nochmals bei 1 und 2 das Merkmal für Meningitis bzw. Kopfgrippe angezeigt, bei 3 abermals eine im Anfang gespaltene Kopflinie, Disposition zu Schwindelgefühlen und Ohnmachten aufweisend. Mit den kleinen Querlinien (4) auf dem ersten Gliede des Apollofingers ist noch ein Merkmal gegeben für Überreizung der zerebralen Nerven durch geistige Überarbeitung. Niveau 3.

Auch diese ausgesprochen eckige Hand ist die eines rein intellektuellen Kindes, das zu konservativ und einseitig ist, um innere Konflikte zu haben. Eine tiefe Erlebnisfähigkeit ist wegen Mangels an seelischer Tiefe nicht vorhanden, die Insel in der Apollolinie, die innere und äußere Scheu anzeigt, deutet auf entsprechende Zurückhaltung der Umwelt gegenüber. Die Herbheit oder der »trockene« Ausdruck der Hand läßt den Mangel an Lebensfülle erkennen.

Bild 59

Diese beiden Handbilder weisen sehr traurige Störungen auf, die weder gebessert, noch geheilt werden können. Gewiß sind es vorläufig mehr Dispositionen, die noch nicht akut wurden – mit Ausnahme der Hysterie, angezeigt durch die Zersplitterungen eines mehrfachen Venusgürtels in beiden Händen, von denen die rechte bedeutend schlechter ist. Siehe 2, 3, 4 in der rechten Hand, 2 und 11 in der linken.

Die Kopflinie zeigt in der linken Hand Spaltung zu Beginn (4), ein gleiches in der rechten Hand bei 15. Auch ist sie in beiden Händen doppelt vorhanden, also ist bei Vorfahren beider Eltern Alkoholismus vorgekommen; außerdem: in beiden Händen verlaufen die Kopflinien bis tief in den Mondberg hinein, was auf Wahn bei den Vorfahren hinweist und hier die Tendenz des Handeigners gar nicht ausschließt, selbst dem Wahnsinn zu verfallen. Man beachte die obere Kopflinie in der rechten Hand (15 bis 9) mit einer Spaltung bei 7 und eine zweite Kopflinie (13 bis 8 bzw. 9) sowie die Insel (13) im Anfang der zweiten Kopflinie.

Andere schlechte Merkmale sind noch: rechte Hand: 1 und 17 für Gedanken aus Lebensüberdruß; 14 für allgemein geschwächte körperliche Konstitution; 6 für organische Herzstörungen; 16 Lungentuberkulose bei väterlichen Vorfahren; so auch Krebs (11) und Uterussenkung (5). Linke Hand: 9 Insel in der oberen Kopflinie für Migräne; hakenförmige Endung der unteren Kopflinie: Selbstmord bei mütterlichen Vorfahren und Krebs (7) ebendort. Niveau 2.

Das ganze Handbild zeigt einen hochsensitiven und innerlich zerrissenen, daher disharmonischen Menschen mit einem sehr ungesunden Nervensystem, einen Menschen, der weder für eine Ehe, noch weniger jedoch als Mutter für Nachwuchs geeignet ist. Zeigt das Bild 19 schon sehr üble Belastungen an, so sind sie hier wohl anders, aber zumindest ebenso schlecht!

Bild 60

Bild 60 ist gegen das vorherige Abbild harmlos. Hier bildet die Kopflinie am Anfang mit 5 eine große Insel: erbliche Störungen des Kleinhirns und daher des Unterbewußtseins; aber auch eine etwas zerbrochene Insel zwischen 8 und 9: Migränedisposition war vorhanden, dürfte aber nicht mehr zur Auswirkung kommen.

Andere kleine Merkmale als Begleitumstände zu Auswirkungen: tiefes seelisches Erleben durch (9 bis 10) eine gute Apollolinie; Heftigkeiten 2, Eifersucht 11, Unterdrückungen des Sexuallebens 3, Dispositionen zu Vergiftungen durch Unachtsamkeit 12, geschwächte Konstitution 7. Schizophrenie gelöst.

Bild 61

Hier liegt eine ganz andere Formation der Herzlinie vor. Sie verläuft (1 bis 2) wohl auch von einem Handrand bis zum anderen, anzeigend, daß Lähmung bei einem Vorfahr der väterlichen Generation vorhanden war, doch ist diese Herzlinie nicht mit der Kopf- und Lebenslinie verbunden (darum nicht gewaltsamer Tod). Sie schließt zumeist in dieser Länge eine Neigung zu Nymphomanie in sich ein. Die Kopflinie hat auch hier eine viel zu steile Senkung von 3 bis 4 und läßt erkennen, daß sie noch bis 5 weiter wachsen will, also daß der Handeigner seine angeborene Disposition zu Grübeleien und Schwermut selbst noch weiter entwickelt. Möglicherweise ist auch hier die durch den Anfang des Venusgürtels (6) angezeigte Unterdrückung der sexuellen Triebe die Ursache zu den Spannungen, die sich dann in der Nymphomanie freimachen. Die Unterdrükkungen des starken sexuellen Hungers mögen ihren Grund im Mangel an Gelegenheit haben und die melancholischen Gedanken auslösen. Niveau 3.

Bild 62

Ein langgedehnter Venusgürtel 1 bis 8 zeigt Schwäche des Rückgrates (zur körperlichen schweren Arbeit nicht geeignet) und seine Zersplitterung starke Disposition zu Hysterie. Mangel an Ethik durch eine kleine Bogenlinie (9) um die Wurzel des Apollofingers; starke nervöse Herzstörungen (7); der Auslauf der Herzlinie in zwei Äste in dieser Form weist auf Veranlagung zu Meningitis oder Kopfgrippe, der oft später Schwachsinn, Lähmung usw. folgen (2, 3). Niveau 2.

Auch diese Kopflinie ist nicht gesund. Sie zeigt zu Beginn die Disposition zu Ohnmacht und Schwindelgefühl durch die (4) leichte Spaltung, außerdem zu Augenschwäche durch die im Anfang befindliche Insel bei 4. Die mehr in der Mitte sichtbare zarte Spaltung und Verdrehung der Kopflinie zeigt Schwächen der zerebralen Nerven. Die Insel 6 ist nicht mehr vollkommen und hat hier kaum noch Bedeutung. Bei 5 ist noch eine Disposition zu Ovarienleiden an der linken Körperseite zu erkennen.

Wohl ist an dieser Hand der Daumen unbiegsam und harmonisch in der Länge, so daß genügend Willen vorhanden wäre, um durch ihn mancherlei zu überwinden, doch ist dies nur scheinbar, weil die ganze Hand zart und schlank ist und eine sehr schwächliche körperliche Konstitution zeigt. Hinzu kommt der Linienreichtum, der auch wieder recht zerrissen ist und nicht stabil genug, um starke Nerven zu beweisen.

Bild 63

Eine linienreiche Hand, deren Kopflinie nicht mehr die rein intellektuelle Denkrichtung, sondern etwas mehr fantasievolles Denken und Gestaltungskraft kennzeichnet. Sofort auffallend sind das geschwächte erbliche Rückgrat, die Unterdrückungen des Sexuallebens und die Neigung zu Nymphomanie, zwei Tendenzen, von denen man nicht leicht sagen kann, welche die überwiegende oder die primäre ist, wenn man den Handtyp nicht kennt. Hier sieht man jedoch den eckigen Typ; daraus ergibt sich, daß die Unterdrückungen des Sexuellen – aus Gründen sich selbst aufgezwungener falscher Moral – das Primäre sind. Im Hinblick auf die gedankliche Einstellung des Handeigners folgt daraus, daß er sich verpflichtet fühlt (glaubt), die Nymphomanie bis zum äußersten zu unterdrükken. Daß daraus schwere Schäden für das Nervenleben entstehen können, weiß er aus Mangel an Sachkenntnis nicht. Personen mit solchen Anschauungen meinen oft, daß man jene Kräfte »vergeistigen« müsse, was jedoch unsinnig ist, da damit dem Nerven- und Drüsenleben nicht gedient wird. Überreizung der Sexualnerven sowie der zerebralen Nerven (letzteres ist hier an zwei Stellen angezeigt, die ich bereits vorher beschreibend erklärte) sind die Folgen im allgemeinen. Um wieviel mehr aber sind die Gefahren des Akutwerdens gegeben, wenn, wie hier, bereits die Warnungszeichen besonders sprechen. Niveau 3.

Schlußbemerkung

Die im Vorangegangenen erklärten Merkmale sind objektiv leicht zu erkennen für jeden, der seine Augen einmal daran gewöhnt und sich in diese Materie eingearbeitet hat.

Mancher wird vielleicht die Frage aufwerfen: »Wenn jemand ein Merkmal dafür hat, daß einer seiner Vorfahren an Lähmung litt, so muß sich das doch nicht weiter vererben?« Gewiß braucht sich eine Lähmung nicht zu vererben, doch die Ursachen dazu können vererbt werden. Außerdem habe ich sehr oft gefunden, daß bei solchen Personen als Nachwirkung ein gewisses Maß von Platzangst vorhanden ist. Was aber ist Platzangst anderes als ein Grad von seelischer Lähmung. Wenn bei einer Person eine sehr schwache oder zerrissene, kettenartige Lebenslinie zu beobachten ist, diese Person also nicht lebenskräftig ist, kann es nicht günstig sein, daß solche Menschen auch wieder schwächliche Nachkommen haben. Oder es mag jemand fragen: »Was hat es schon auf sich, wenn jemand in der Familie an Alkoholismus litt?« (D. h. oft, daß sich jemand am Alkohol zu Tode getrunken hat.) Die Folgen sind zumeist geschwächte Gehirnkraft bei den Nachfahren und, charakterologisch, ein Mensch mit »zweierlei Charakter«. Daß sich hier noch andere Störungen auswirken können, ist selbstverständlich für den, der tiefere Kenntnisse in der Pathologie und Psychiatrie besitzt. Wer ernstes Interesse an der Verhütung erbkranken Nachwuchses hat – und das müßten alle jene Menschen besitzen, die eine Ehe eingehen wollen –, der hat alle Ursache, sich dieser vielhundertfach geprüften und bestätigten Merkmale zu bedienen, vor allem aber die Ärzte und Heilpraktiker, die fast täglich die beste Gelegenheit haben, ihre Patienten auf solche Gefahren warnend aufmerksam zu machen.

Der Mensch gewinnt sein Wissen, um sich dessen zu bedienen. Es sollte die Hauptaufgabe jedes Seelenheilers sein, den Leidenden die Widerstandskraft der Seele zu stärken und zu festigen. Viele rufen nach einer Diätetik der Seele. Sie ist in meinem Buch *Kosmische Religion* enthalten.

Noch ein Wort zur medikamentösen Behandlung. Hände mit

sehr vielen oder auch sehr feinen Linien zeigen immer den »Nerven-Menschen«, d. h., daß große Feinnervigkeit angeboren ist. Diese Personen benötigen bei der Behandlung von Leiden nur feingeistige Mittel, also Homöopathie oder Biochemie in hohen Potenzen, niemals allopathische Medikamente.

Mögen manche Menschen auch behaupten, daß in den hohen Potenzen keine Heilwirkung sein kann. Das ist rein materiell gedacht, aber nicht geistig. Diese Personen wollen nicht begreifen, daß in allen Dingen Leben, Geist vorhanden ist. Die Wirkung der verschiedenen Verdünnungen wolle man an der hier beigegebenen Zeichnung erkennen.

Nehmen wir z. B. ein allopathisches Mittel: Arsen. Bei Null (0) ist es starkes Gift! Zehnfach verdünnt (bei A) hat es an Materie zehnfach verloren, es kommt die zehnfache geistige Wirkung zustande (B). Bei tausendfacher Verdünnung (C) der Materie ergibt sich eine tausendfache geistige Wirkung, die nicht mehr giftig ist (D). So ist es auch bei allen anderen homöopathischen Medikamenten: Die Materie ist verschwunden, die geistige Kraft entsprechend frei geworden und dadurch gestiegen.

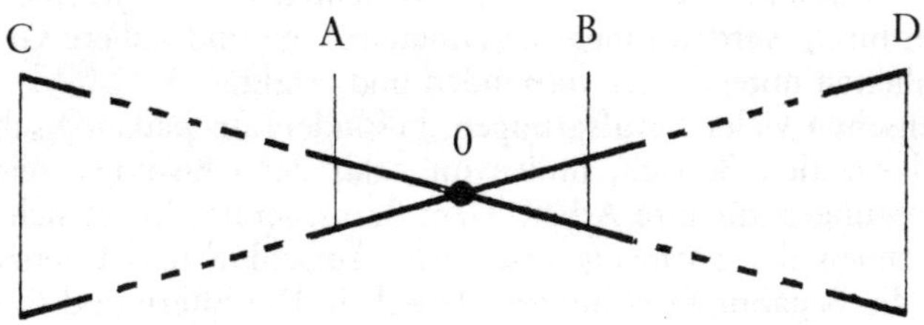

Abschließend sei noch auf die Möglichkeit der Arbeit mit den Reflexzonen an den Füßen hingewiesen. Bild 64 zeigt die Reflexzonen nach dem Begründer der Reflexologie, Dr. W. Fitzgerald, Hartford, USA. Es ist erwiesen, daß an den Füßen durch Druck an bestimmten Stellen die Empfindlichkeit oder Schwäche eines Körperorgans sowohl festgestellt als auch durch Nervenpunktmassage dieser Reflexzonen heilend behandelt werden kann.

Verlag Hermann Bauer · Freiburg im Breisgau

Die medizinische Hand- und Nagel-Diagnostik

Vierter Teil

Abbildungen und Zeichnungen

Bei den *Fotografien der Handabdrücke* (Bilder 11 bis 19 und 50 bis 63) ist zu beachten, daß es sich naturgemäß um seitenverkehrte Darstellungen handelt: Bei der Abbildung einer Innenhand mit Daumen nach links weisend handelt es sich um eine rechte Hand, bei Daumen nach rechts um eine linke Hand. Sämtliche *Zeichnungen von Händen* sowie Bild 2 und Bilder 42 bis 49 stellen eine normale Draufsicht dar, das heißt, wenn zum Beispiel der Daumen nach links weist, handelt es sich um eine linke Hand, wenn die Handinnenfläche abgebildet ist, und um eine rechte Hand, wenn der Handrücken gezeigt ist.

1 = Strahlungen der Hand und der Finger
2 = Strahlungen der Zentren
3 = Aura des Körpers
4 = Strahlungen von Blut- und Nervenkreislauf
5 = Strahlungen in Wechselwirkung
6 = untere Beugegelenke der Finger, Anfang der Berge

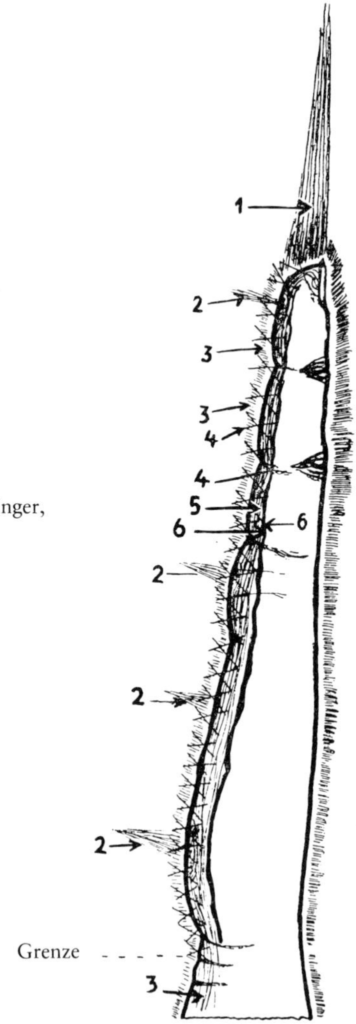

Bild 1 Strahlen, Aura und Nervenzentren der Hand: Seitenansicht (siehe Seite 43)

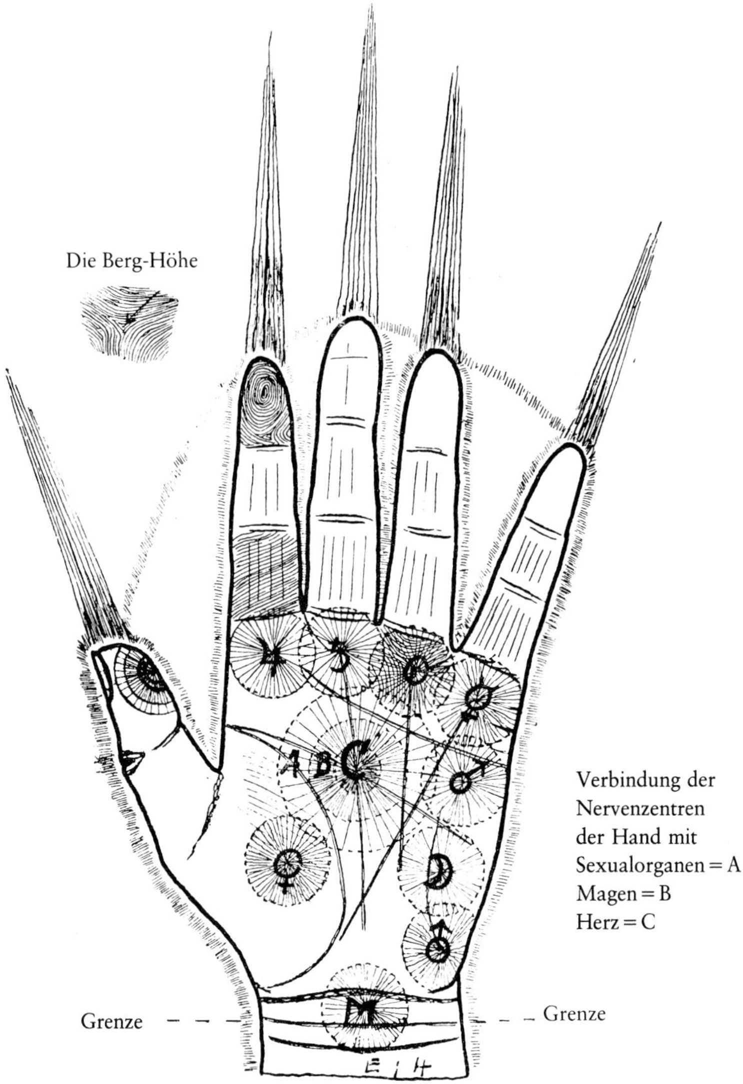

Bild 1 Strahlen, Aura und Nervenzentren
der Hand: flache Innenhand
(siehe Seite 43)

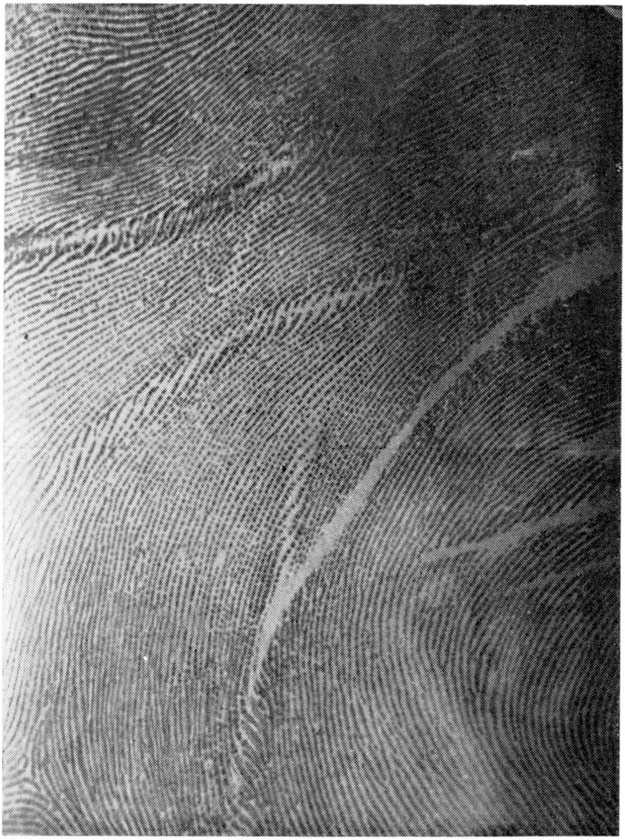

Bild 1 a Unabhängig vom Verlauf der Handlinien
bildet sich die Haut-Textur
und zeigt das geistig-seelische Niveau

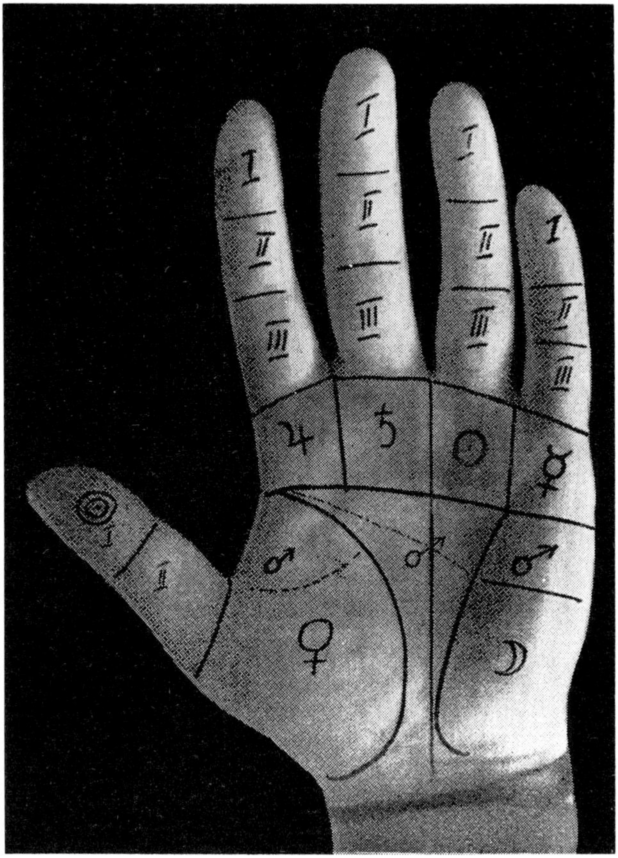

Bild 2 Genaue Begrenzung der Handberge
(siehe Seiten 57/58 und 149/150)

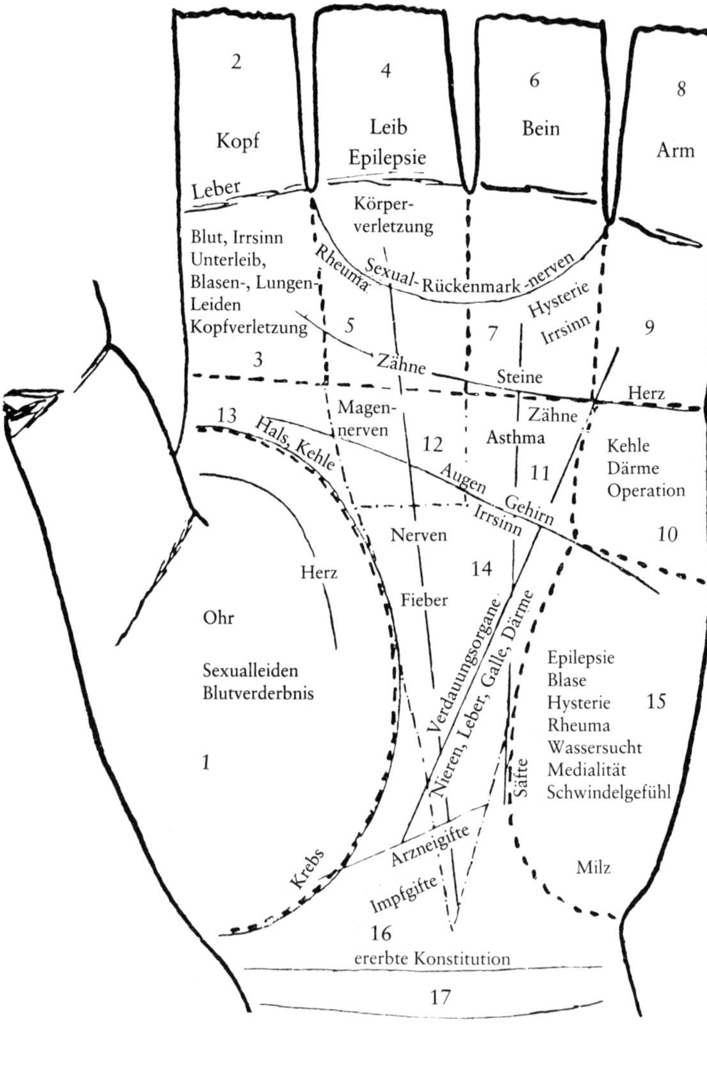

Bild 3 (siehe Seiten 63 bis 68)

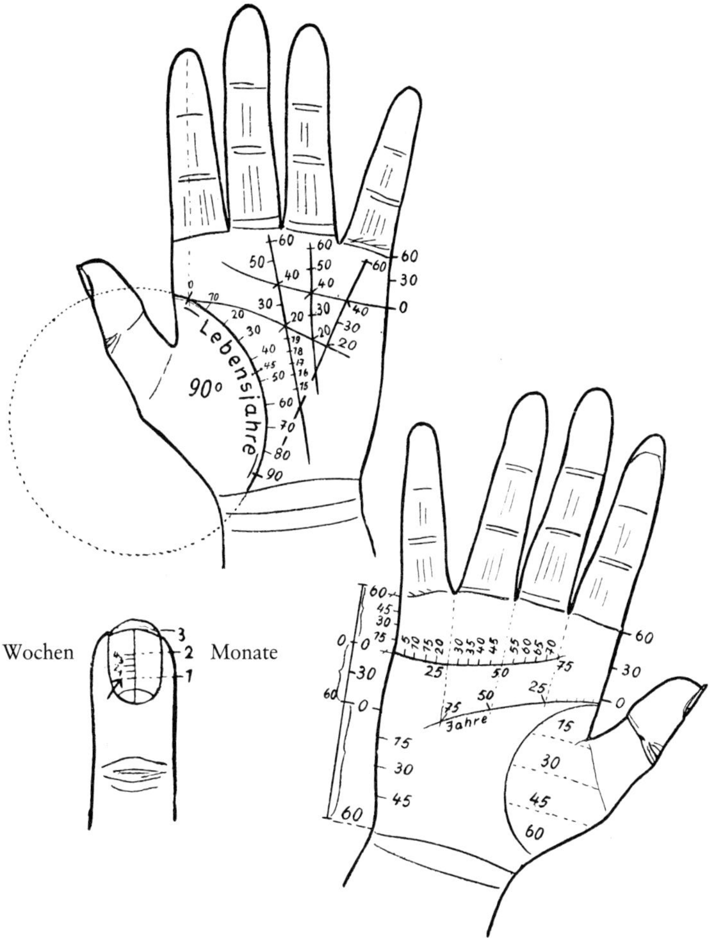

Bild 4 Maßeinteilung der Linien, der Berge und des Nagels

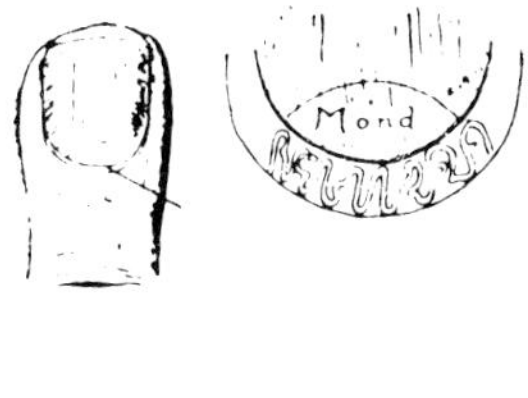

Bild 5 a

Asthma (Lungen-Asthma): Lange Nägel, der Länge nach gewölbt, evtl. Asthmanägel, feuchte Hände. Bild 5h.
(Herz-Asthma): Kurze Nägel, an den Seiten krallenartig, trockene Hände. Beachte in beiden Fällen bei Kopf- und Herzlinie, ob sie sich bogenartig zuneigen. Bild 22/5, Bild *5b,* 5h.

Nierenbluten, Disposition zu: Kurze Nägel wie Bild *5b oder c,* mit starker Querbiegung wie bei Bild 5l oder 5m.

Stoffwechselstörungen können mancherlei Ursachen haben, auch solche geistiger Art. Beachte Zeichen für Leber, Nieren, Milz, Herz. Siehe auch mandelförmige Nägel. Bild *5e.*

Asthma (Lungen-Asthma): Lange Nägel, der Länge nach gewölbt, evtl. Asthmanägel, feuchte Hände. Bild *5h.*
(Herz-Asthma): Kurze Nägel, an den Seiten krallenartig, trockene Hände. Beachte in beiden Fällen bei Kopf- und Herzlinie, ob sie sich bogenartig zuneigen. Bild 22/5, Bild 5b, *5h.*

Halskrankheiten: Rötung der Kopflinienendung. Kleine, senkrechte Strichlinien zwischen Kopf- und Lebenslinie, Gabellinie auf Marsberg. Siehe auch Nägel unter Bild *5i,* Bild 34/77.

Nierenleiden, allgemein: Nierennägel, Bild *5l.* Magenlinie mit plötzlichen Bruchstellen, ein auf der Spitze stehendes Quadrat auf dem Mondberg. Bild 24/14. Wenn karminrote Flecken auf warmen Händen vorkommen, so sind augenblickliche Störungen von Nieren *und* Herz dadurch angezeigt.

Nierenbluten, Disposition zu: Kurze Nägel wie Bild 5b oder c, mit starker Querbiegung wie bei Bild *5l oder 5m.*

Krebskonstitution: Siehe Krebsnägel, Bild *5m.*

Lähmung, Disposition zu: Eine Herzlinie von Rand zu Rand ohne oder mit Verbindung der Kopf- und Lebenslinie. Bild 27/31, Bild 14, Bild 15. Beachte Nägel mit nach außen gebogenen Rändern. Bild *5n.*

Gehirnschlag, Tod durch: Plötzliches Aufhören der Kopflinie, ohne daß eine Linie den Abschluß bildet. Plötzlich endende Lebenslinie, zusammen mit dicken, schweren und festen oder harten Händen. Bild 19, Kopflinienende, und Bild *5n.*

Tobsuchtsdisposition: Dickes, kurzes und breites erstes Daumenglied, sogenannter brutaler Daumen. Siehe unter Nageldiagnose. Bild *5p,* Bild 11/1.

Knochenschwäche: Dünne schwache Nägel. Bild *5q.*

Rückgratschwäche: Das Ende des Venusgürtels waagerecht bis an den Handrand verlaufend. Verstärkt durch hakenartige Kopflinie, tief in den Mondberg endend. Bild 31/56. Beachte Nägel. Figur *5q.* Stark nach auswärts gebogene Daumen.

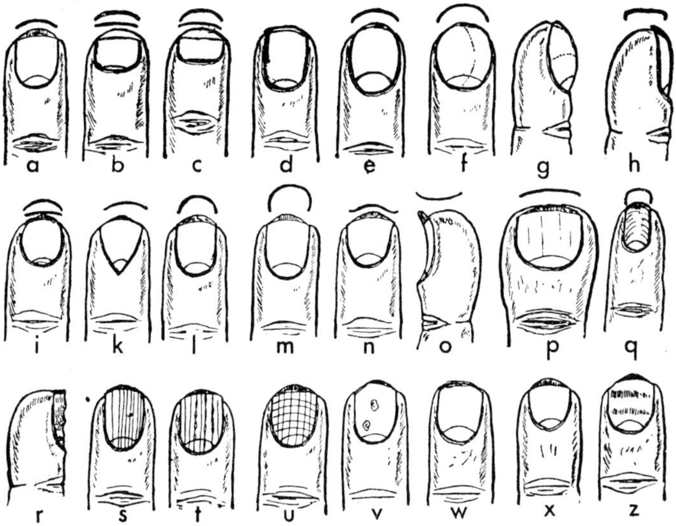

Bild 5 Nagelformen
(siehe Seiten 47 bis 55)

Darmschwäche: Eine unterbrochene, dünne, blasse Herzlinie, die von Querlinien gezeichnet ist, evtl. Halbkreis im Mondberg. Dünne, zerrissene Magenlinie, oder Ast von der Magenlinie in den Marsberg gehend. Längslinien auf den Nägeln. Bild *5s*, Bild 16/16, Bild 15.

Flechten richtiger Unreinigkeiten im Blut: Längslinien mit stellenweisen Verdikkungen auf den Nägeln, Bild *5t.* Die einzelnen Finger zeigen an, wo diese Unreinigkeiten besonders stark vorhanden sind. Zeigefinger rechte Hand: Leber; Zeigefinger linke Hand: Milz; Mittelfinger: Magen- und Darmkanal; Apollofinger: Nieren; Merkurfinger: Sexualorgane; Daumen: Kopf.

Würmer: Schuppenartiges Abteilen der Nägel (wie bei Glimmer oder Schiefer). Bild *5w.* Abteilen eines kleinen Astes aus der Saturnlinie, dicht unter der Kopflinie. Bild 13/10, Bild 31/60. Außerdem Jucken der Nasenspitze oder des Nabels.

Halsoperation, Mandeln: Waagerechte Insel auf Jupiter- und Saturnberg. Bild 20/5. Siehe auch Nägel, wie beschrieben als Zeichen für Unterleibsleiden. Bild *5x.*

Bronchialleiden: Nägel, die ebenso lang wie breit erscheinen, jedoch etwas gewölbt sind. Kreuz zwischen den Anfängen der Lebens- und Kopflinie; evtl. dazu gespaltener Zweig auf dem Marsberg. Bild 25/21, Bild *5x.*

Eierstock-(Ovarien-)Leiden: Lebenslinie reicht mit ihren Enden oder einem starken Ast über die Handwurzelmitte hinaus zum Mondberg. Bild 30/50, Bild 13/6, Bild 18/18. Siehe auch Nägel wie unter Bronchialleiden beschrieben, Bild *5x.* Siehe auch Bild 37/91.

☽	♂	☿	♃	♀	♄	☉
Mond	Mars	Merkur	Jupiter	Venus	Saturn	Sonne
Montag	Dienstag	Mittwoch	Donnerstag	Freitag	Samstag	Sonntag

♅	♆
Uranus	Neptun

Bild 6

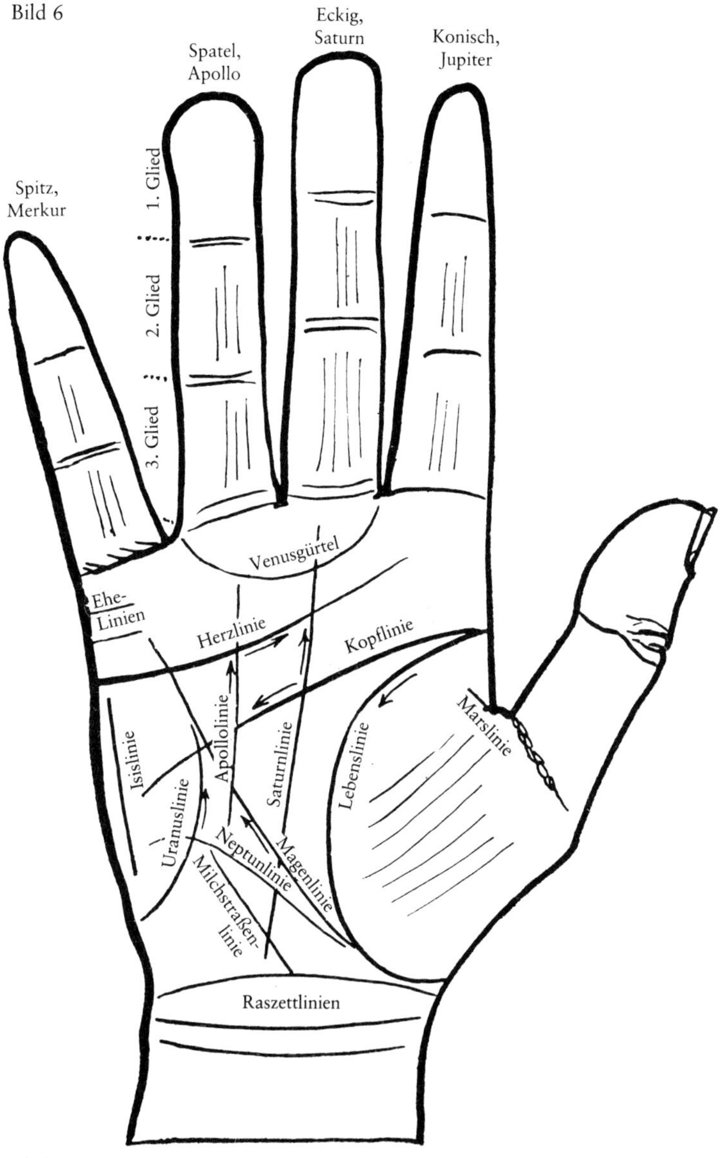

Bild 7 Hauptlinien der Hand und ihre Lage
(siehe auch Seiten 68 bis 83)

Bild 8 a Linienformationen

a) Säbellinien

b) Linien mit Punkten

c) Zerrissene Linie

d) Gitterlinien

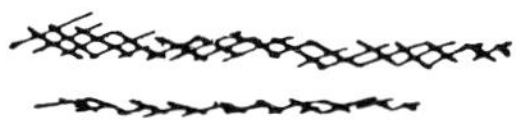

e) Linie mit Inseln

f) Linie mit Haarlinien

g) Auf- und
absteigende Äste

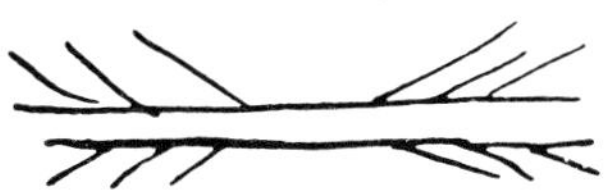

h) Oben offene, unten offene Gabeln;
Einfluß-, Ereignis- und gestörte Linien

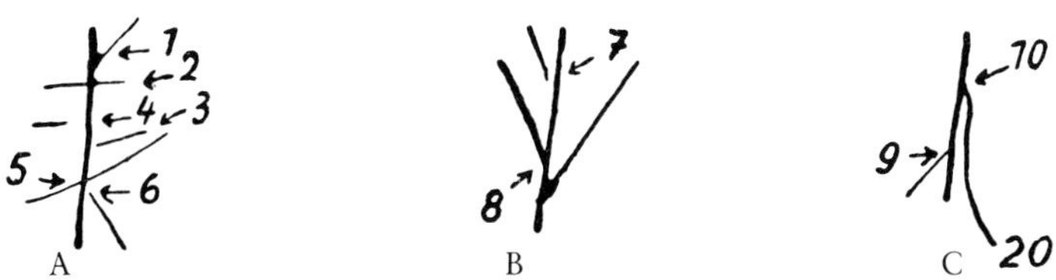

Bild 8 b Linienformationen

h) Oben offene, unten offene Gabeln;
Einfluß-, Ereignis- und gestörte Linien

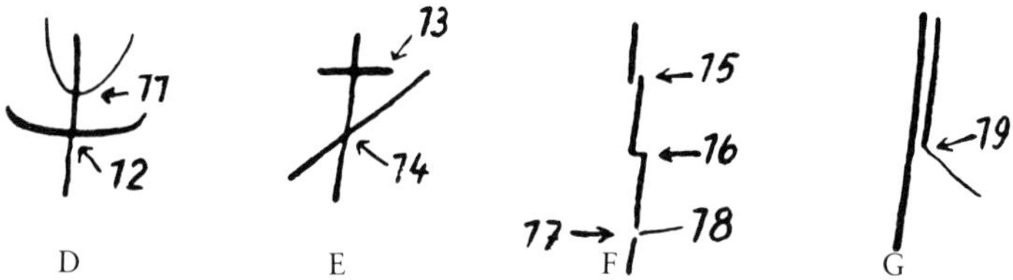

i) Parallele Linien

k) Wellenlinien

l) Gebrochene Linien

m) Kettenlinien

n) Linie mit Schutzquadrat

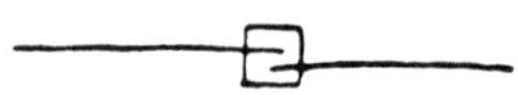

o) Linien mit Quasten

p) Krankhafte Linien

Bild 9 a Zeichen und Symbole

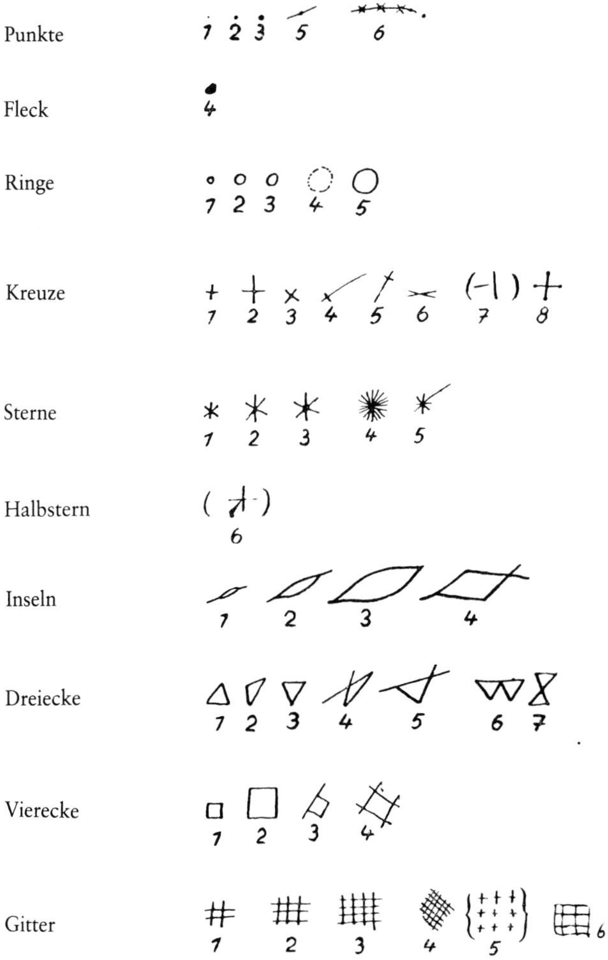

Bild 9 b Zeichen und Symbole

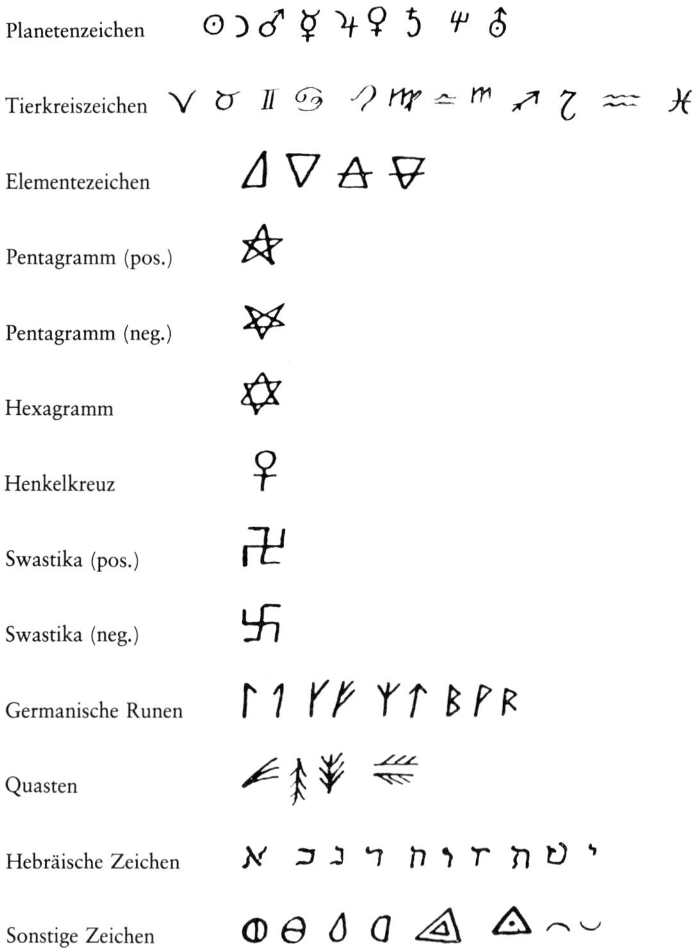

Bild 9 c Zeichen und Symbole

Symbole der Planetenzeichen

Göttliche Siegel der Planetenzeichen

Dämonische Siegel der Planetenzeichen

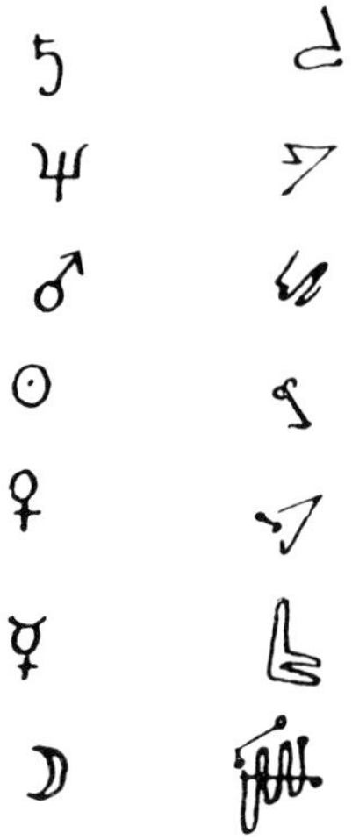

Leberleiden, allgemein: Gelbe oder gelbliche Haut, Tannenzweiglinie im untersten Beugegelenk des Jupiterfingers, zerrissene Magenlinie. Bild 24/13. Beachte Insel in der Magenlinie, Vererbungszeichen. Bild 21/26. Außerdem: Gebogenes erstes Glied des Jupiterfingers, rechte Hand. Bild *10/1,* Bild 16/2.

Verdauungsstörungen, allgemein: Verdickter Knoten zwischen 2. und 3. Glied des Saturnfingers. Bild *10/4.* Zerrissene, mehrfache Magenlinie. Bild 24/13, Bild 16/15, 16. Beachte auch Darmerschlaffung, Magenstörung. Bild 25/22. Verstärkt durch viele kleine Haarlinien in der Kopflinie, eine dünne und kurze, blasse oder auch verschiedenartig gefärbte Magenlinie mit vielen kleinen Haarlinien darin. Bild 38/101.

Kopfschmerzen, Ursache vom Magen ausgehend: Viele feine Linien im Magenfeld, d. h. über und um die Mitte der Kopflinie. Bild 22/4. Siehe auch Magen, nervös.

Nierenschwäche: Das erste Glied des Ringfingers gebogen. Bild 10/5.

Herzschwäche: Das zweite Glied des Ringfingers wespentaillenartig verschmälert. Bild 10/6.

Magen, nervös: Viele kleine, feine Linien im Magenfeld. Bild 22/6. Beachte Vererbungsinsel in der Magenlinie. Bild 21/23. Evtl. auch 2. Knoten im Saturnfinger. Bild *10/4.*

Uterusleiden, Senkung: Das erste Glied des Merkurfingers nach innen gebogen. Bild *10/7.*
Knickung: Verdickung oder Versteifung des zweiten Knotens (zwischen 2. und 3. Glied) des Merkurfingers. Bild *10/8.*

Lungenkraft und Lungenschwäche: Härte oder Weichheit der Maus auf der Oberhand zwischen Daumenwurzel und Zeigefinger. Bild *10/9.*

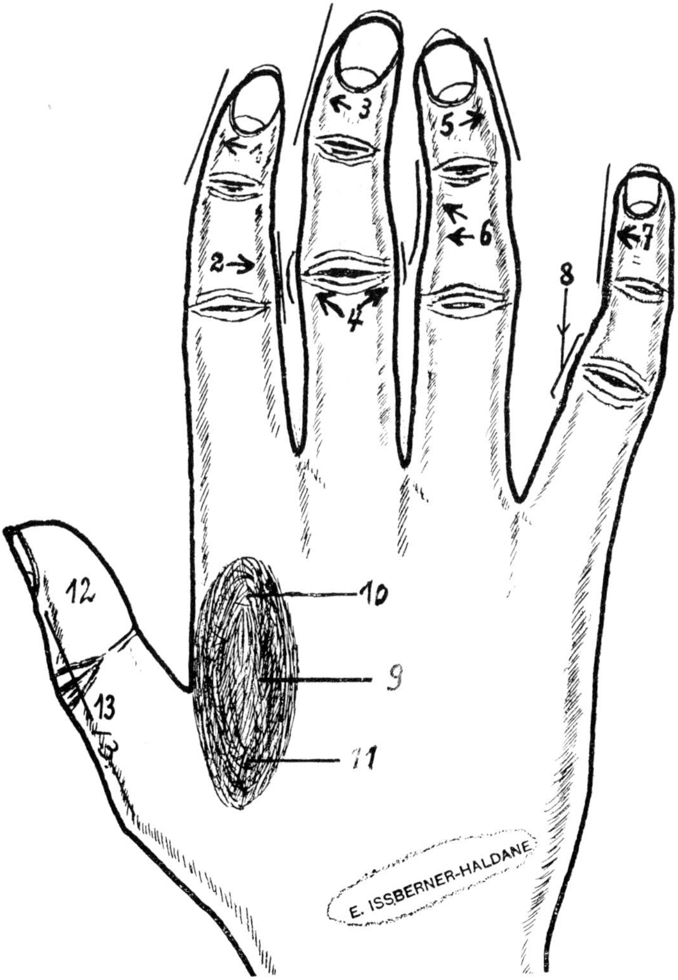

Bild 10 (siehe Seiten 68 bis 83)

Tobsuchtsdisposition: Dickes, kurzes und breites erstes Daumenglied, sogenannter brutaler Daumen. Siehe unter Nageldiagnose. Bild 5p, Bild *11/1.*

Gehirnnervenleiden, (allgemein): Roter Punkt auf Merkurberg. Irrsinn, siehe unter diesem; auch Bild 12/9. (Ich vermeide absichtlich die Benennung »Geisteskrankheit«, da nicht der Geist, sondern das Gehirn krank ist.)
Irrsinn: Eine unter dem Saturnberg gespaltene Kopflinie gibt immer eine Disposition hierzu, wenn sie in der rechten Hand vorhanden ist. In der linken Hand gezeichnet, ist die Gefahr weniger groß oder nur bis zum 30. Lebensjahre drohend. Bild 23/10, Bild *11 (KL).* Ist eine Insel in der Linie, so ist diese Anlage vererbt. Bild *11/8.*
Zeichen, die diese Disposition entwickeln oder einen Fingerzeig über das »Woher« geben, siehe Bild 23/11. Andreaskreuz auf Jupiterberg: Überreizung der Kopfnerven; Stern auf Saturnberg: Körperverletzung durch Unfall; Gitter auf Apolloberg: Besessenheit; Stern auf Marsberg: Körperverletzung durch Unfall oder Überfall; Stern auf Mondberg: Fall; Stern auf Venusberg: traurige Liebesangelegenheiten. Große Insel in der zweiten Hälfte der Kopflinie: Starke Kopfschmerzen; Kopflinie zu tief in den Mondberg gehend: Grübelei, Schwermut, Lebensüberdruß oder Krampfanfälle.

Augenleiden durch Verletzung: Stern, roter Punkt oder Ring in der Kopflinie; oder Ring oder roter Punkt an der Wurzel des Apollofingers. Bild 24/17, Bild *11 KL,* Bild 12/10.

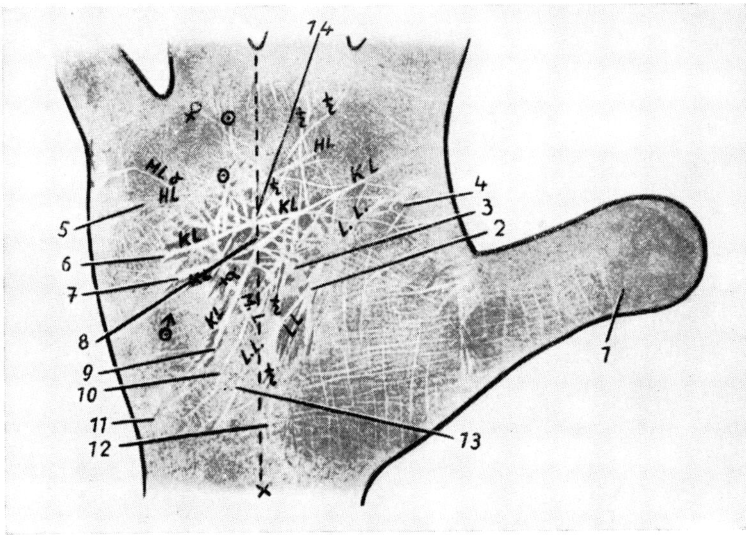

Bild 11

Milzleiden, allgemein: Disposition hierzu ist gegeben, wenn das erste Glied des linken Jupiterfingers gebogen ist, Magenlinie vom Mondberg kommend, viele kleine Linien und Zeichen auf dem unteren Mondberg. Bild 25/20, Bild *12,* 13, 18.

Herzschlag, Tod durch: Plötzlich unter Saturnberg endende Herzlinie. Bild 27/36, Bild *12 (Ende der HL).*

Blasenschwäche: Ein oder zwei Linien schräg über den Jupiterberg verlaufend. Starke Entwicklung des unteren Mondberges. Bild 25/19, Bild *12/2.* Verstärkt ist diese Veranlagung noch durch mehrere von der Herzlinie in den Saturnberg aufsteigende Linien mit einem flachen Saturnberg.

Harnröhrenkatarrh (oder auch Gonorrhöe): Eine $^1/_2$ cm lange Linie auf dem Jupiterfinger verlaufend, ohne das Beugegelenk zu berühren. (Dasselbe Zeichen gilt auch für Weißfluß!) Bild 30/49, Bild *12/3.*
Weißfluß: Siehe dieselben Zeichen wie unter Harnröhrenkatarrh. Bild 30/49, Bild *12/3.*

Abortus (gewollt herbeigeführt, Auskratzungen usw.): Eine Viertelkreislinie aus der Teilung zwischen Jupiter- und Saturnfinger kommend, bis zur Mitte des Jupiterberges verlaufend. Bild 13/1, Bild 17/6, Bild 29/47.
Bauchschwangerschaft: Wie unter Abortus, aber am Ende der kleinen Viertelkreislinie eine winzige Insel. Bild *12/6,* Bild 34/78.

Kopfschmerzen, ererbte Disposition dazu: Große Insel in der Kopflinie. Ein Vorfahr ist an Verkalkung oder Paralyse gestorben. Bild 23/9. Bild 31/58, Bild *12/9,* Bild 28/39.

Gehirnerweichung (Paralyse): Große Insel in der Kopflinie unter dem Apollofinger, deren gespaltene Enden sich kreuzen. Manchmal ist diese Insel in der Form einer Raute zu erkennen. Ein Vorfahr hatte dies Leiden, wohlgemerkt! Der Besitzer des Zeichens braucht diese Krankheit nicht zu bekommen, wird aber Jahre hindurch unter starken Kopfschmerzen zu leiden haben. Bild 31/58, Bild *12/9.*

Gehirnnervenleiden (allgemein): Roter Punkt auf Merkurberg. Irrsinn, siehe unter diesem; auch Bild *12/9.* (Ich vermeide absichtlich die Benennung »Geisteskrankheit«, da nicht der Geist, sondern das Gehirn krank ist.)
Irrsinn: Eine unter dem Saturnberg gespaltene Kopflinie gibt immer eine Disposition hierzu, wenn sie in der rechten Hand vorhanden ist. In der linken Hand gezeichnet, ist die Gefahr weniger groß oder nur bis zum 30. Lebensjahre drohend. Bild *23/10,* Bild 11 (KL). Ist eine Insel in der Linie, so ist diese Anlage vererbt. Bild 11/8. Irrsinn-Zeichen, die diese Disposition entwickeln oder einen Fingerzeig über das »Woher« geben, siehe Bild *23/11.* Andreaskreuz auf Jupiterberg: Überreizung der Kopfnerven; Stern auf Saturnberg: Körperverletzung

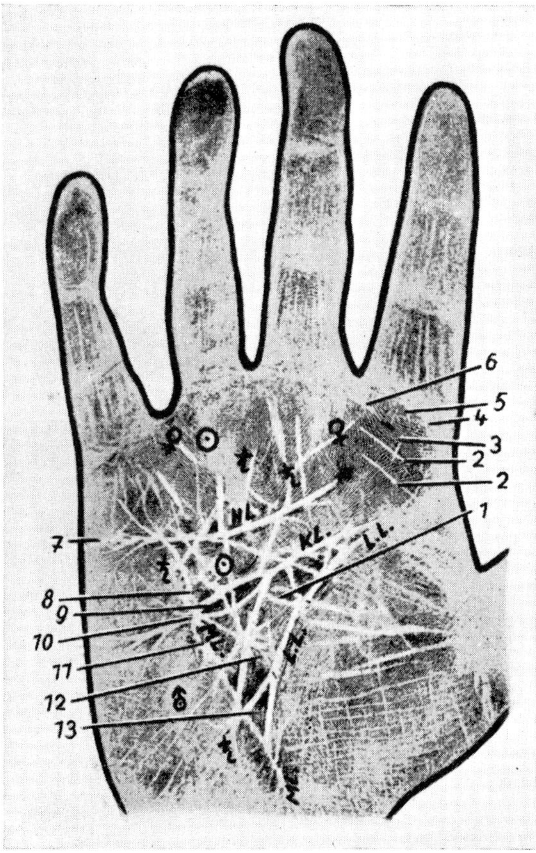

Bild 12

durch Unfall; Gitter auf Apolloberg: Besessenheit; Stern auf Marsberg: Körperverletzung durch Unfall oder Überfall; Stern auf Mondberg: Fall; Stern auf Venusberg: Traurige Liebesangelegenheiten. Große Insel in der zweiten Hälfte der Kopflinie: Starke Kopfschmerzen; Kopflinie zu tief in den Mondberg gehend: Grübelei, Schwermut, Lebensüberdruß oder Krampfanfälle.

Augenleiden: durch Verletzung: Stern, roter Punkt oder Ring in der Kopflinie oder Ring oder roter Punkt an der Wurzel des Apollofingers. Bild *24/17,* Bild 11 KL, Bild *12/10.*

Milzleiden, allgemein: Disposition hierzu ist gegeben, wenn das erste Glied des linken Jupiterfingers gebogen ist, Magenlinie vom Mondberg kommend, viele kleine Linien und Zeichen auf dem unteren Mondberg. Bild 25/20, Bild 12, Bild *13,* Bild 18.

Abortus (gewollt herbeigeführt, Auskratzungen usw.): Eine Viertelkreislinie aus der Teilung zwischen Jupiter- und Saturnfinger kommend, bis zur Mitte des Jupiterberges verlaufend. Bild *13/1,* Bild 17/6, Bild 29/47, Bild 12/6.

Fieberdispositionen sind vorhanden, wenn sehr viele feine Linien die Handflächen bedecken. Bild 16. Rote Haut, starker Marsberg. Fieberische Krankheiten, wie Masern, Grippe, Lungenentzündung usw. (Kinderkrankheiten) sind angezeigt durch kleine Linien, die aus dem oberen Venusberg in die Lebenslinie verlaufen. Bild 19/7, 19/8, Bild *13/3,* Bild 33/70, 33/71.

Hodenleiden: Herzlinie am Anfang sehr verzweigt und verwirrt, eventuell auch mit einigen Halbkreislinien besetzt. Siehe auch unter Eierstockleiden, dasselbe Zeichen. Bild 30/50 und Bild 37/91, Bild *13/6* und Bild 18/18.

Eierstock-(Ovarien-)Leiden: Lebenslinie reicht mit ihren Enden oder einem starken Ast über die Handwurzelmitte hinaus zum Mondberg. Bild 30/50, Bild *13/6,* Bild 18/18. Siehe auch Nägel wie unter Bronchialleiden beschrieben, Bild 5 x. Siehe auch Bild *37/91.*

Würmer: Schuppenartiges Abteilen der Nägel (wie bei Glimmer oder Schiefer). Bild 5 w. Abteilen eines kleinen Astes aus der Saturnlinie, dicht unter der Kopflinie. Bild *13/10,* Bild 31/60. Außerdem Jucken der Nasenspitze oder des Nabels.

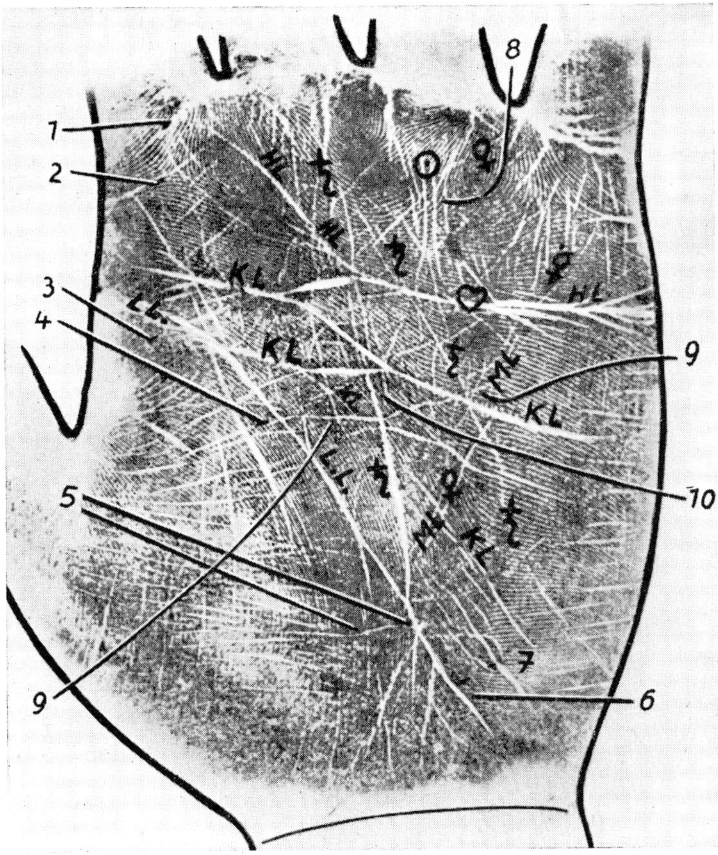

Bild 13

Lähmung, Disposition zu: Eine Herzlinie von Rand zu Rand ohne oder mit Verbindung der Kopf- und Lebenslinie. Bild 27/31, Bild *14,* Bild 15. Beachte Nägel mit nach außen gebogenen Rändern. Bild 5 n.

Fehlgeburt: Kleine schräge Linien, aus dem ersten Beugegelenk des Jupiterfingers kommend, in Richtung zum Handrand verlaufend. Bild 29/43, Bild *14/1,* Bild 16/3. Jede Linie zeigt eine mögliche Fehlgeburt.

Gifte (ererbte): Waagrechte Neptunlinie. Bild 30/53, Bild *14/8.*

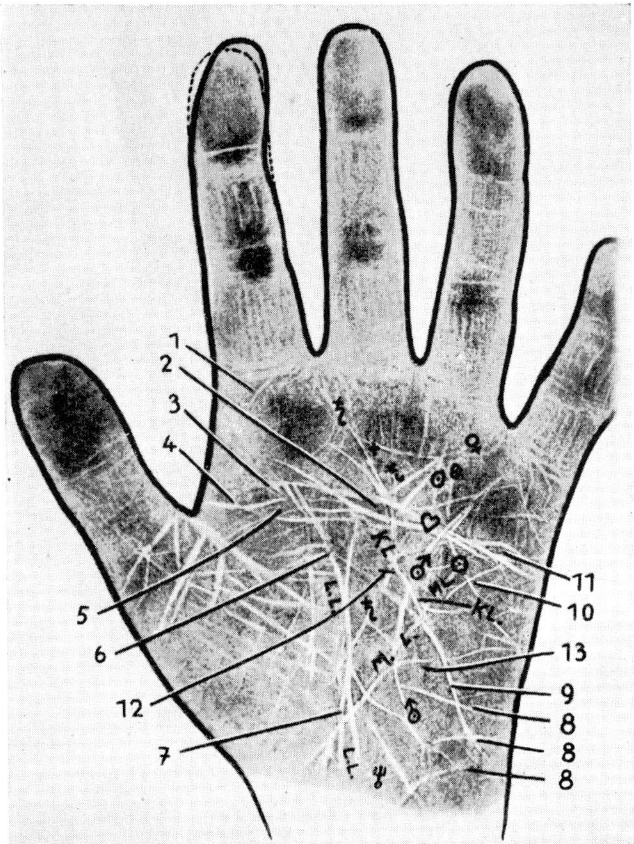

Bild 14

Darmschwäche: Eine unterbrochene, dünne, blasse Herzlinie, die von Querlinien gezeichnet ist, evtl. Halbkreis im Mondberg. Dünne, zerrissene Magenlinie, oder Ast von der Magenlinie in den Marsberg gehend. Längslinien auf den Nägeln. Bild 5s, Bild 16/16, Bild *15*.

Darmblutung, Hämorrhoiden: Roter Punkt auf dem Ast, der aus der Magenlinie kommt und auf dem Marsberg endet. Bild *15*.

Lähmung, Disposition zu: Eine Herzlinie von Rand zu Rand ohne oder mit Verbindung der Kopf- und Lebenslinie. Bild 27/31, Bild 14, Bild *15*. Beachte Nägel mit nach außen gebogenen Rändern. Bild *5n*.

Schwermut: Die Kopflinie zu tief in den Mondberg verlaufend, großer Mondberg. Bild 23/7, Bild *15/4*.

Wahn (religiöser, Verfolgungswahn usw.) war in der Familie, wenn die Kopflinie sehr tief in den Mondberg verläuft. Bild 23/7, Bild *15/4*.

Fallneigung: Die Kopflinie, tief in den Mondberg verlaufend, gibt Disposition zu Schwindelgefühl und Fall; durch Blutandrang zum Gehirn, wenn der Mondberg stark ist und die Nägel rot, oder durch Blutleere im Gehirn, wenn der Mondberg flach ist und die Nägel blaß. Bild 23/7, Bild *15/4*.

Selbstmordneigungen (Lebensüberdruß): Querlinien auf dem ersten Gliede des Saturnfingers und des Daumens. Siehe auch Kopflinie. Bild 31/56 und Bild *15/6* (hier Zeit abmessen).

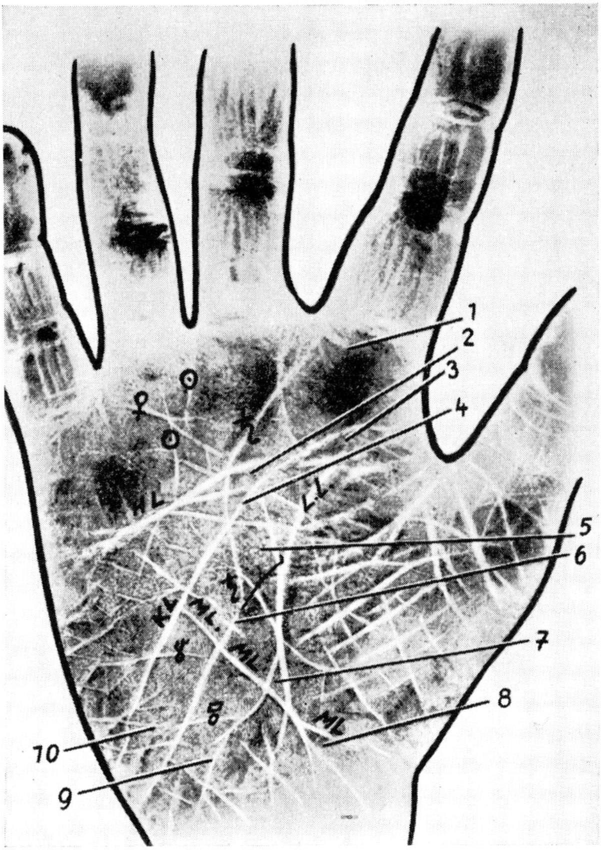

Bild 15

Neurasthenie: Dieselben Zeichen wie für Hysterie. Ein einfacher oder mehrfacher, aber zersplitterter Venusgürtel. Verstärkung durch starken Venusberg (Sinnlichkeit) und starken Mondberg (Fantasie), ebenso durch eine am Anfang verstärkte Magenlinie roter Färbung und rückwärts biegsame Finger (Sinnlichkeit und Neugierde). Bild 26/25, Bild *16.*

Fieberdispositionen sind vorhanden, wenn sehr viele feine Linien die Handflächen bedecken. Bild *16.* Rote Haut, starker Marsberg. Fieberige Krankheiten wie Masern, Grippe, Lungenentzündung usw. (Kinderkrankheiten) sind angezeigt durch kleine Linien, die aus dem oberen Venusberg in die Lebenslinie verlaufen. Bild 19/7, 19/8, Bild 33/70, 33/71.

Leberleiden, allgemein: Gelbe oder gelbliche Haut, Tannenzweiglinie im untersten Beugegelenk des Jupiterfingers, zerrissene Magenlinie. Bild 24/13. Beachte Insel in der Magenlinie, Vererbungszeichen. Bild 21/26. Außerdem: Gebogenes erstes Glied des Jupiterfingers, rechte Hand. Bild 10/1, Bild *16/2.*

Fehlgeburt: Kleine schräge Linien, aus dem untersten Beugegelenk des Jupiterfingers kommend, in Richtung zum Handrand verlaufend. Bild 29/43, Bild 14/1, Bild *16/3.* Jede Linie zeigt eine mögliche Fehlgeburt.

Verdauungsstörungen, allgemein: Verdickter Knoten zwischen 2. und 3. Glied des Saturnfingers. Bild 10/4. Zerrissene, mehrfache Magenlinie. Bild 24/13, Bild *16/15, 16/16.* Beachte auch Darmerschlaffung, Magenstörung. Bild 25/22. Verstärkt durch viele kleine Haarlinien in der Kopflinie, eine dünne und kurze, blasse oder auch verschiedenartig gefärbte Magenlinie mit vielen kleinen Haarlinien darin. Bild 38/101.

Darmschwäche: Eine unterbrochene, dünne, blasse Herzlinie, die von Querlinien gezeichnet ist, evtl. Halbkreis im Mondberg. Dünne, zerissene Magenlinie oder Ast von der Magenlinie in den Marsberg gehend. Längslinien auf den Nägeln. Bild 5 s, Bild *16/16,* Bild 15.

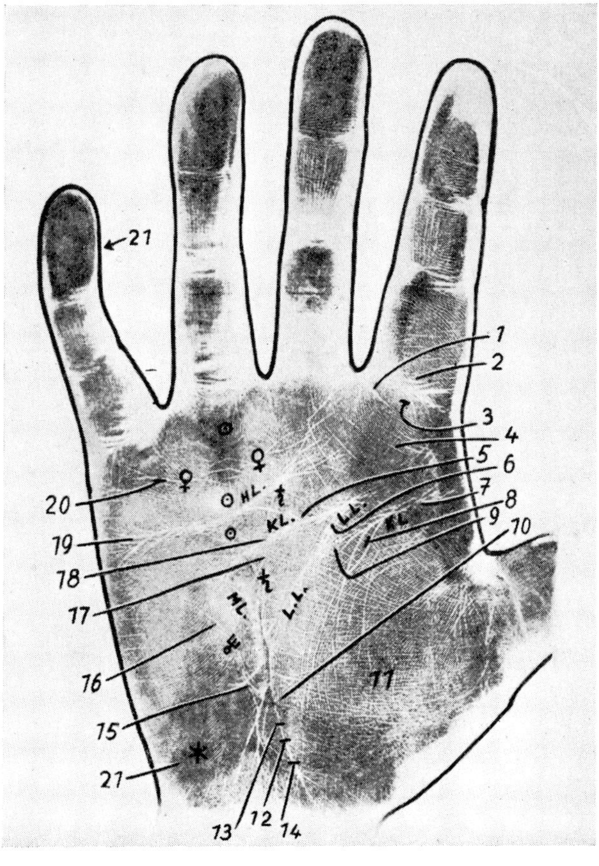

Bild 16

Erschlaffung der Mutterbänder: Eine etwa 2 cm lange Linie aus dem untersten Beugegelenk des Jupiterfingers kommend und etwas schräg am Jupiterberg herablaufend. Bild 29/44, Bild *17/3*.

Abortus (gewollt herbeigeführt, Auskratzungen usw.): Eine Viertelkreislinie aus der Teilung zwischen Jupiter- und Saturnfinger kommend, bis zur Mitte des Jupiterberges verlaufend. Bild 13/1, Bild *17/6*, Bild 29/47, Bild 12/6.

Blutungen, zu starke (bei Frauen): Schräge Schnittlinie über das unterste Beugegelenk des Merkurfingers. Bild 30/52, Bild *17/7*. Mitunter kommt dies Zeichen auch bei schmerzhafter Menstruation vor.

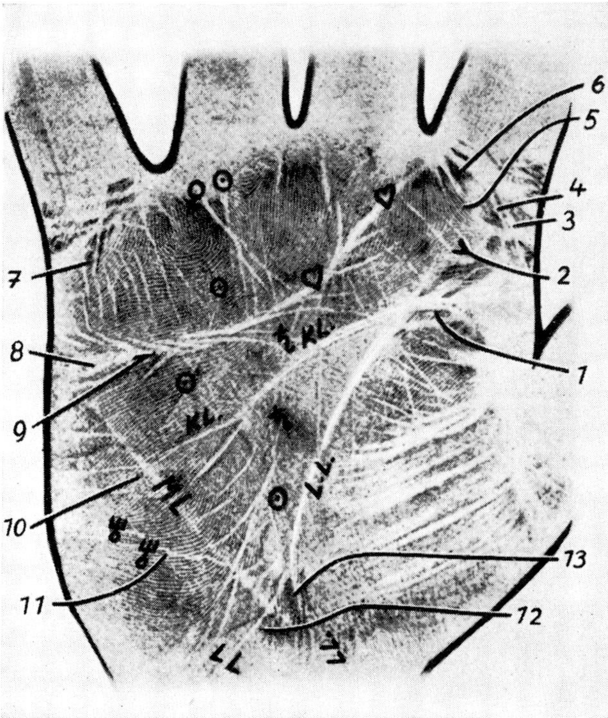

Bild 17

Milzleiden, allgemein: Disposition hierzu ist gegeben, wenn das erste Glied des linken Jupiterfingers gebogen ist, Magenlinie vom Mondberg kommend, viele kleine Linien und Zeichen auf dem unteren Mondberg. Bild 25/20, Bild 12, Bild 13, Bild *18.*

Beinschwäche: Auffällige Verengung des unteren Teiles des dritten Gliedes am Apollofinger. Bild *18/2* (punktiert).

Lungentuberkulose, vererbte Disposition: Tuberkulose Nägel, Insel im Ende der Herzlinie unter Jupiterberg, schwache Maus auf der Oberhand. Bild 28/38, Bild *18/7,* Bild 21/9.

Sexuelle Verirrungen (Homosexualität): Es ist nicht zu erkennen, ob jemand die Homosexualität auslebt oder die Veranlagung unterdrückt. Disposition dazu ist aber vorhanden, wenn der Merkurfinger krumm ist, die unteren Fingerglieder schwächer als die oberen, evtl. platt sind. Viele Querlinien auf dem Venusberg (Hemmungen im Liebesleben) und eine gewisse Schlaffheit der Hand sowie sehr zarte Haut (femininer Einschlag). Auf dem Venusberg finden sich manchmal sogenannte Angstlinien, das sind Abspaltungen von der Lebenslinie nach dem Venusberg zu. Bild 37/94, Bild *18/14.*

Hodenleiden: Herzlinie am Anfang sehr verzweigt und verwirrt, evtl. auch mit einigen Halbkreislinien besetzt. Siehe auch unter Eierstockleiden, dasselbe Zeichen. Bild 30/50, Bild 37/91, Bild 13/6 und Bild *18/18.*

Eierstock-(Ovarien-)Leiden: Lebenslinie reicht mit ihren Enden oder einem starken Ast über die Handwurzelmitte hinaus zum Mondberg. Bild 30/50, Bild 13/6, Bild *18/18.* Siehe auch Nägel wie unter Bronchialleiden beschrieben. Bild 5x. Siehe auch Bild 37/91.

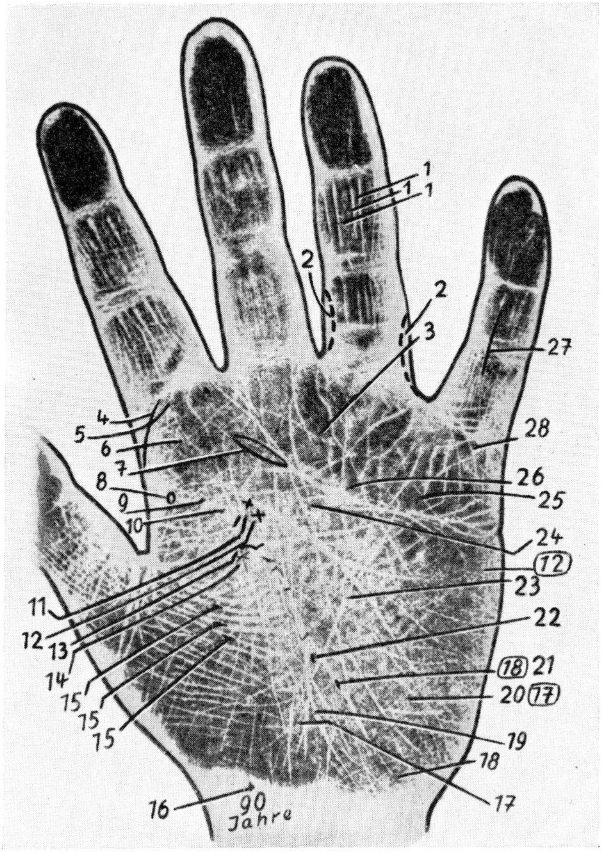
1
1
1
2
2
3
27
4
5
6
7
8
9
10
28
26
25
24
12
23
11
12
13
14
15
15
15
22
18 21
20 17
19
18
17
16
90
Jahre

Bild 18

Gehirnschlag, Tod durch: Plötzliches Aufhören der Kopflinie, ohne daß eine Linie den Abschluß bildet. Plötzlich endende Lebenslinie, zusammen mit dicken, schweren und festen oder harten Händen. Bild *19, Kopflinienende,* und Bild 5 n.

Fieberdispositionen sind vorhanden, wenn sehr viele feine Linien die Handflächen bedecken. Bild 16. Rote Haut, starker Marsberg. Fieberige Krankheiten wie Masern, Grippe, Lungenentzündung usw. (Kinderkrankheiten) sind angezeigt durch kleine Linien, die aus dem oberen Venusberg in die Lebenslinie verlaufen. Bild *19/7, 8,* Bild 13/3, Bild 33/70, 71.

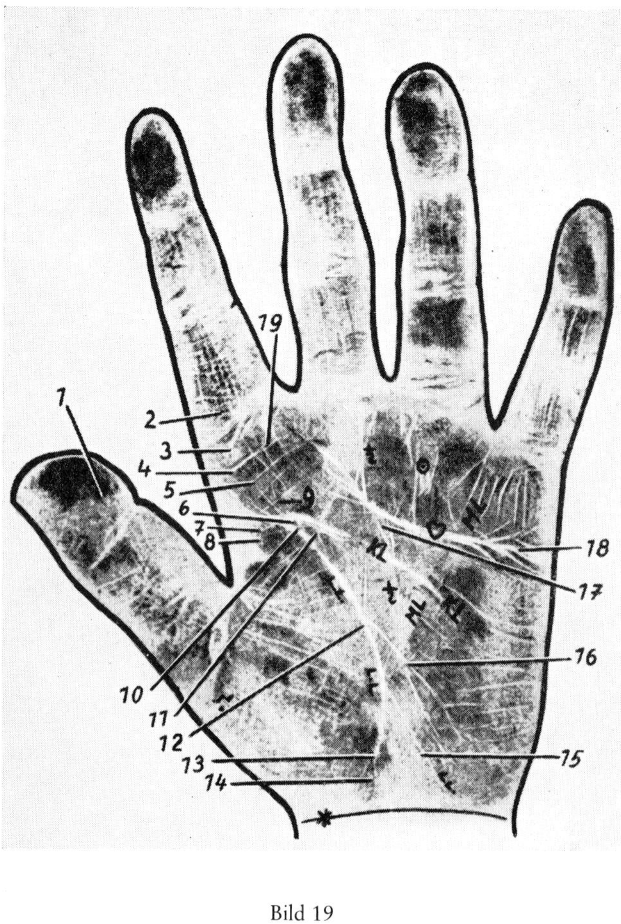

Bild 19

Aus technischen Gründen sind bei den folgenden Einzeldarstellungen der Bilder 20 bis 39 durchgehend linke Hände gezeichnet, auch dann, wenn die eingezeichneten Merkmale ausschließlich in der rechten Hand auftreten. Daher sind auf jeden Fall die zugehörenden Beschreibungen maßgebend und zu beachten!

Verletzungszeichen (Bild *20*): 1: Stirnhöhlenkatarrh, auch bei Schädelverletzung – 2: Ohrenleiden, Mittelohrentzündung usw. – 3: Nasenleiden, Polypen usw. – 4: Augenverletzung, Eingriff, Operation – 5: Halsleiden, Mandeln, Schilddrüsen – 6: Brustleiden; wenn höher, siehe Bild 63 – 7: Blinddarmstörung, evtl. Operation – 8: Noch nicht genau festgestellt, wahrscheinlich Geburt eines Kindes – 9, 10, 11: Leiboperation, Eingriffe (Brust, Rücken, Bauch, Unterleib) – 12: Totale Operation

Ohrenleiden: Waagerechte Insel auf dem Jupiterberg. Bild *20/2*. Brauner Fleck oder Punkt auf Venusberg. Kleine Insel in der Kopflinie unter Saturnberg. Bild 21/5.

Nasenleiden: Eine senkrecht stehende Insel auf dem Jupiterberg. Bild *20/3*. Eine ganz kleine Insel im Ende der Kopflinie unter Apollo- oder Merkurberg zeigt eine erbliche Belastung. Bild 21/7.

Halsoperation, Mandeln: Waagerechte Insel auf Jupiter- und Saturnberg. Bild *20/5*. Siehe auch Nägel, wie beschrieben als Zeichen für Unterleibsleiden. Bild 5 x.

Lungenentzündung: Eine senkrecht stehende Insel auf dem Jupiterberg an einer Linie, die aus der Lebenslinie aufsteigt. Bild 23/12, Bild *20/6*.

Blinddarmstörung: Kleine Insel zwischen Lebens- und Kopflinienbeginn mit Richtung zum Merkur- oder Marsberg. Bild *20/7*.

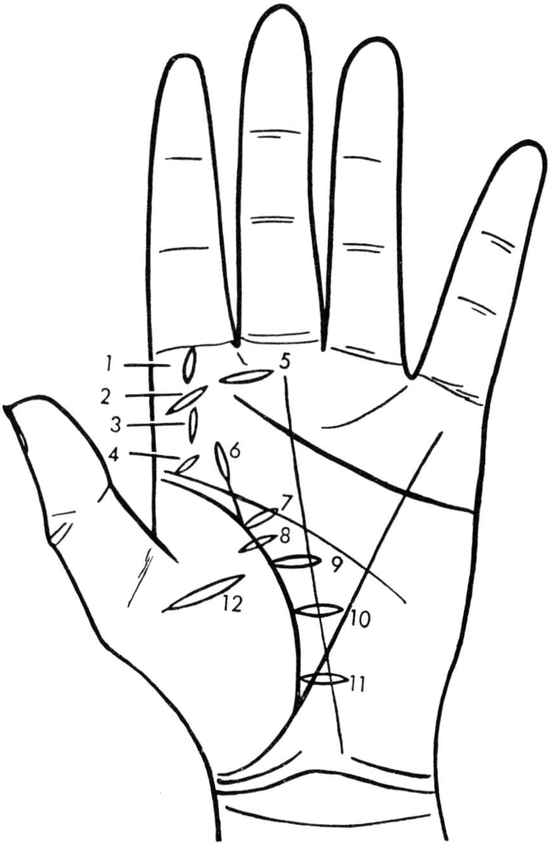

Bild 20

Vererbungszeichen (Bild *21*): 1: Schwache Körperkonstitution in der Jugend – 2: Schwache Körperkonstitution, begrenzt auf Zeit (Länge der Insel, abmeßbar nach Jahren!) – 3: Krebsleiden bei Vorfahr der mütterlichen Generation (rechte Hand väterlich) – 4: Augenschwäche linkes Auge (weil linke Hand) – 5: Gehörschwäche linkes Ohr (weil linke Hand) – 6: Migräne (Vorfahr hatte Gehirnverkalkung) – 7: Nasenleiden (Gedächtnis?) – 8: Herzleiden (welcher Art: aus Konstitution der Linie erkenntlich) – 9: Lungentuberkulose in mütterlicher Generation – 10: Gebärmutterleiden – 11: Bauchschwangerschaft – 12: Pathologische sexuelle Neigungen – 13: Gicht bei Vorfahren, und Disposition dazu – 14: mit 3: mit Magenkrebs (bei Vorfahren mütterlicherseits) – 15: mit 3: Zungen-, Hals- oder Brustkrebs (bei Vorfahren mütterlicherseits) – 16: mit 3: Mastdarmkrebs (bei Vorfahren mütterlicherseits) – 17: mit 3: Darmkrebs oder Leberkrebs (bei Vorfahren mütterlicherseits) – 18: mit 3: Unterleibskrebs (bei Vorfahren mütterlicherseits) – 19: natürliche Medialität, Wahrträume, Vorahnungen (atavistisch) – 20: tiefgreifende Selbst-Täuschungen, darum Liebesenttäuschungen – 21: Medialität, Hellsinnigkeit – 22: überfeines Nervenleben, Nervenüberreizung – 23: Magenleiden, zumeist nervös – 24: Gallenleiden – 25: Nierenleiden – 26: Leberleiden – 27: Zerebrales Nervensystem, Disposition zu Überreizung – 28: Jugendschüchternheit, Erröten, (seelische Hemmungen) – 29: Äußere Hemmungen, Lampenfieber (seelische Hemmungen) – 30: Unterdrückter, verdrängter Sexualtrieb – 31: Vorgeburtseinflüsse (von seiten der Mutter) – 32: Geschwächtes Rückgrat, Rückenschwäche – 33: Überanstrengte Gehirnnerven, zu starker Verbrauch.

Ohrenleiden: Waagerechte Insel auf dem Jupiterberg. Bild 20/2. Brauner Fleck oder Punkt auf Venusberg. Kleine Insel in der Kopflinie unter Saturnberg. Bild *21/5*.

Nasenleiden: Eine senkrecht stehende Insel auf dem Jupiterberg. Bild 20/3. Eine ganz kleine Insel im Ende der Kopflinie unter Apollo- oder Merkurberg zeigt eine erbliche Belastung. Bild *21/7*.

Lungentuberkulose: Disposition vererbt: Tuberkulose Nägel, Insel im Ende der Herzlinie unter Jupiterberg, schwache Maus auf der Oberhand. Bild 28/38, Bild 18/7, Bild *21/9*.

Kopfschmerzen, Ursache vom Magen ausgehend: Viele feine Linien im Magenfeld, d. h. über und um die Mitte der Kopflinie. Bild 22/4. Siehe auch Magen, nervös.
Magen, nervös: Viele kleine, feine Linien im Magenfeld. Bild 22/6. Beachte Vererbungsinsel in der Magenlinie. Bild *21/23*. Eventuell auch 2. Knoten im Saturnfinger. Bild 10/4.

Gallenleiden: Unter dem Mittelfinger büschelartiges Abzweigen der Herzlinie nach unten. Bild 35/80. Gebrochene Magenlinie, deren untere Stellen dunkler in der Farbe sind. Siehe auch Vererbungszeichen. Bild *21/24*.

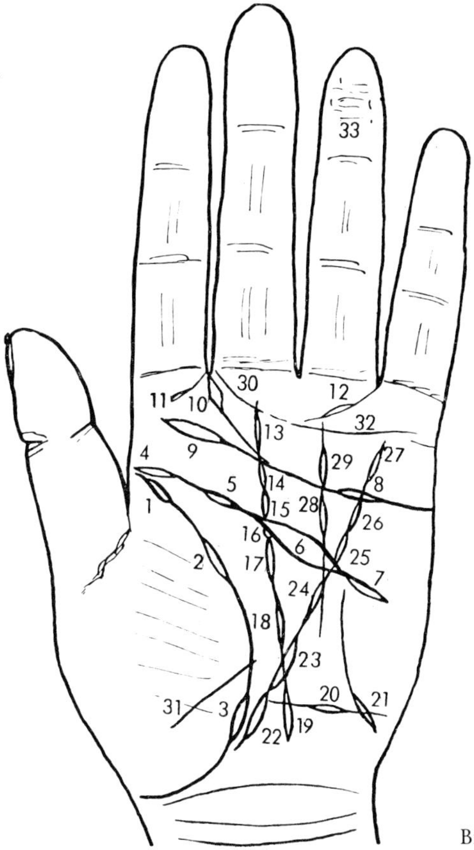

Bild 21

Nierensteine oder -grieß: Blasse Punkte in der Herzlinie unter dem Apollofinger. Bild 24/15. Beachte Vererbungszeichen: Insel in der Magenlinie. Bild *21/25.*

Leberleiden, allgemein: Gelbe oder gelbliche Haut, Tannenzweiglinie im untersten Beugegelenk des Jupiterfingers, zerrissene Magenlinie. Bild 24/13. Beachte Insel in der Magenlinie, Vererbungszeichen. Bild *21/26.* Außerdem: Gebogenes erstes Glied des Jupiterfingers, rechte Hand. Bild 10/1, Bild 16/2.

Schüchternheit: Diese hängt zusammen mit einem schwachen Herz. Schwitzen der ganzen Handflächen. Bild *21/28,* 29 und Vorgeburtslinie 21/31.

Die Schicksals- oder Bewußtseinslinie, die von der hinteren Handmitte bis unterhalb des Mittelfingers reicht, enthält Inseln, die mit den Zahlen 19 bis 13 versehen sind. Sie geben Krankheiten zu erkennen, die als schicksalsgegebene Prüfungen zu betrachten sind.

Herznervenschwäche (Neurose): Fehlende oder kleine Nagelmonde. Etwas kettige Herzlinie. Bild *22/1.*

Herz- oder Venenschwellung: Zu breite Herzlinie. Bild *22/2.*

Herzfehler, organisch angeboren: Gebrochene oder zu breite Herzlinie. Bild *22/3.*

Kopfschmerzen, Ursache vom Magen ausgehend: Viele feine Linien im Magenfeld, d. h. über und um die Mitte der Kopflinie. Bild *22/4.* Siehe auch Magen, nervös.
Magen, nervös: Viele kleine, feine Linien im Magenfeld. Bild 22/6. Beachte Vererbungsinsel in der Magenlinie. Bild 21/23. Eventuell auch 2. Knoten im Saturnfinger. Bild 10/4.

Asthma (Lungen-Asthma): Lange Nägel, der Länge nach gewölbt, evtl. Asthmanägel, feuchte Hände, Bild 5 h.
(Herz-Asthma): Kurze Nägel, an den Seiten krallenartig, trockene Hände. Beachte in beiden Fällen Kopf- und Herzlinie, ob sie sich bogenartig zuneigen. Bild *22/5,* Bild 5 b, 5 h.

Kopfschmerzen, Ursache vom Magen ausgehend: Viele feine Linien im Magenfeld, d. h. über und um die Mitte der Kopflinie. Bild 22/4. Siehe auch Magen, nervös.
Magen, nervös: Viele kleine, feine Linien im Magenfeld. Bild *22/6.* Beachte Vererbungsinsel in der Magenlinie. Bild 21/23. Eventuell auch 2. Knoten im Saturnfinger. Bild 10/4.

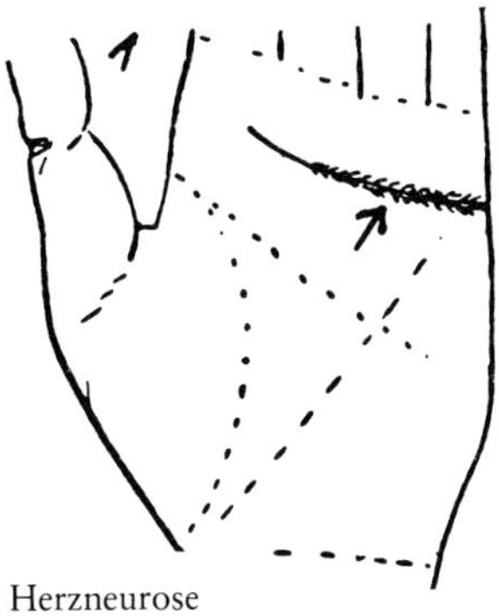

Herzneurose

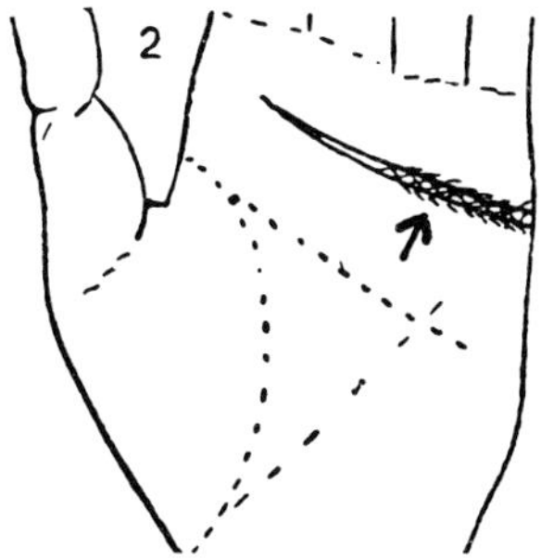

Herz-, Muskel- oder
Venenschwellung

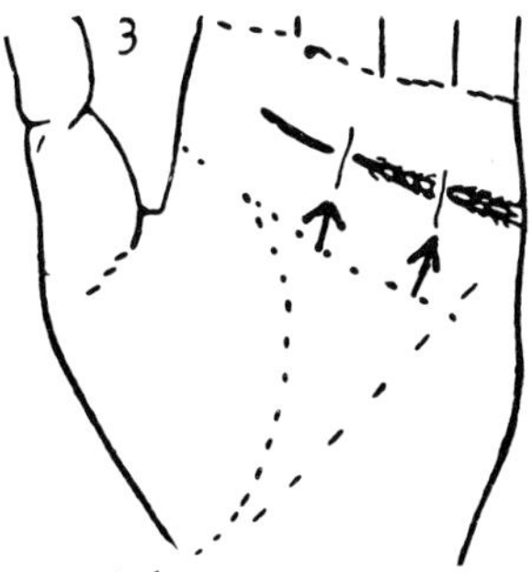

Organisches
Herzleiden

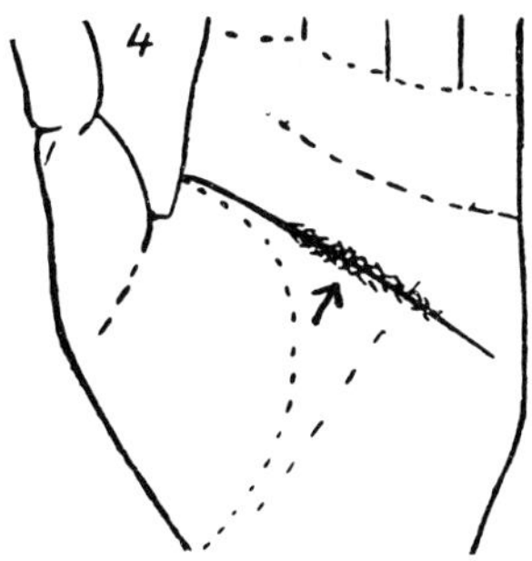

Gereizte
Kopfnerven

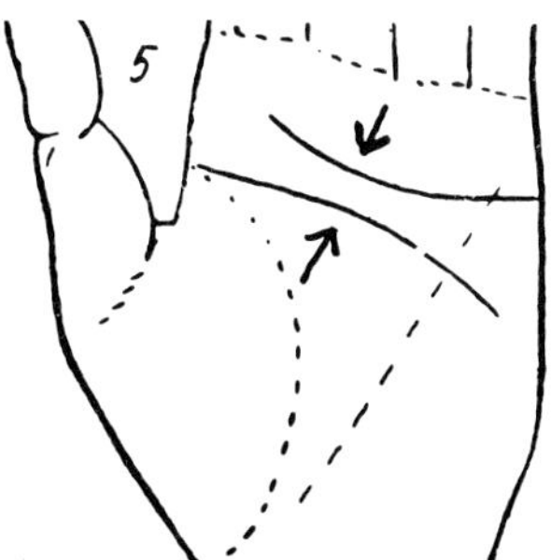

Asthma-Anlage

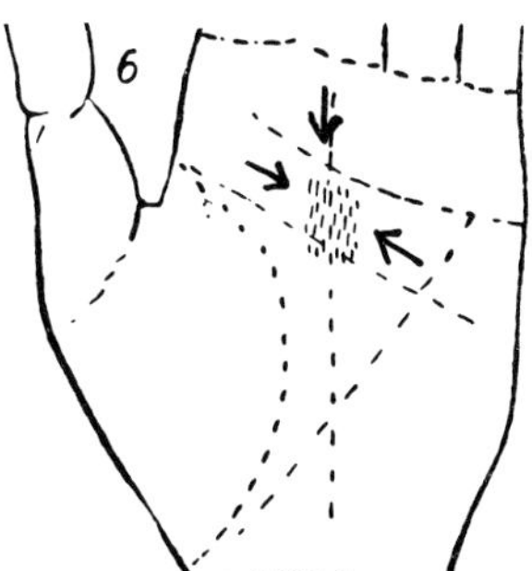

Nervöser Magen

Bild 22

Fallneigung: Die Kopflinie, tief in den Mondberg verlaufend, gibt Disposition zu Schwindelgefühl und Fall: durch Blutandrang zum Gehirn, wenn der Mondberg stark ist und die Nägel rot sind, oder durch Blutleere im Gehirn, wenn der Mondberg flach ist und die Nägel blaß sind. Bild *23/7,* Bild 15/4 KL.

Schwermut: Die Kopflinie zu tief in den Mondberg verlaufend, großer Mondberg. Bild *23/7,* Bild 15 KL.

Wahn (religiöser, Verfolgungswahn usw.) war in der Familie, wenn die Kopflinie sehr tief in den Mondberg verläuft. Bild *23/7,* Bild 15 KL.

Epilepsie: Dispositionen finden sich oft, wenn die Kopflinie zu kurz und zu breit oder auch gewunden ist. Kopflinie tief in den Mondberg neigend und Stern auf unterem Mondberg. Tannenzweig im untersten Beugegelenk des Saturnfingers. Bild *23/8.*

Kopfschmerzen, ererbte Disposition dazu: Große Insel in der Kopflinie. Ein Vorfahr ist an Verkalkung oder Paralyse gestorben. Bild *23/9,* Bild 31/58, Bild 12/9; durch Stauungen: Bild 28/39.

Gehirnnervenleiden (allgemein): Roter Punkt auf Merkurberg. Irrsinn, siehe unter diesem; auch Bild 12/9. (Ich vermeide absichtlich die Benennung »Geisteskrankheit«, da nicht der Geist, sondern das Gehirn krank ist.)
Irrsinn: Eine unter dem Saturnberg gespaltene Kopflinie gibt immer eine Disposition hierzu, wenn sie in der rechten Hand vorhanden ist. In der linken Hand gezeichnet, ist die Gefahr weniger groß oder nur bis zum 30. Jahre drohend. Bild *23/10,* Bild 11 (KL). Ist eine Insel in der Linie, so ist diese Anlage vererbt. Bild 11/8. Irrsinn-Zeichen, die diese Disposition entwickeln oder einen Fingerzeig über das »Woher« geben, siehe Bild *23/11.* Andreaskreuz auf Jupiterberg: Überreizung der Kopfnerven; Stern auf Saturnberg: Körperverletzung durch Unfall; Gitter auf Apolloberg: Besessenheit; Stern auf Marsberg: Körperverletzung durch Unfall oder Überfall; Stern auf Mondberg: Fall; Stern auf Venusberg: Traurige Liebesangelegenheiten. Große Insel in der zweiten Hälfte der Kopflinie: Starke Kopfschmerzen; Kopflinie zu tief in den Mondberg gehend: Grübelei, Schwermut, Lebensüberdruß oder Krampfanfälle.

Lungenentzündung: Eine senkrecht stehende Insel auf dem Jupiterberg an einer Linie, die aus der Lebenslinie aufsteigt. Bild *23/12,* Bild 20/6.

Zeichen, die jegliche mediale Tätigkeit verbieten: Bild *23/7, 9, 10, 11.* Bild 25/20. Bild 26/25. Bild 31/56, 57, 58. Bild 34/76.

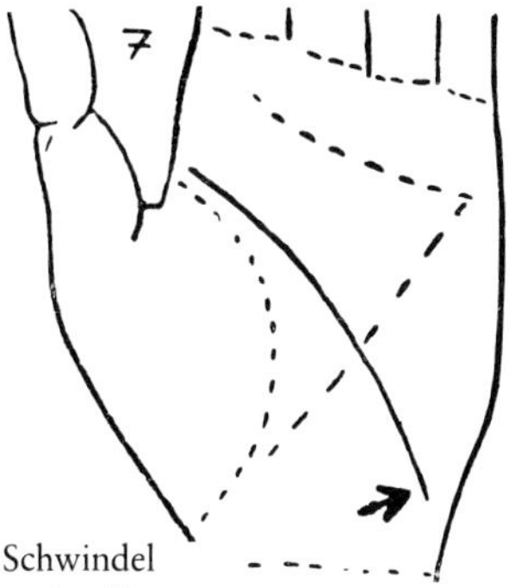

Schwindel
und Fall

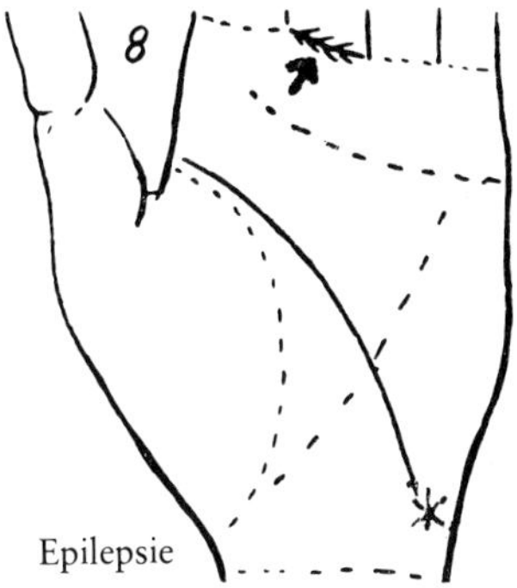

Epilepsie

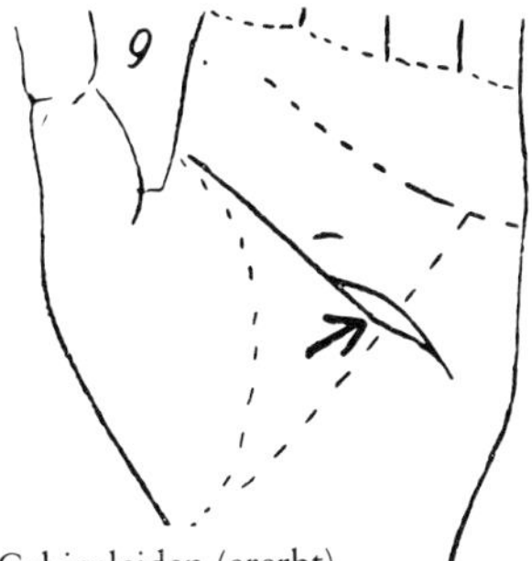

Gehirnleiden (ererbt)

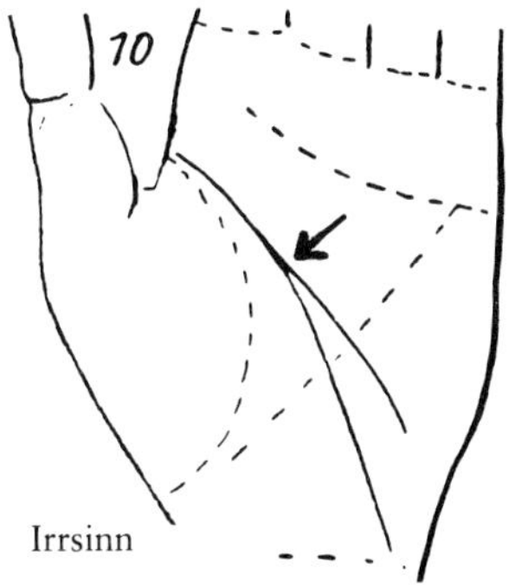

Irrsinn

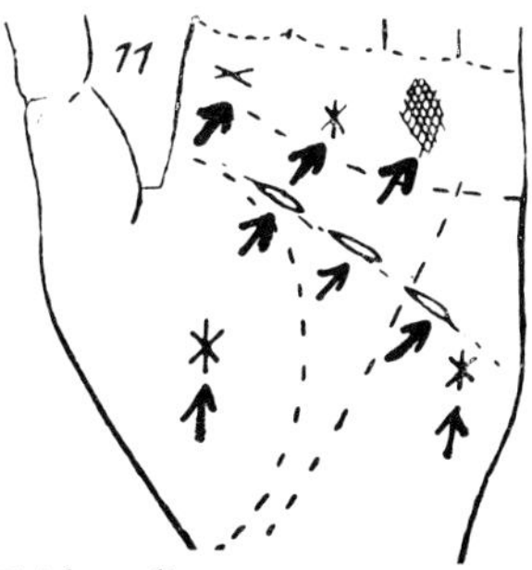

Zeichen, die
Irrsinn verstärken

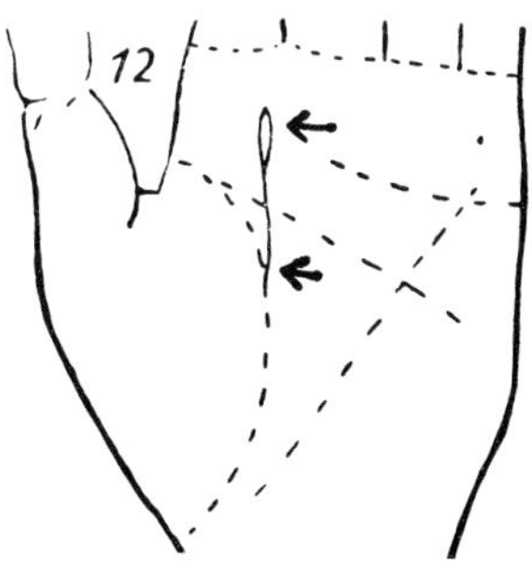

Lungenleiden

Bild 23

Verdauungsstörungen, allgemein: Verdickter Knoten zwischen 2. und 3. Glied des Saturnfingers. Bild 10/4. Zerrissene, mehrfache Magenlinie. Bild *24/13*, Bild 16/15, 16. Beachte auch Darmerschlaffung, Magenstörung. Bild 25/22. Verstärkt durch viele kleine Haarlinien in der Kopflinie, eine dünne und kurze, blasse oder auch verschiedenartig gefärbte Magenlinie mit vielen kleinen Haarlinien darin. Bild 38/101.

Leberleiden, allgemein: Gelbe oder gelbliche Haut, Tannenzweiglinie im untersten Beugegelenk des rechten Jupiterfingers, zerrissene Magenlinie. Bild *24/13*. Beachte Insel in der Magenlinie, Vererbungszeichen. Bild 21/26. Außerdem: Gebogenes erstes Glied des Jupiterfingers, rechte Hand. Bild 10/1, Bild 16/2.

Pankreasschwäche: Tannenzweiglinie im untersten Beugegelenk des linken Jupiterfingers.

Nierenleiden, allgemein: Nierennägel, Bild 5 l. Magenlinie mit plötzlichen Bruchstellen, ein auf der Spitze stehendes Quadrat auf dem Mondberg. Bild *24/14*. Wenn karminrote Flecken auf warmen Händen vorkommen, so sind augenblickliche Störungen von Nieren *und* Herz dadurch angezeigt.

Nierensteine oder -grieß: Blasse Punkte in der Herzlinie unter dem Apollofinger. Bild *24/15*. Beachte Vererbungszeichen: Insel in der Magenlinie. Bild 21/25.

Gallensteine oder -grieß: Kleine gelbe oder bräunliche Punkte in der Herzlinie unter dem Apollofinger. Bild *24/15*.

Zähne, schadhafte: Punkte oder Vertiefungen in der Herzlinie unter dem Saturnfinger. Bild *24/16*.

Stoffwechselstörung: Kleine Gabel in der Magenlinie, unterhalb der Herzlinie, sowie manchmal ein kleines Sternchen zwischen Zeige- und Mittelfingerberg, das auf verdorbene Blutsäfte hinweist. Bild *24/16*.

Augenleiden durch Verletzung: Stern, roter Punkt oder Ring in der Kopflinie; oder Ring oder roter Punkt an der Wurzel des Apollofingers. Bild *24/17*, Bild 11 KL, Bild 12/10.

Augenleiden durch Entzündung: Halbstern am Ende der Kopflinie; eventuell roter Punkt in der Kopflinie. Bild *24/18*.

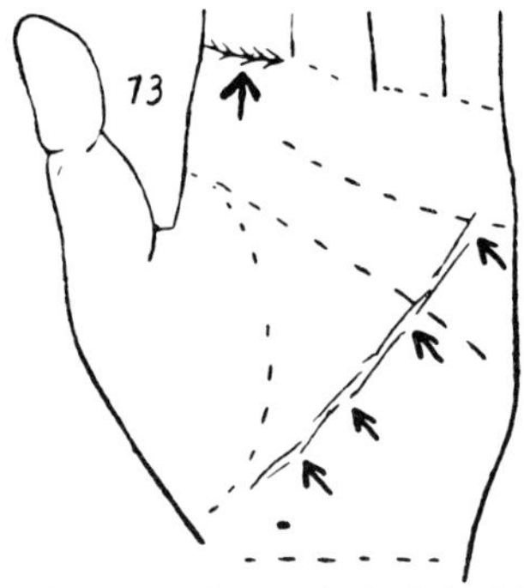

rechtes Zeigefingergelenk: Leberleiden
linkes Zeigefingergelenk: Pankreasschwäche

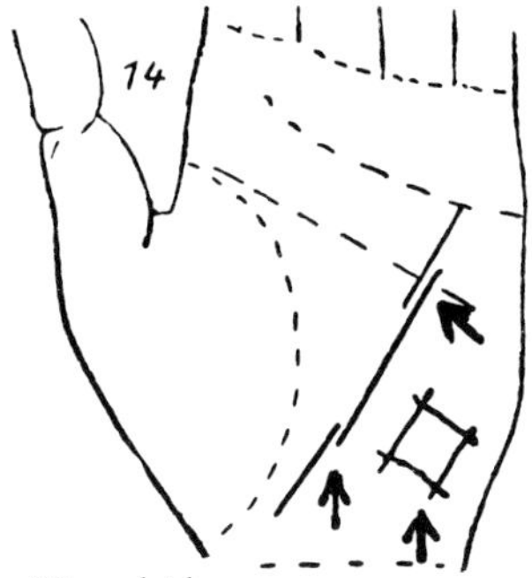

Nierenleiden

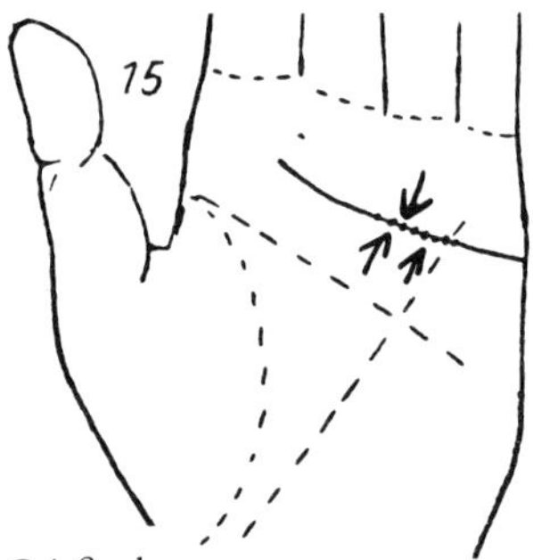

Grieß oder
Steine

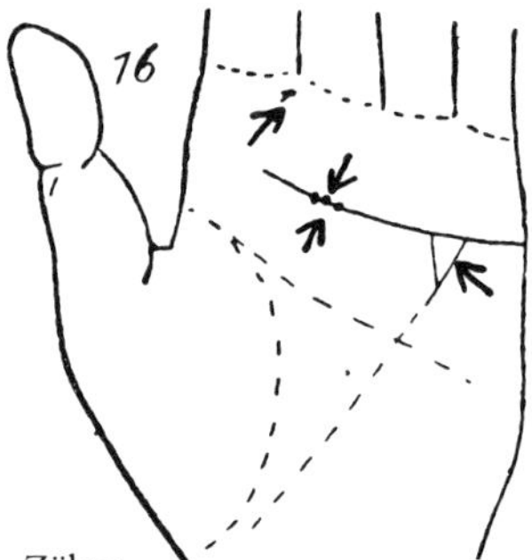

Zähne

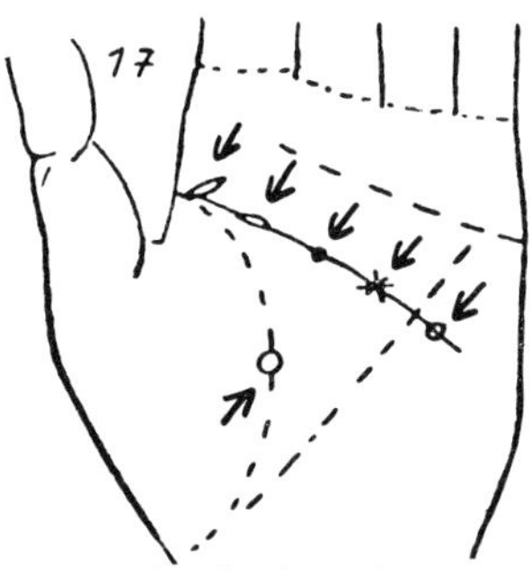

Augenleiden durch Verletzung

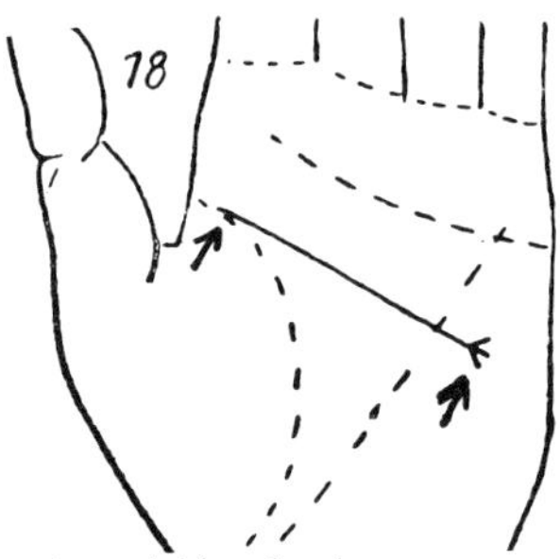

Augenleiden durch
Entzündung
(Star etc.)

Bild 24

Blasenschwäche: Ein oder zwei Linien schräg über den Jupiterberg verlaufend. Starke Entwicklung des unteren Mondberges. Bild *25/19,* Bild 12/2. Verstärkt ist diese Veranlagung noch durch mehrere von der Herzlinie in den Saturnberg aufsteigende Linien mit einem flachen Saturnberg.

Milzleiden, allgemein: Disposition hierzu ist gegeben, wenn das erste Glied des linken Jupiterfingers gebogen ist, Magenlinie vom Mondberg kommend, viele kleine Linien und Zeichen auf dem unteren Mondberg. Bild *25/20,* Bild 12, 13, 18.

Zeichen, die jegliche mediale Tätigkeit verbieten: Bild 23/7, 9, 10, 11. Bild *25/20.* Bild 26/25. Bild 31/56, 57, 58. Bild 34/76.

Bronchialleiden: Nägel, die ebenso lang wie breit erscheinen, jedoch etwas gewölbt sind. Kreuz zwischen den Anfängen der Lebens- und Kopflinie; eventuell dazu gespaltener Zweig auf dem Marsberg. Bild *25/21,* Bild 5 x.

Verdauungsstörungen, allgemein: Verdickter Knoten zwischen 2. und 3. Glied des Saturnfingers. Bild 10/4. Zerrissene, mehrfache Magenlinie. Bild 24/13, Bild 16/15, 16/16. Beachte auch Darmerschlaffung, Magenstörung. Bild *25/22.* Verstärkt durch viele kleine Haarlinien in der Kopflinie, eine dünne und kurze, blasse oder auch verschiedenartig gefärbte Magenlinie mit vielen kleinen Haarlinien darin. Bild 38/101.

Darmfieber: Blauer Punkt auf Ast, der aus der Magenlinie kommt und auf dem Marsberg endet. Bild *25/23.*

Fieberneigung, allgemein: Feine, abgerissene Querstrichelungen zwischen Lebenslinie, Magenlinie und Kopflinie, dem sogenannten Großen Dreieck. Bild *25/24.*

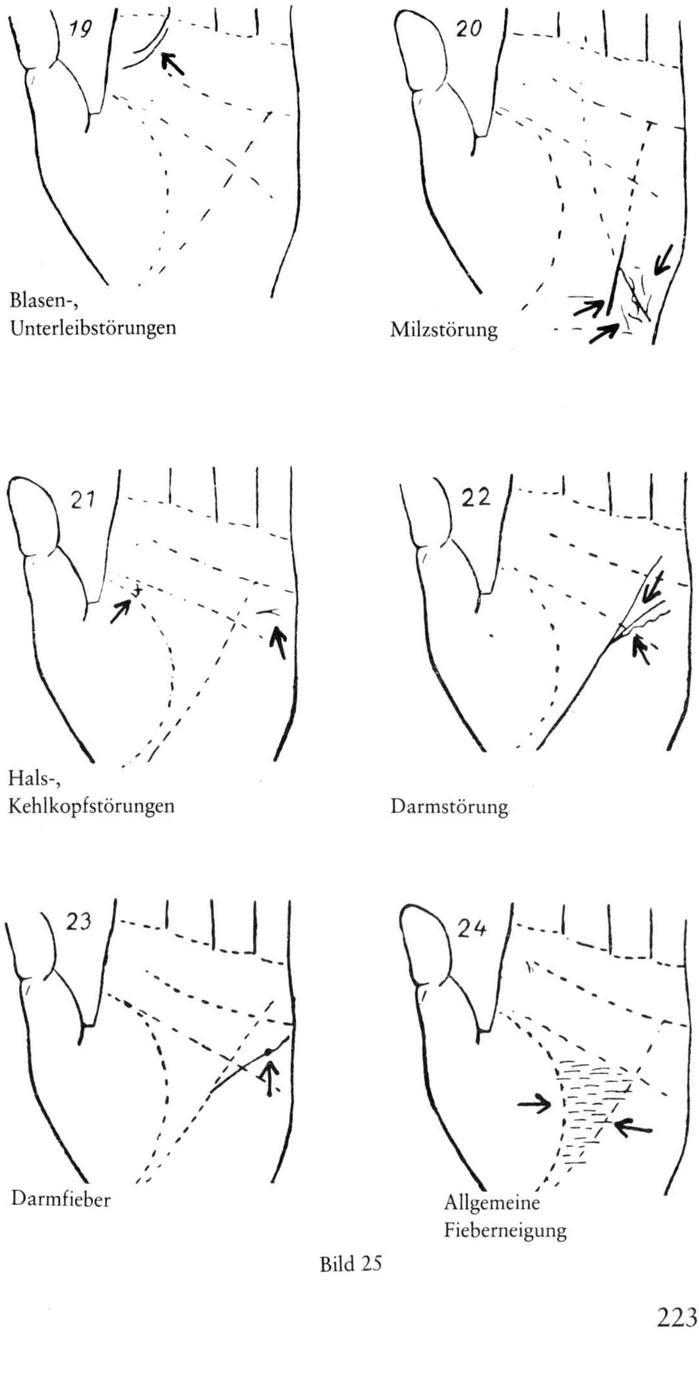
19
Blasen-,
Unterleibstörungen
20
Milzstörung
21
Hals-,
Kehlkopfstörungen
22
Darmstörung
23
Darmfieber
24
Allgemeine
Fieberneigung

Bild 25

Neurasthenie: Die gleichen Zeichen wie für Hysterie. Ein einfacher oder mehrfacher, aber zersplitterter Venusgürtel. Verstärkung durch starken Venusberg (Sinnlichkeit) und starken Mondberg (Fantasie), ebenso durch eine am Anfang verstärkte Magenlinie roter Färbung und rückwärts biegsame Finger (Sinnlichkeit und Neugierde). Bild *26/25*, Bild 16.

Zeichen, die jegliche mediale Tätigkeit verbieten: Bild 23/7, 9, 10, 11. Bild 25/20. Bild *26/25*. Bild 31/56, 57, 58. Bild 34/76.

Schlacken, Ablagerungen: Verdickungen an den Fingern und Händen sowie Härte derselben, Gichtknoten usw. Korpulente Personen neigen meist zu Schlakkenansammlungen. Beachte auch großen Mondberg. Lymphatische Konstitution. Bild *26/26*.

Harnsäure: Diese ist immer reichlich vorhanden, wenn ein großer Mondberg da ist, daher auch Rheuma. Bild *26/26*.

Rheuma: Großer Mondberg, zwei kurze senkrechte Linien zwischen Jupiter- und Saturnfinger. Bild *26/26*.

Diarrhoe, chronisch, sowie *Dysbakterie:* Stärkere Erhebung sowie unklare Strichelung des Mondberges, stärkere Erhebung des Saturnberges und des Merkurberges. Bild *26/27*.

Gifte (Medizinalgifte) im Körper: Neptunlinie. Bild *26/28*.

Gehirnschwäche: Eine bleiche und zarte Kopflinie, eine am Ende lang gespaltene Kopflinie. Gehirnschwäche kann auch durch Aufnahme von Arsenik entstehen. Arsen im Körper wird angezeigt durch weißlichen Metallglanz der Neptunlinie. Bild *26/28*.

Geburten, erschwerte: Nach der Handmitte zu gewölbte erste Raszettlinie, quastenartig endende Herzlinie. Bild *26/29*.

Lähmung, Anlage zu; gewaltsamer Tod: Die Herzlinie ist mit den Anfängen der Kopflinie und der Lebenslinie verbunden. Ferner ist ein zerrissener Venusgürtel vorhanden; ein Stern unterhalb des Mittelfingers auf dem Saturnberg weist auf Leichtsinn und Unaufmerksamkeit hin. Ein zweiter Stern kann sich unterhalb der Kopflinie auf dem Mondberg zeigen, dazu kleine Querstrichelungen, die auf ein allgemein gestörtes Empfinden sowie auf ein gestörtes Gefühlsleben hinweisen. Bild 26/30.

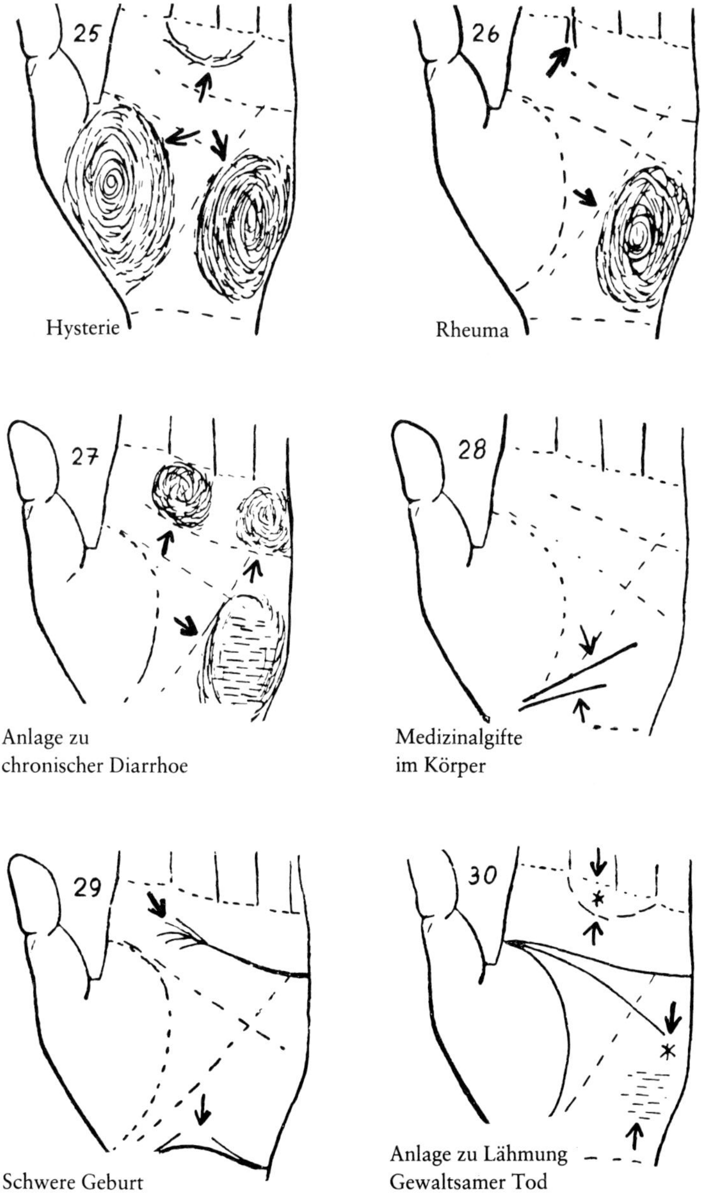
25
Hysterie
26
Rheuma
27
Anlage zu
chronischer Diarrhoe
28
Medizinalgifte
im Körper
29
Schwere Geburt
30
Anlage zu Lähmung
Gewaltsamer Tod

Bild 26

Lähmung, Disposition zu: Eine Herzlinie von Rand zu Rand ohne oder mit Verbindung der Kopf- und Lebenslinie. Bild *27/31,* Bild 14, Bild 15. Beachte Nägel mit nach außen gebogenen Rändern. Bild *5* n.

Herzklappenfehler: Kleine plötzliche Ausbuchtungen an der Herzlinie oder kurze Begleitlinien. Bild *27/32,* 33.

Herzfehler, organisch erworben: Kurze, senkrechte Strichlinien in der Herzlinie. Bild *27/*34, auch Bild *27/32.*

Herzklappenfehler: Kleine plötzliche Ausbuchtungen an der Herzlinie, oder kurze Begleitlinien. Bild *27/*32, *33.*

Herzfehler, organisch erworben: Kurze, senkrechte Strichlinien in der Herzlinie. Bild *27/34,* auch Bild *27/*32.

Herzkrampf, Disposition zu: Viele kleine Halbkreise an der Lebenslinie entlang. Bild 36/88. Blauer Punkt oder Fleck in der Herzlinie. Bild *27/35.*

Herzschlag, Tod durch: Plötzlich unter Saturnberg endende Herzlinie. Bild *27/36,* Bild 12 (Ende der HL).

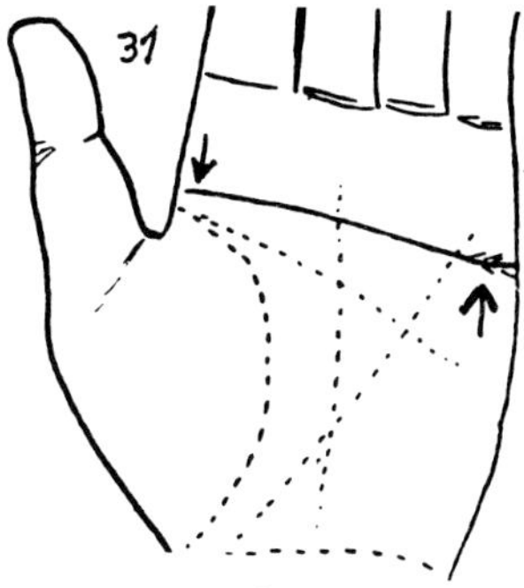

Disposition zu Lähmung

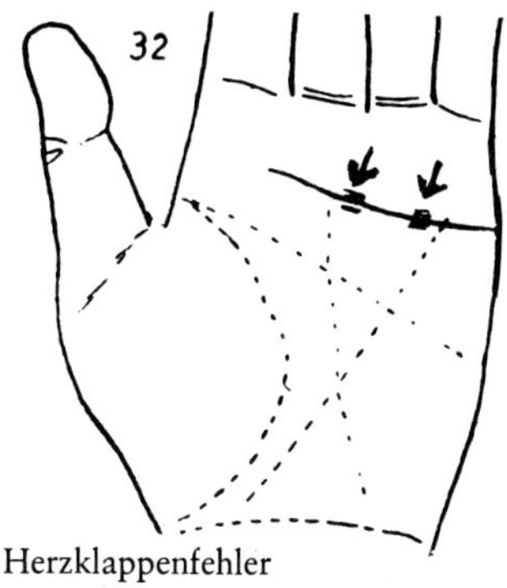

Herzklappenfehler

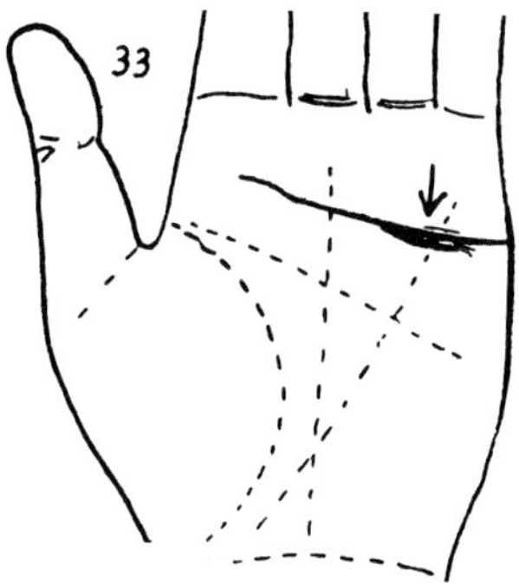

Herzklappenfehler

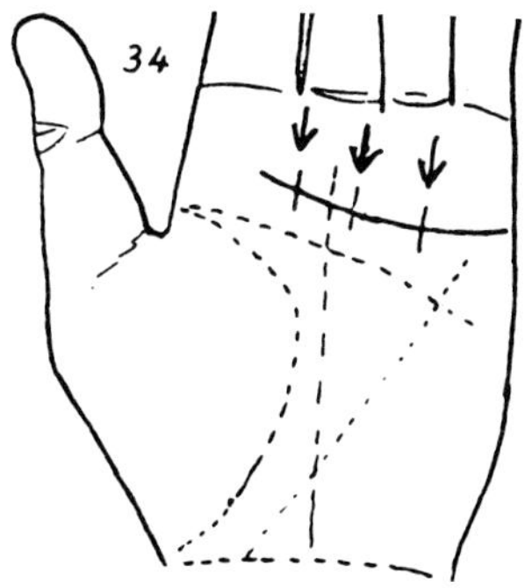

Organisches Herzleiden (erworben)

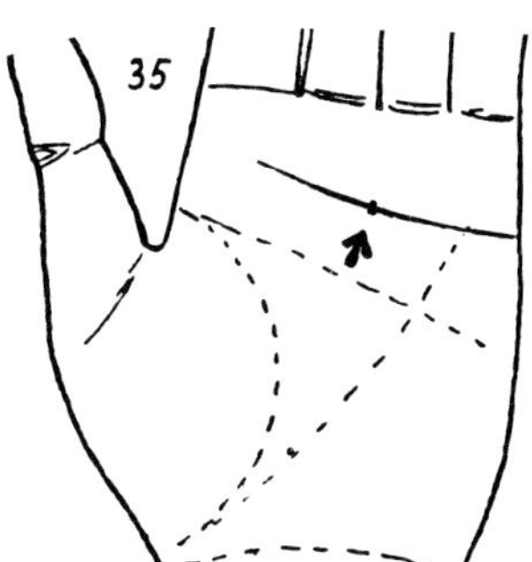

Punkt in HL blau:
Disposition zu Herzkrampf

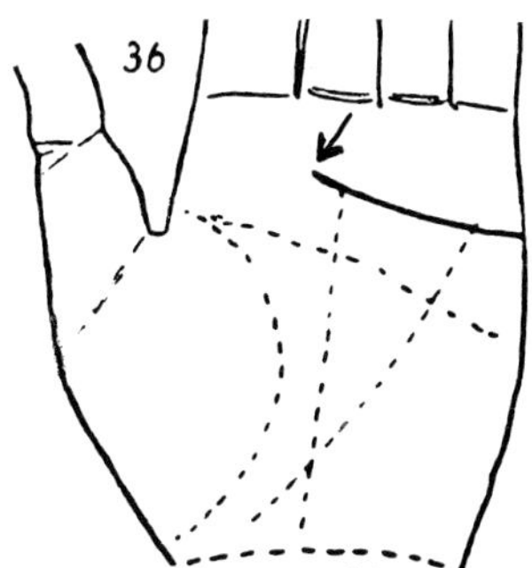

Disposition zu Herzschlag

Bild 27

Blasenstein oder -grieß: Feine punktartige Vertiefungen in der Herzlinie unter dem Merkurfinger. Bild *28/37.*

Lungentuberkulose, Disposition vererbt: Tuberkulose-Nägel, Insel im Ende der Herzlinie unter Jupiterberg, schwache Maus auf der Oberhand. Bild *28/38,* Bild 18/7, Bild 21/9.

Kopfschmerzen, ererbte Disposition dazu: Große Insel in der Kopflinie. Ein Vorfahr ist an Verkalkung oder Paralyse gestorben. Bild 23/9, Bild 31/58, Bild 12/9; durch Stauungen: Bild *28/39.*

Krampfdisposition: Wellige Magenlinie. Dunkler Punkt auf Saturnberg. Mißformter Ast aus Magenlinie zum Saturnberg. Bild *28/40.*

Verblutung, Disposition dazu: Eine kleine Figur wie liegende 8 an der unteren Partie der Lebenslinie mit Richtung auf den Mondberg. Bild *28/41.*

Wechselfieber, Disposition zu: Abzweigung vom unteren Drittel der Magenlinie nach außen zum Milzsektor. Bild *28/42.*

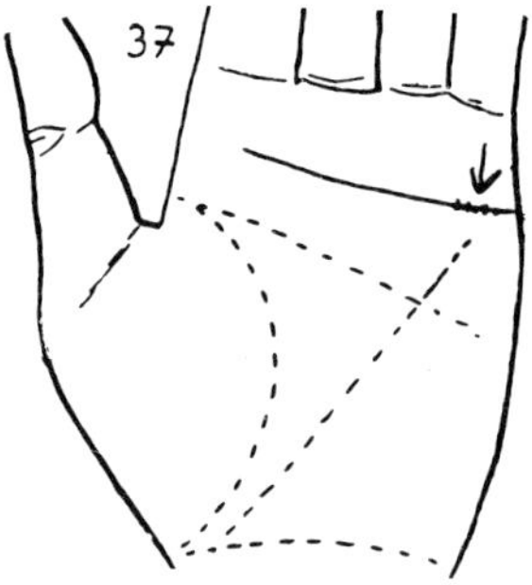

Blasenstein

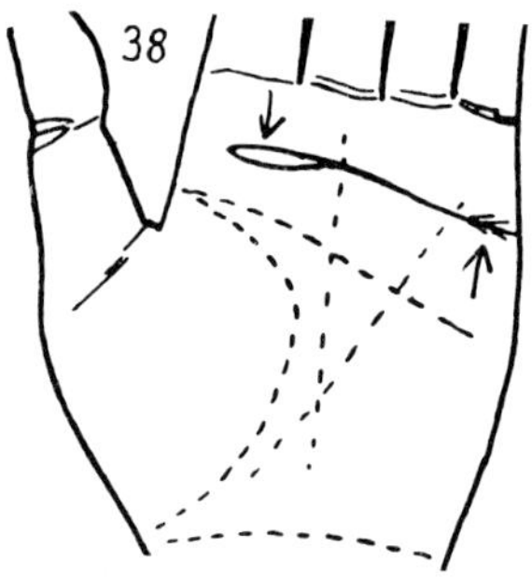

Disposition zu Tuberkulose (ererbt)

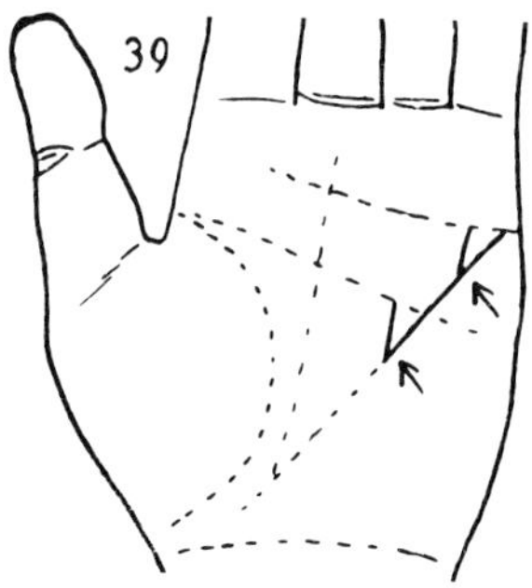

Kongestionen

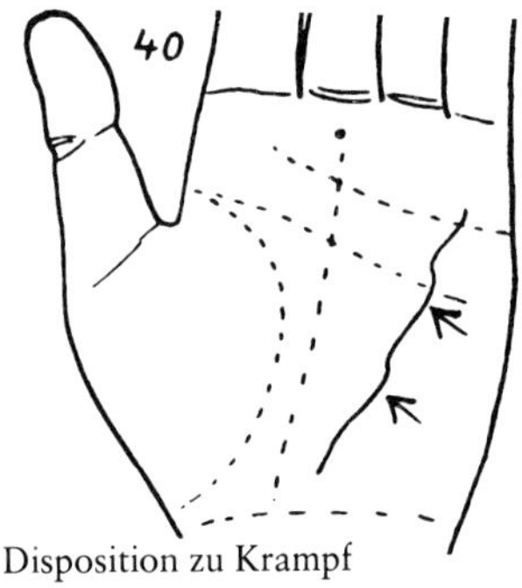

Disposition zu Krampf

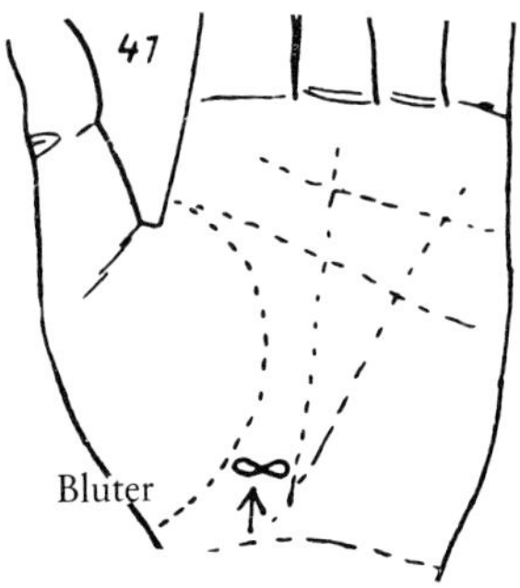

Disposition zu Verbluten

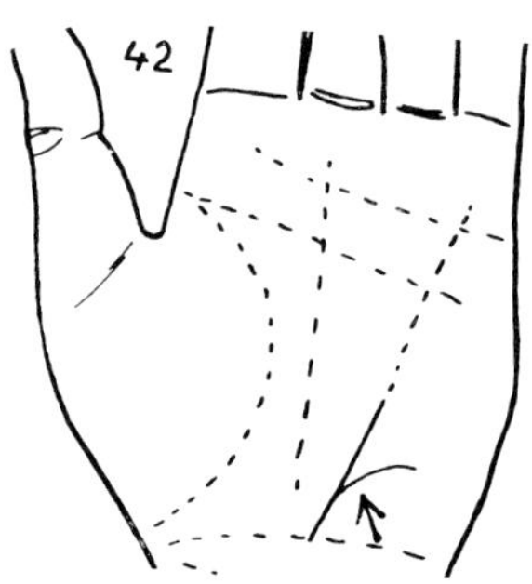

Disposition zu Wechselfieber

Bild 28

Fehlgeburt: Kleine schräge Linien, aus dem untersten Beugegelenk des Jupiterfingers kommend, in Richtung Handrand verlaufend. Bild *29/43,* Bild 14/1, Bild 16/3. Jede Linie zeigt eine mögliche Fehlgeburt.

Erschlaffung der Mutterbänder: Eine etwa 2 cm lange Linie aus dem untersten Beugegelenk des Jupiterfingers kommend und etwas schräg am Jupiterberg herablaufend. Bild *29/44,* Bild 17/3.

Verletzungen: Ein senkrechter Strich, der das untere Zeigefingergelenk schneidet, weist auf die Disposition zu Kopfverletzungen; Mittelfinger = Leibverletzungen, Ringfinger = Beinverletzungen, kleiner Finger = Armverletzungen. Bild *29/45.*

Stirnhöhlenkatarrh oder -eiterung: Eine unter dem Zeigefinger senkrecht stehende Insel. Bild *29/46.*

Abortus (gewollt herbeigeführt, Auskratzungen usw.): Eine Viertelkreislinie aus der Teilung zwischen Jupiter- und Saturnfinger kommend, bis zur Mitte des Jupiterberges verlaufend. Bild 13/1, Bild 17/6, Bild *29/47,* Bild 12/6.

Zangengeburt: Der Bogen wie in Bild 29/47, jedoch mit einer verdickten, größeren Insel, weist auf eine Disposition zu Zangengeburt. Möglich sind auch größere Eingriffe mit chirurgischen Instrumenten, beim Mann bezüglich seiner Unterleibsorgane. Bild *29/48.* (Siehe jedoch auch Bild 34/78.)

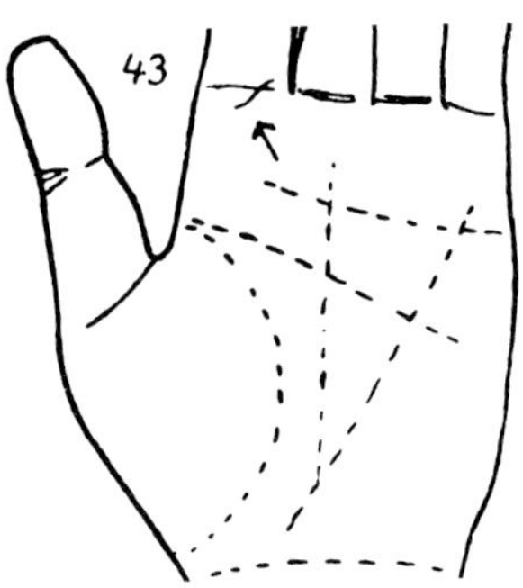

Fehlgeburt

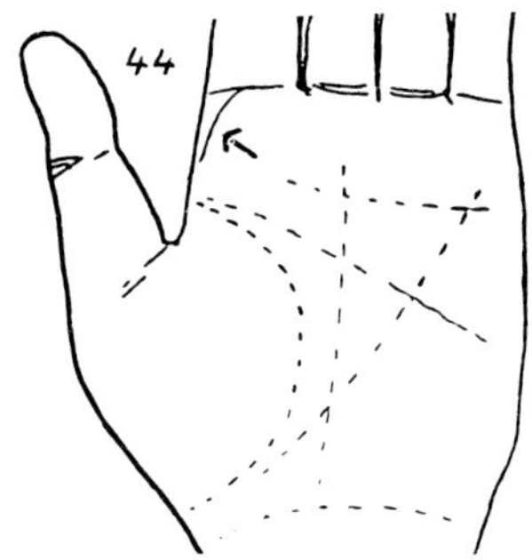

Erschlaffung der Mutterbänder

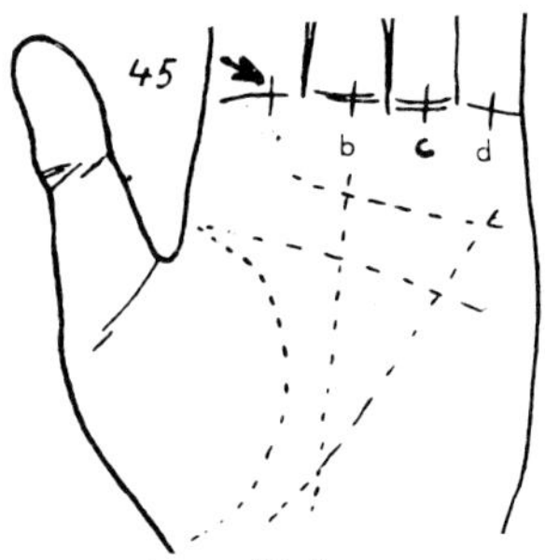

Disposition zu Verletzungen:
a) Kopf; b) Leib; c) Bein;
d) Arm

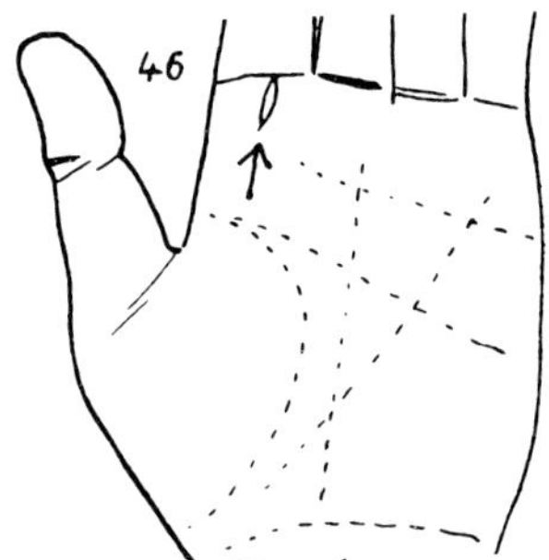

Disposition zu Katarrh
oder Stirnhöhleneiterung

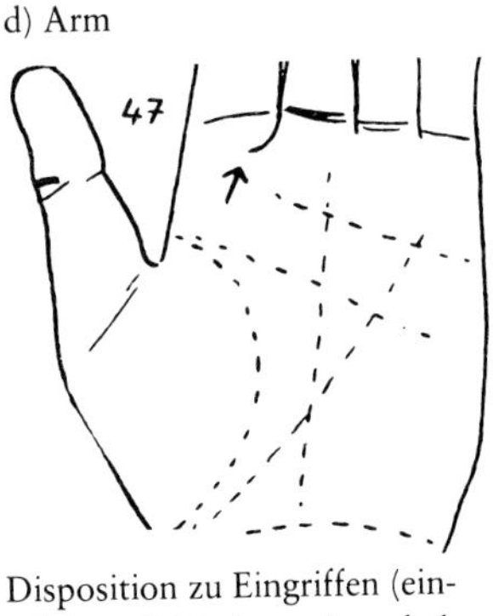

Disposition zu Eingriffen (eingeleitete Fehlgeburt, Ausschaben etc.)

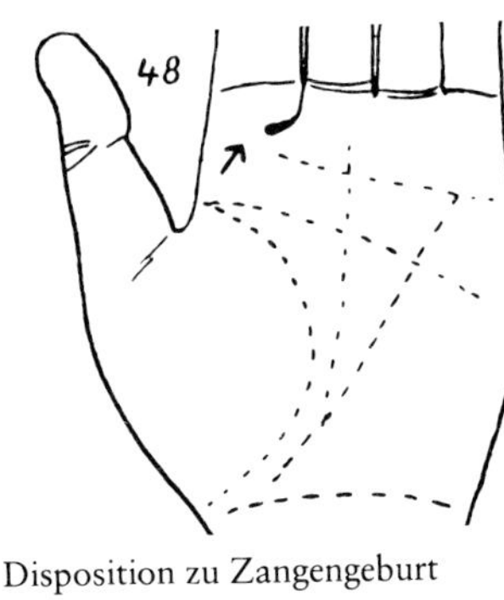

Disposition zu Zangengeburt

Bild 29

Harnröhrenkatarrh (oder auch Gonorrhöe): Eine $^1/_2$ cm lange Linie auf dem Jupiterfinger verlaufend, ohne das Beugegelenk zu berühren. (Dasselbe Zeichen gilt auch für Weißfluß!) Bild *30/49,* Bild 12/3.

Weißfluß: Siehe dieselben Zeichen wie unter Harnröhrenkatarrh. Bild *30/49.*

Ovarien- oder Hodenleiden: Lebenslinie reicht mit ihren Enden oder einem starken Ast über die Handwurzelmitte hinaus zum Mondberg. Bild *30/50,* Bild 13/6, Bild 18/18. Siehe auch Nägel wie unter Bronchialleiden beschrieben: Bild 5x. Siehe auch Bild 37/91.

Hodenleiden: Herzlinie am Anfang sehr verzweigt und verwirrt, eventuell auch mit einigen Halbkreislinien besetzt. Siehe auch unter Eierstockleiden, dasselbe Zeichen. Bild *30/50* und Bild 37/91, 13/6 und 18/18.

Sexualleiden: Kleine oder größere rote Punkte auf dem Venusberg. Bild *30/51.*

Blutungen, zu starke (bei Frauen): Schräge Schnittlinie kreuzt das untere Beugegelenk des Merkurfingers. Bild *30/52,* Bild 17/7. Mitunter kommt dies Zeichen auch bei schmerzhafter Menstruation vor.

Gifte (ererbte): Waagerechte Neptunlinie. Bild *30/53,* Bild 14/8.

Nervenüberreizung: Im unteren, mittleren Teil des Mondberges deuten kleine schräglaufende Striche auf Gifte mit stärkerer Milzbelastung sowie auf überreizte Nerven durch allopathische Medikamente. Bild *30/54.*

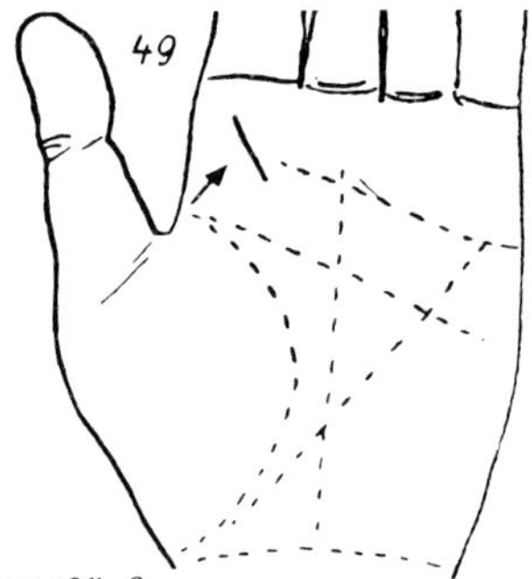

Weißfluß,
Harnröhrenkatarrh

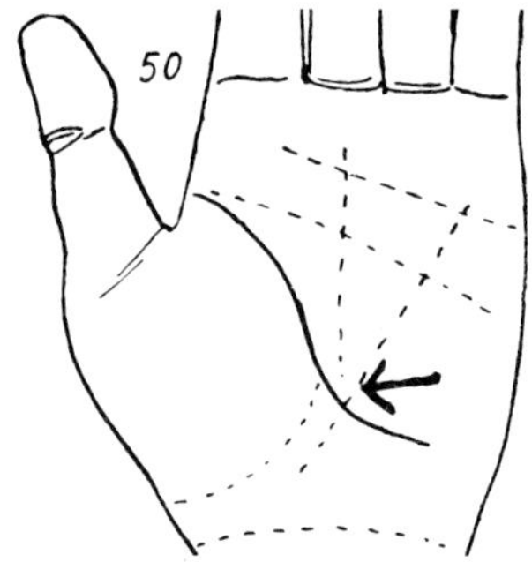

Disposition zu
Ovarien- oder Hodenleiden

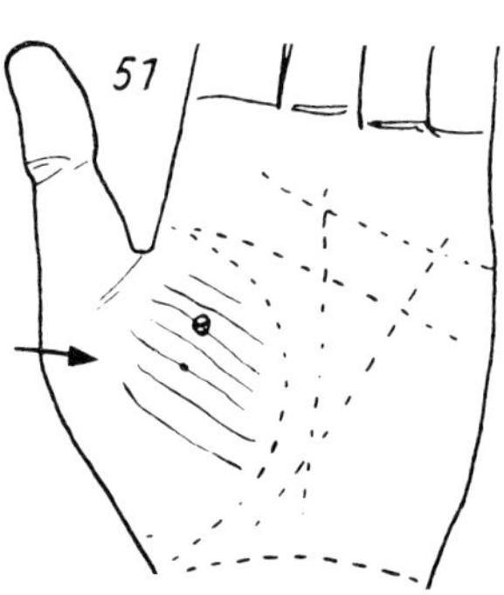

Roter Punkt:
Sexualleiden

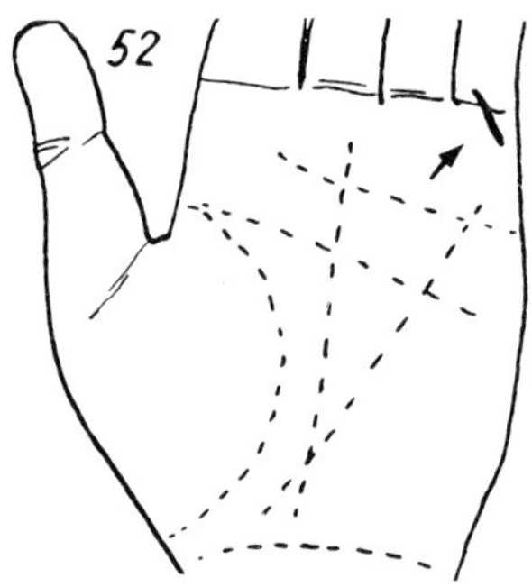

bei Frauen:
starke Blutungen

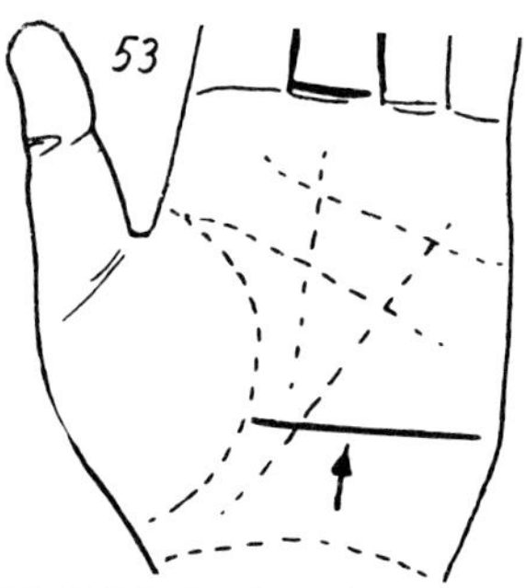

Medialität durch ererbte
Medizinalgifte

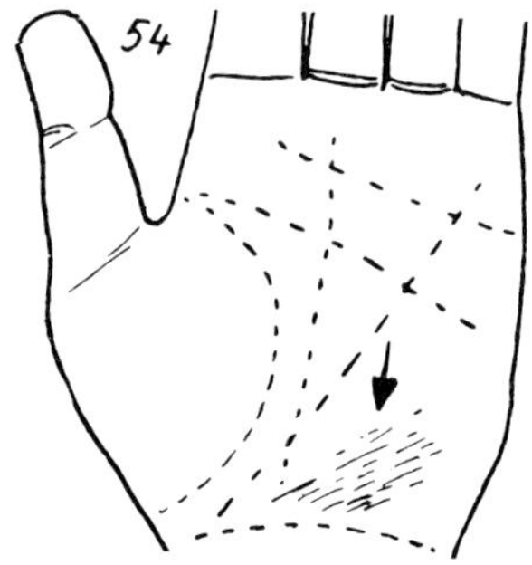

Nerven überreizt durch
Medizinalgifte

Bild 30

Haarausfall: Übergroßer Jupiterberg. Bild *31/55.*

Selbstmordneigungen (Lebensüberdruß): Querlinien auf dem ersten Gliede des Saturnfingers und des Daumens. Siehe auch Kopflinie. Bild *31/56* und Bild 15/6 (hier Zeit abmessen!)

Rückgratschwäche: Das Ende des Venusgürtels waagerecht bis an den Handrand verlaufend. Verstärkt durch hakenartige Kopflinie, tief in den Mondberg endend. Bild *31/56.* Beachte Nägel. Figur 5 q. Stark nach auswärts gebogene Daumen.

Selbstmord, Disposition zu: Tiefgeneigte, ausgezogene Kopflinie deutet auf schwaches seelisches Rückgrat, auf seelische Labilität. Bild *31/57.*

Kopfschmerzen, ererbte Disposition dazu: Große Insel in der Kopflinie. Ein Vorfahr ist an Verkalkung oder Paralyse gestorben. Bild 23/9, Bild *31/58,* Bild 12/9, durch Stauungen: Bild 28/39.

Gehirnerweichung (Paralyse): Große Insel in der Kopflinie unter dem Apollofinger, deren gespaltene Enden sich kreuzen. Manchmal ist diese Insel in der Form einer Raute zu erkennen. Ein Vorfahr hatte dies Leiden, wohlgemerkt! Der Besitzer des Zeichens braucht diese Krankheit nicht zu bekommen, wird aber Jahre hindurch unter starken Kopfschmerzen zu leiden haben. Bild *31/58,* Bild 12/9.

Augenverletzung: Roter Punkt in der Kopflinie. Bild *31/59.*

Kopfnervenfieber, Kopfnervenentzündung: Blauer Punkt in der Kopflinie. Bild *31/59.*

Pylorus, spastische Diathese, Verengung. Bild 31/60.

Würmer: Schuppenartiges Abteilen der Nägel (wie bei Glimmer oder Schiefer). Bild 5 w. Abteilen eines kleinen Astes aus der Saturnlinie, dicht unter der Kopflinie. Bild 13/10, Bild *31/60.* Außerdem Jucken der Nasenspitze oder des Nabels.

Zeichen, die jegliche mediale Tätigkeit verbieten: Bild 23/7, 9, 10, 11. Bild 25/20. Bild 26/25. Bild *31/56, 57, 58.* Bild 34/76.

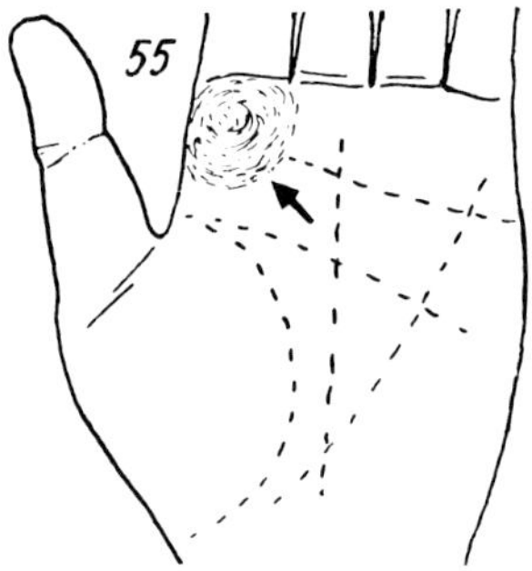

Starker Haarausfall

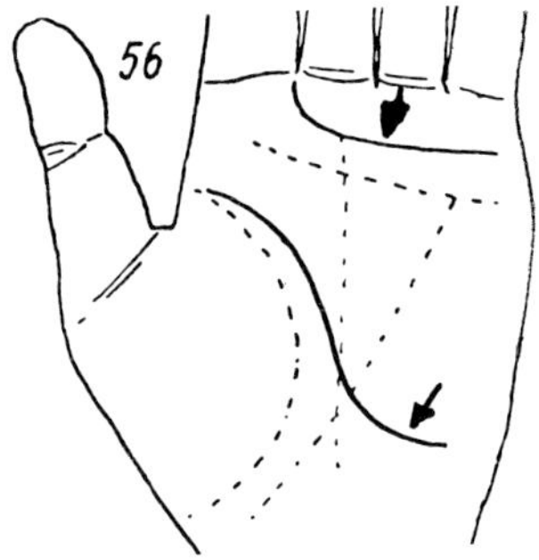

Rückgratschwäche

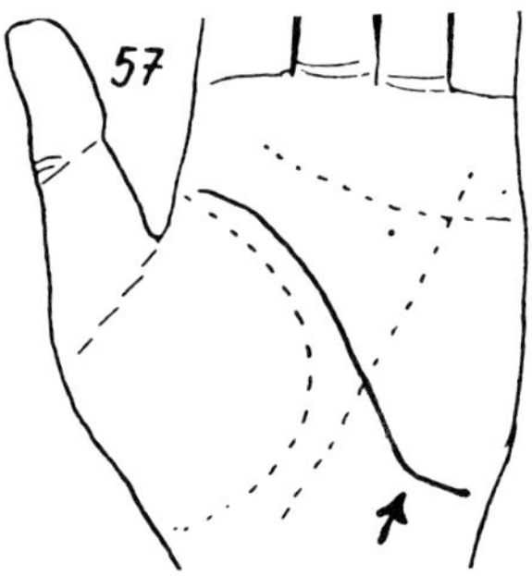

Disposition zu
Selbstmord

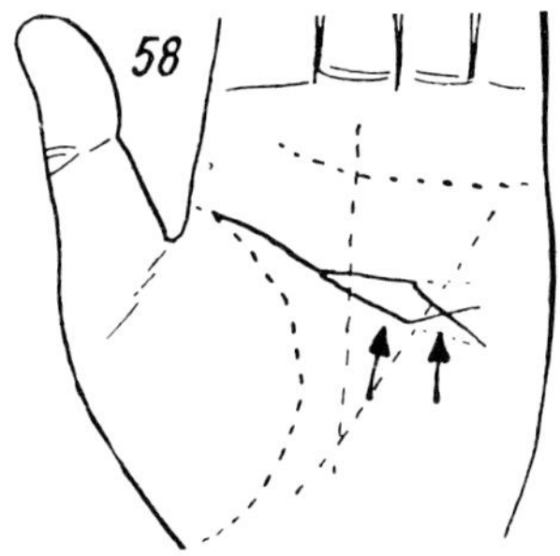

Kopfschmerzen. Vorfahr hatte
Gehirnerweichung (Paralyse)

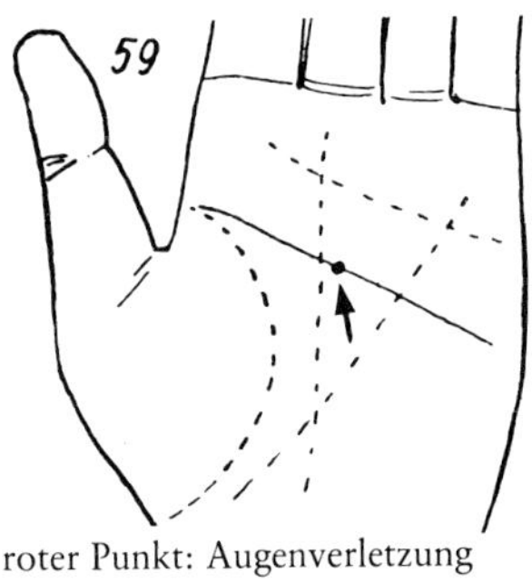

roter Punkt: Augenverletzung
blauer Punkt: Kopfnervenfieber

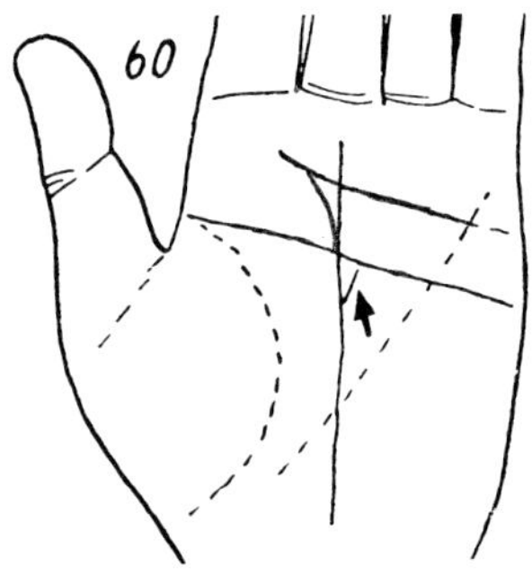

a: Pylorus, spastische
Diathese, Verengung
b: Würmer

Bild 31

Magen- und Leberstörungen: Kurze Striche abwärts von der Herzlinie unter dem Saturnfinger. Bild *32/61.*

Leber- und Darmleiden: Leberbelastung durch kleine Striche am unteren Gelenk des rechten Zeigefingers: Pankreasschwäche im unteren Gelenk des linken Zeigefingers; Darmbelastung (Obstipation) durch eine mehrfach gestrichelte Magenlinie mit kleiner Abzweigung nach außen. Bild *32/62.*

Magen- und Darmtraktstörungen: Kleine Querstriche in der Magenlinie. Bild *32/63.*

Krebsdisposition: Insel im letzten Fünftel der Lebenslinie oder ein Dreieck an derselben Stelle an der Lebenslinie außen. Bild *32/64.*

Schilddrüsenleiden: Ein sehr kleines Kreuz neben einem größeren, zwischen den Anfängen der Lebens- und Kopflinie. Bild *32/65.*

Schwäche der Sinnesorgane: Inseln in der Kopflinie: unter Zeigefinger: Augen; unter Mittelfinger: Ohren; unter Ringfinger: Zunge; unter Kleinem Finger: Nase. Bild *32/66.*

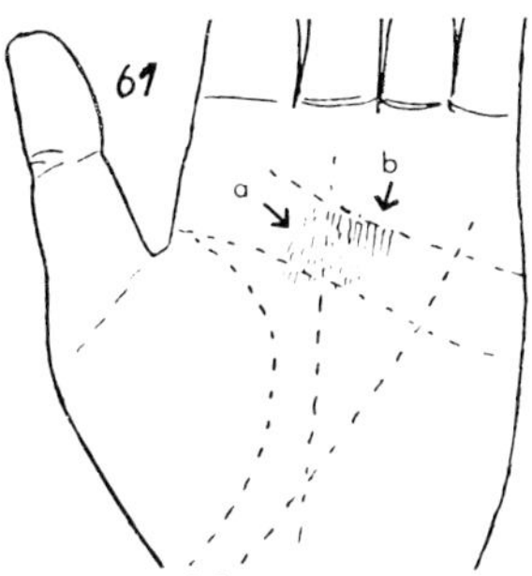

a: nervöser Magen
b: Leberleiden

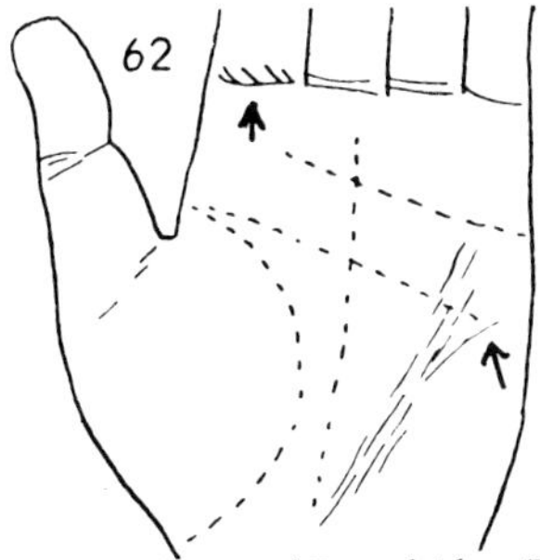

rechter Zeigefinger: Leber- und Darmleiden (Trägheit)
linker Zeigefinger: Pankreasschwäche

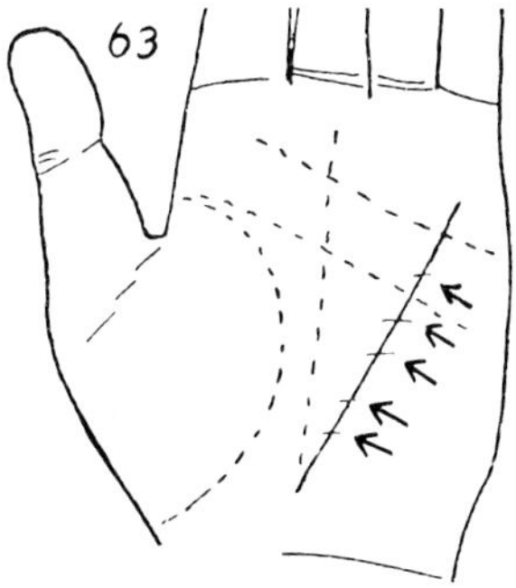

Kleine Kränklichkeiten

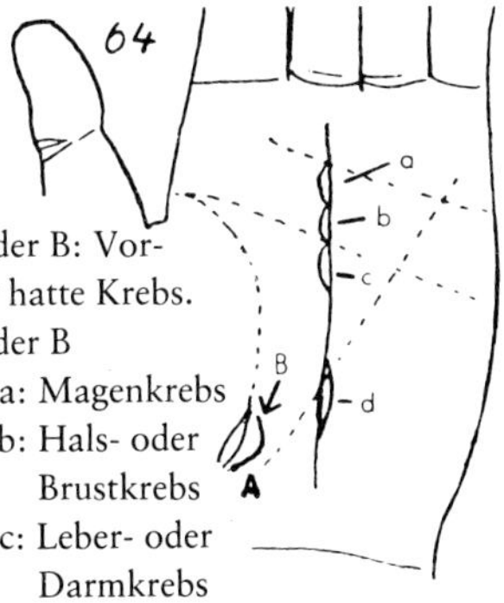

A oder B: Vorfahr hatte Krebs.
A oder B
mit a: Magenkrebs
mit b: Hals- oder Brustkrebs
mit c: Leber- oder Darmkrebs
mit d: Unterleib- oder Blasenkrebs

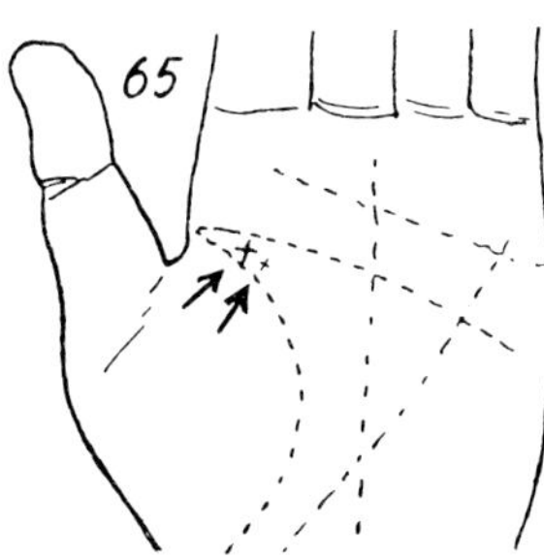

Disposition zu Schilddrüsenleiden

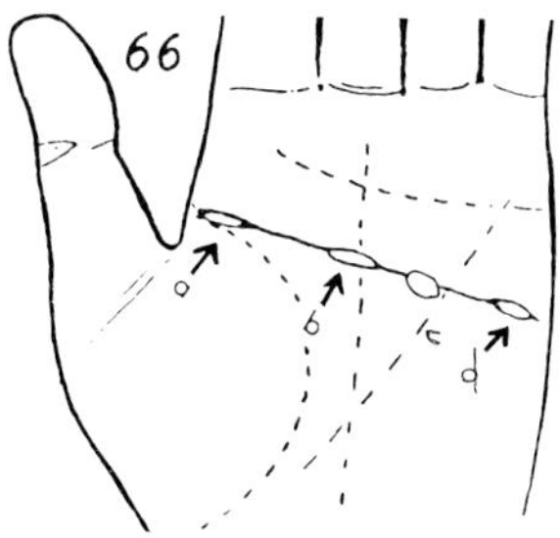

Disposition zu Schwäche
a: der Augen
b: des Gehörs
c: der Zunge
d: der Nase

Bild 32

Körperliche Schwäche in der Jugend, ererbt: Insel am Anfang der Lebenslinie. Bild *33/67.*

Körperliche Schwäche in der Jugend, angeboren: Ausgezogene kleine Strichelungen bis zum zweiten Drittel der Lebenslinie. Bild *33/68.*

Zerfall, Schwäche des Körpers im späteren Alter: Lebenslinie in vielen kleinen Strichelungen zerrissen. Bild *33/69.*

Fieber und Infektionskrankheiten in der Jugend: Starker Strich im oberen Drittel des Kleinen Marsberges, zur Lebenslinie hin (siehe auch Bild 33/71). Bild *33/70.*

Lungen- oder Rippenfellentzündung in der Jugend: Analog Bild 33/70, jedoch mit einer Insel am Anfang. Bild *33/71.*

Fieberdispositionen sind vorhanden, wenn sehr viele feine Linien die Handflächen bedecken. Bild 16. Rote Haut, starker Marsberg. Fieberische Krankheiten, wie Masern, Grippe, Lungenentzündung usw. (Kinderkrankheiten) sind angezeigt durch kleine Linien, die aus dem oberen Venusberg in die Lebenslinie verlaufen. Bild 19/7, 8, Bild 13/3, Bild *33/70, 71.*

Operationen und Eingriffe: Starke Linie vom Daumenwurzelberg zum Marsberg. a) mit Insel: Magen- und Darmgeschwüre; b) mit Stern: Fieber. Bild *33/72.*

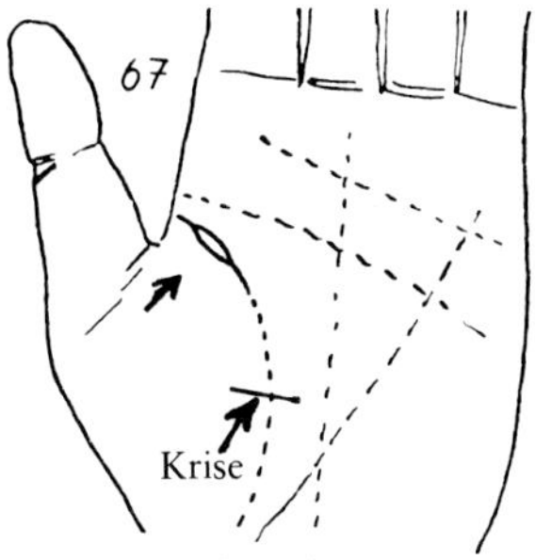

Körperliche Schwäche in der Jugend (ererbt)

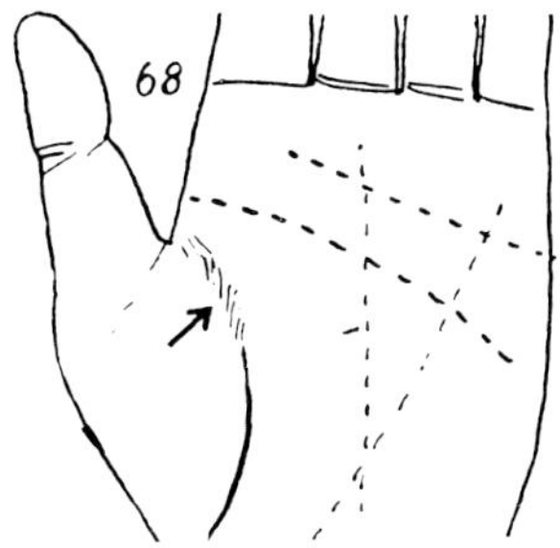

Körperliche Schwäche in der Jugend (angeboren)

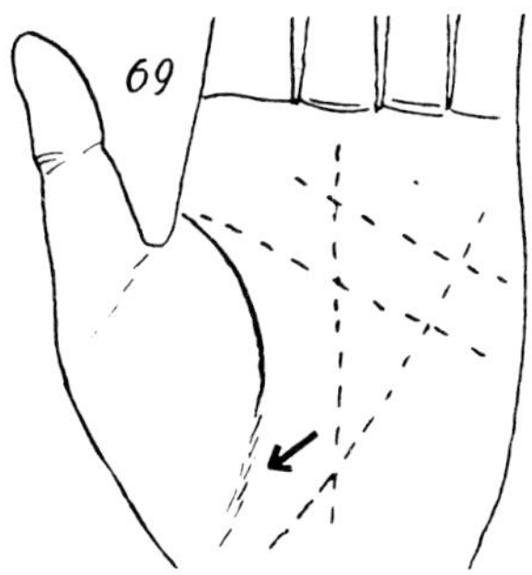

Schwäche im späteren Alter (Zerfall, Siechtum)

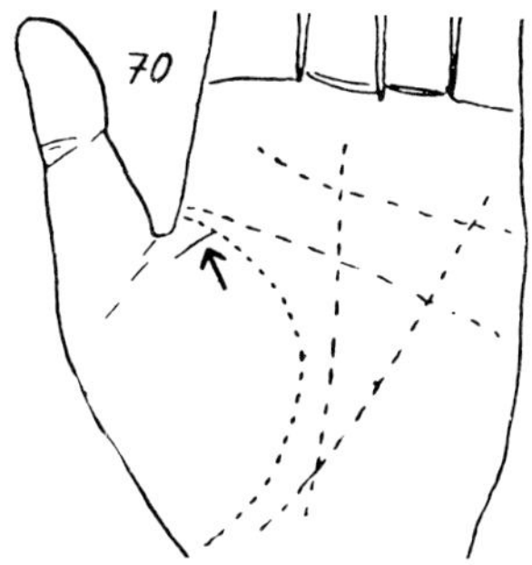

Fiebrige Krankheiten in der Jugend

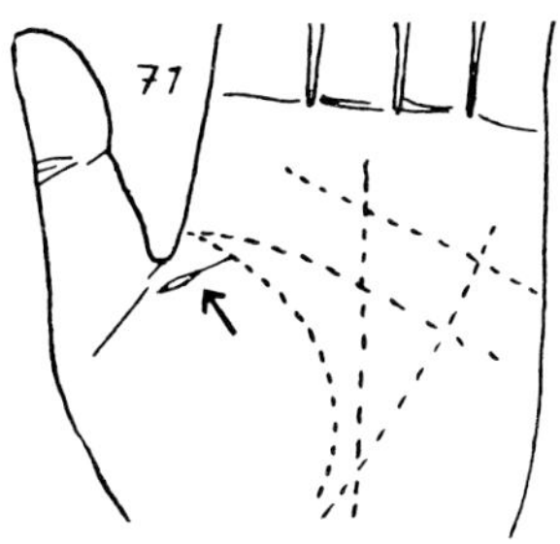

Leiden in der Jugend (Lungen-, Rippenfellentzündung etc.)

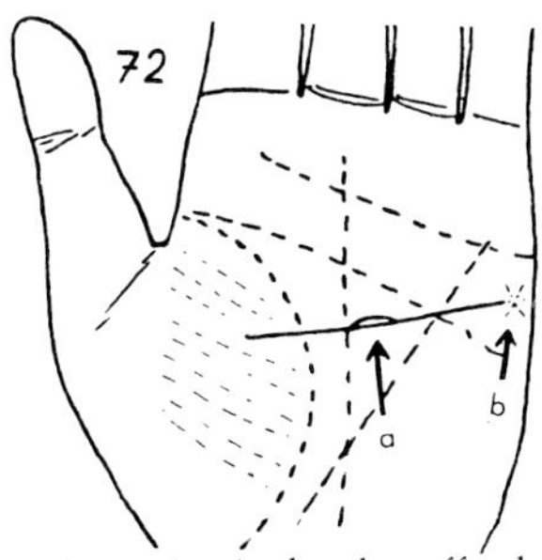

Operation in dem betreffenden Jahr (hier: ca. 35 Jahre)

Bild 33

Kopfverletzungen: Brüche in der Kopflinie: unter Mittelfinger: durch Sturz, Fall; unter Ringfinger: durch Fahrlässigkeit; unter kleinem Finger: nach Angriff. Bild *34/73.*

Tod, plötzlicher: Eine kurze Lebenslinie, die plötzlich abbricht, verweist in der rechten Hand darauf, daß das Leben plötzlich, unerwartet endet. Bei gleichzeitiger Anzeige in der linken Hand ist diese Tendenz noch verstärkt. Bild *34/74.*

Intuition, Ahnungsvermögen, Medialität: Eine Schicksalslinie, die aus dem äußeren Mondberg aufsteigt und zum Mittelfinger hin verläuft. Bild *34/75.*

Zeichen, die jegliche mediale Tätigkeit verbieten: Bild 23/7, 9, 10, 11. Bild 25/20. Bild 26/25. Bild 31/56, 57, 58. Bild *34/76.*
Zu Bild *34/76:* a) eine große Insel in der Kopflinie; b) eine gespaltene Kopflinie; c) die gebogene Kopflinie, die wie ein Haken zum Mondberg hin verläuft; d) eine Intuitionslinie, die gebrochen ist und Knoten aufweist; e) Gitterlinien unterhalb des Ringfingers; f) ein liegendes Kreuz unterhalb des Zeigefingers; g) ein ausgezogener Venusgürtel; h) eine zerrissene Apollolinie.
Denken, Fühlen und Empfinden sind bei solchen Handeignern gestört.

Halskrankheiten: Rötung der Kopflinienendung. Kleine, senkrechte Strichlinien zwischen Kopf- und Lebenslinie, Gabellinie auf Marsberg. Siehe auch Nägel unter Bild 5 i, Bild *34/77.*

Bauchschwangeschaft: Wie unter Abortus, aber am Ende der kleinen Viertelkreislinie eine winzige Insel. Bild 12/6, Bild *34/78*
Abortus (gewollt herbeigeführt, Auskratzungen usw.): Eine Viertelkreislinie aus der Teilung zwischen Jupiter- und Saturnfinger kommend, bis zur Mitte des Jupiterberges verlaufend. Bild 13/1, Bild 17/6, Bild 29/47.

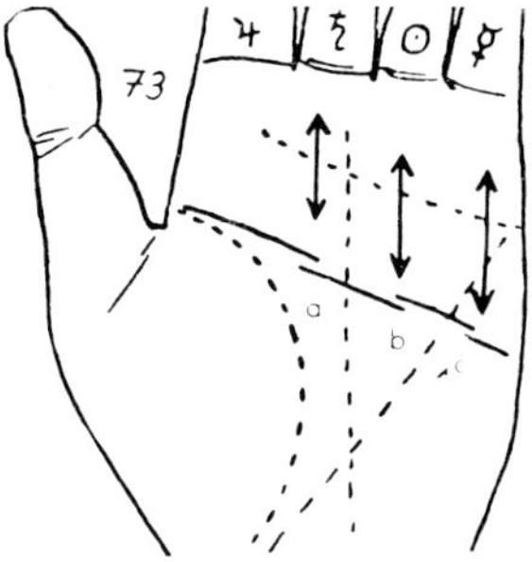

Kopfverletzungen durch: a) Fall; b) Fahrlässigkeit; c) Angriff

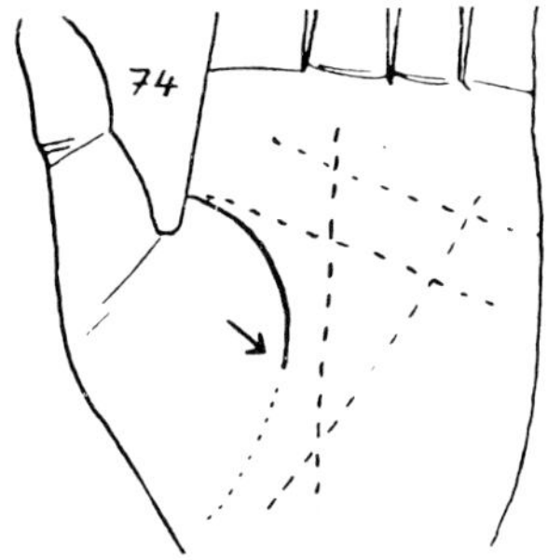

Plötzlicher Tod (hier ca. 43 Jahre)

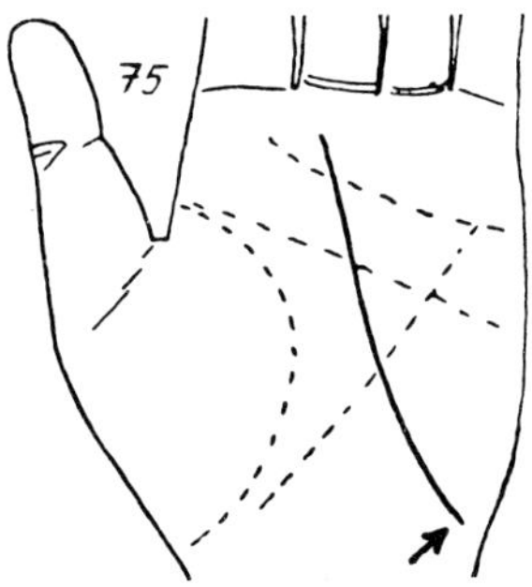

Natürliche Medialität (Wahrträume)

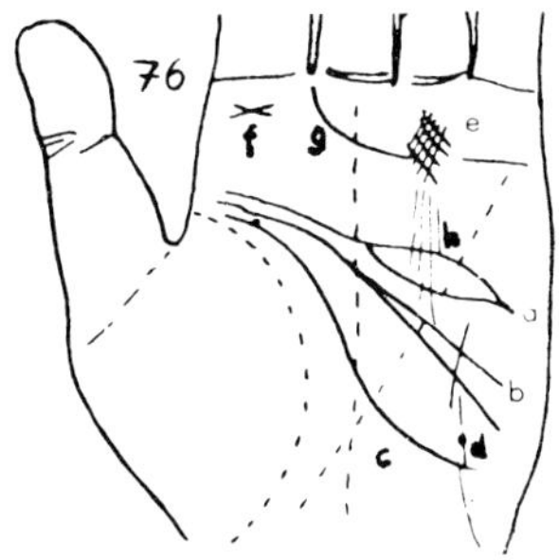

Zeichen, die jede mediale Tätigkeit verbieten

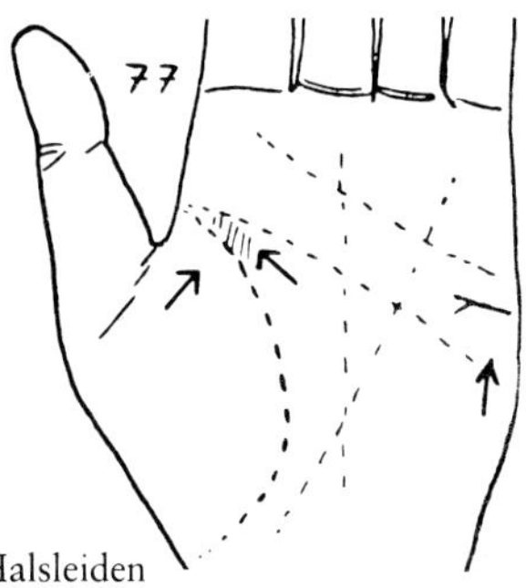

Halsleiden

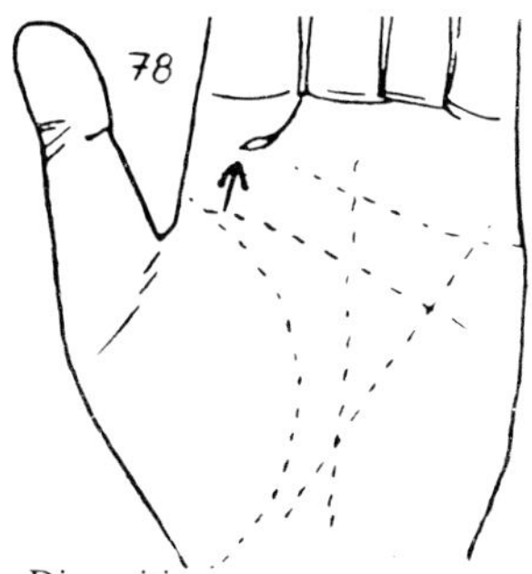

Disposition zu Bauchschwangerschaft

Bild 34

Brechdurchfall: Zarte kleine Haarlinien zwischen dem unteren Mondberg und der Raszette, sowie blasse Viertelkreislinie vom Saturnberg kommend, zwischen Zeige- und Mittelfingerfalte mündend. Bild *35/79.*

Gallenleiden: Unter dem Mittelfinger büschelartiges Abzweigen der Herzlinie nach unten. Bild *35/80.* Gebrochene Magenlinie, deren untere Stellen dunkler in der Farbe sind. Siehe auch Vererbungszeichen. Bild 21/24.

Gehirnhautentzündung: Eine zarte oder dünne Herzlinie mit starker Rötung; auch wenn eine Herzlinie am Ende lang gegabelt ist und mit einem Ausläufer den Zeigefinger, mit dem anderen den Mittelfinger teilweise oder ganz umschlingt. Bild *35/81.*

Gehirnschlag und katarrhalische Verschleimung: Zwei Parallellinien über den Mondberg verlaufend, die sich nahe dem Venusberg schließen; Knoten (Verschleimung) auf der unteren Linie. Bild *35/82.*

Gehirnschlag, Disposition zu: Bläuliche Färbung oder gänzliches Fehlen der Kopflinie, auch, wenn eine 2 bis 3 cm lange Linie vom Handtisch zum Jupiterberg verläuft. Bild *35/83.*

Gehirn-Unstetigkeit: Ein von vielen schlechten Linien oder Zeichen bedeckter Apolloberg. Bild *35/84.*

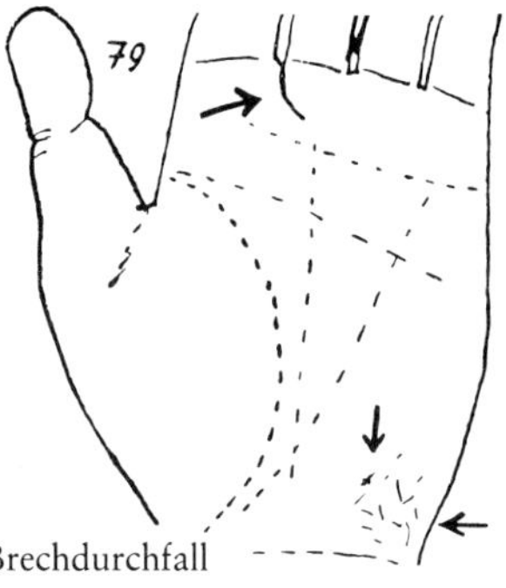

Brechdurchfall

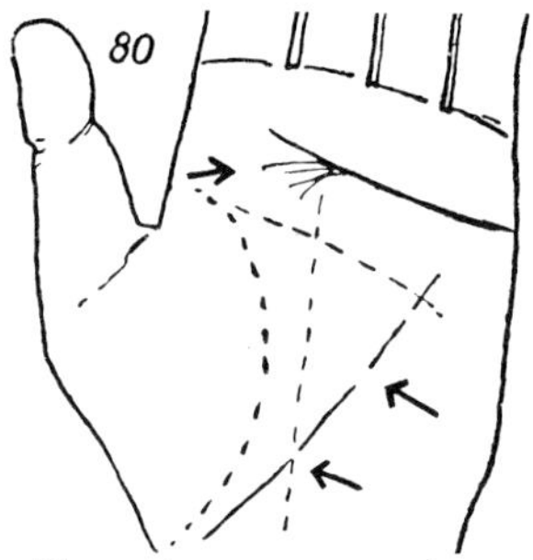

Disposition zu Gallenleiden

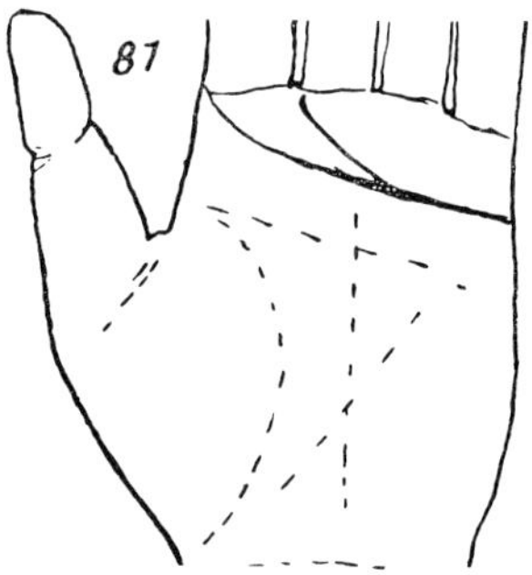

Disposition zu Gehirnhautentzündung

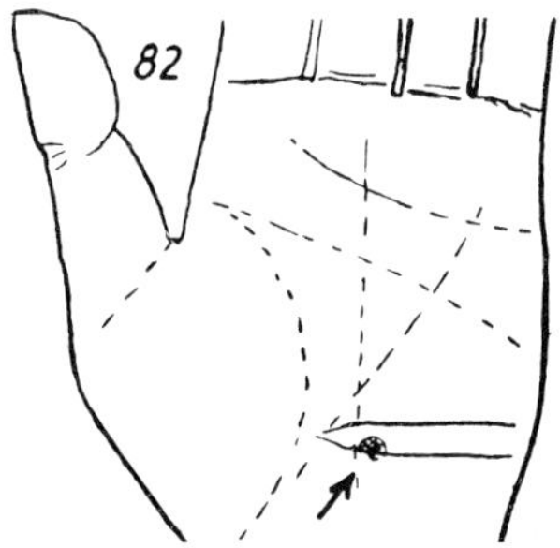

Gehirnschlag durch katarrhalische Verschleimung

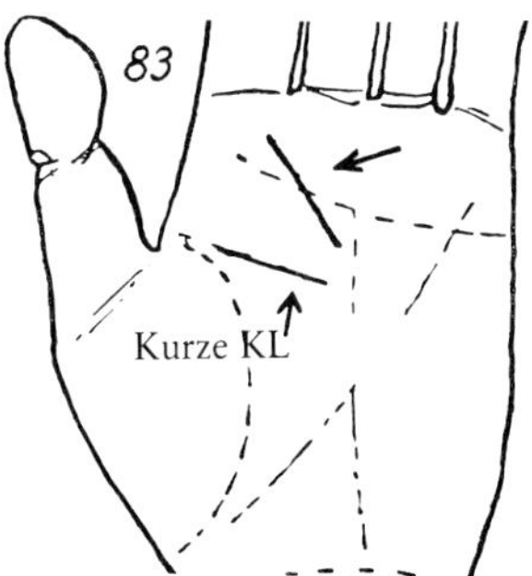

Disposition zu Gehirnschlag

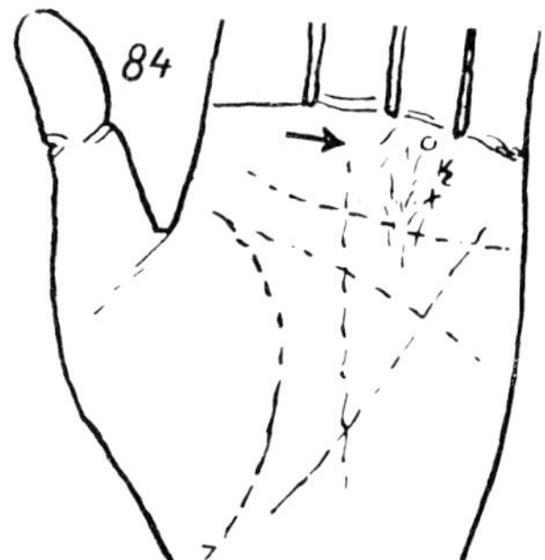

Gehirnunstetigkeit

Bild 35

Genitalschmerzen: Zeichen D oder Ring im »Großen Viereck« zwischen Kopf- und Herzlinie, unter dem Ringfinger. Bild *36/85*.

Hartleibigkeit: Viele kleine Punkte neben oder in der Magenlinie. Verstärkende Zeichen sind starke Rötung des Endes der Lebenslinie, eine dünne oder vielfach gebrochene Herzlinie. Bild *36/86*.

Stauungen: Die Farbe der Linien ist abwechselnd rot und blaß. Auf den Fingernägeln abwechselnd Blässe mit roten Stellen. (Bild *36/86*)

Herzleiden (allgemein): Viele durcheinanderlaufende Linien auf dem Apolloberg, verstärkt durch ungünstige Zeichen auf Apolloberg, Saturn- oder Marsrune. Bild *36/87*.

Herzkrampf, Disposition zu: Viele kleine Halbkreise an der Lebenslinie entlang. Bild *36/88*. Blauer Punkt oder Fleck in der Herzlinie. Bild 27/35.

Herzschmerzen: Eine mit vielen kleinen Punkten, Kreuzen oder Haarlinien durchsetzte Lebenslinie. Bild *36/89*.

Herzschwäche, als Veranlagung: Wenn sich die untere Lebens- und Magenlinie vereinigen. Bild *36/90*.

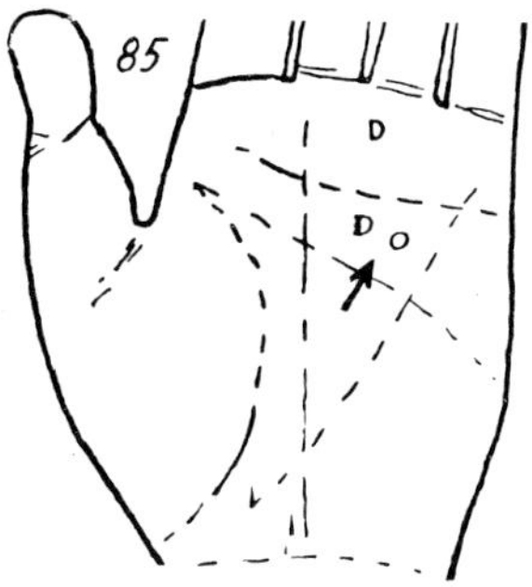

Genitalschmerzen

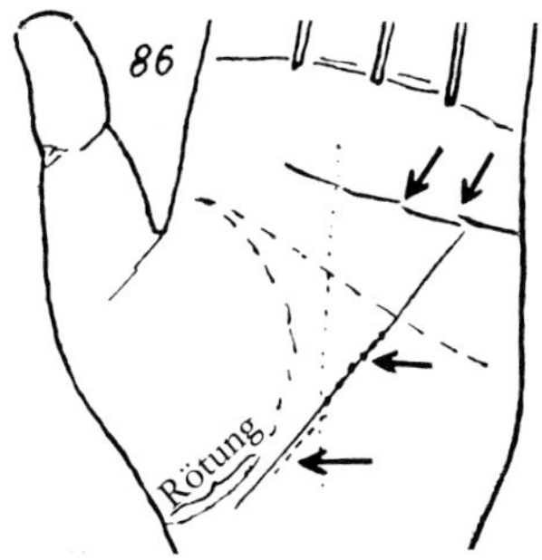

Hartleibigkeit

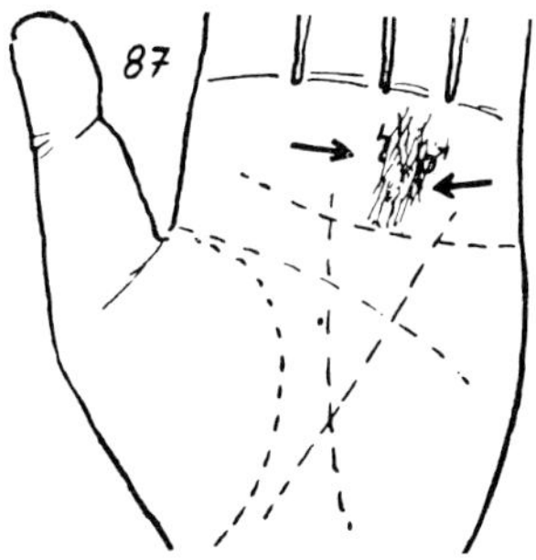

Herzleiden (allgemein)

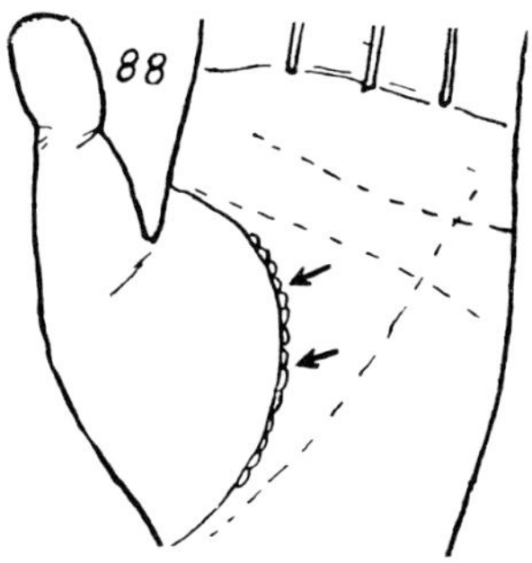

Disposition zu Herzkrampf

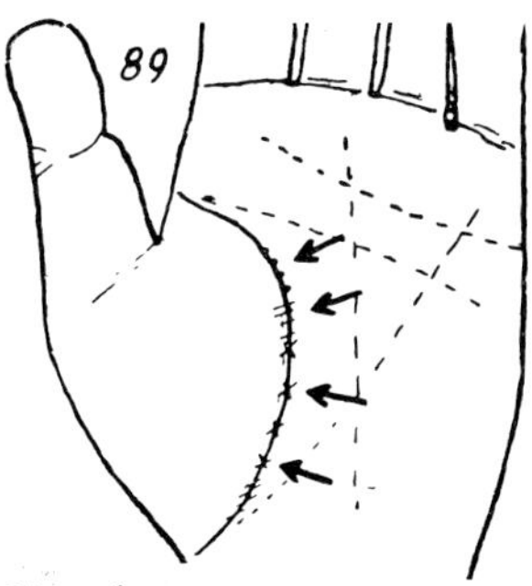

Herzschmerzen

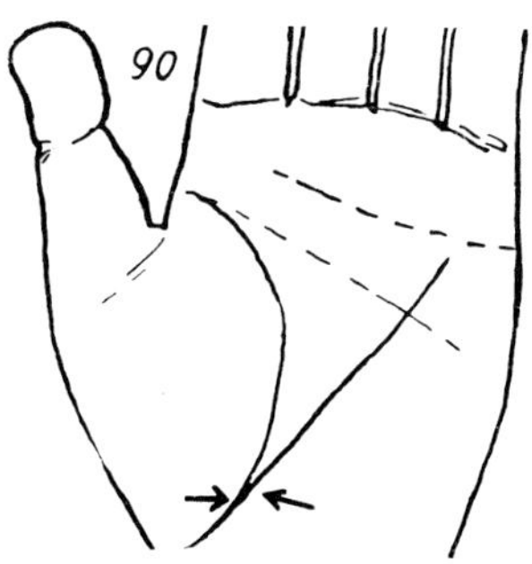

Herzschwäche, als Disposition angeboren

Bild 36

Hodenleiden: Herzlinie am Anfang sehr verzweigt und verwirrt, eventuell auch mit einigen Halbkreislinien besetzt. Siehe auch unter Eierstockleiden, dasselbe Zeichen. Bild 30/50 und Bild *37/91,* 13/6 und 18/18.

Eierstock-(Ovarien-)Leiden: Lebenslinie reicht mit ihren Enden oder einem starken Ast über die Handwurzelmitte hinaus zum Mondberg. Bild 30/50, Bild 13/6, Bild 18/18. Siehe auch Nägel wie unter Bronchialleiden beschrieben, Bild 5 x. Siehe auch Bild *37/91.*

Kolik: Anfang der Herzlinie unter dem kleinen Finger, mit vielen kleinen Halbkreisen oder Grübchen bedeckt. Liniengewirr auf Saturnberg. Bild *37/92.*

Leberentzündung: Wenn die Kopflinie gegen Mitte oder Ende von Büschellinien aus dem »Großen Dreieck« gestört (verletzt) wird. Bild *37/93.*

Leberschwäche: Fehlende Mittelpartie der Magenlinie in beiden Händen. Bild *37/94/A.*

Sexuelle Verirrungen (Homosexualität: Es ist nicht erkennbar, ob jemand die Homosexualität auslebt oder die Veranlagung unterdrückt. Disposition dazu ist aber vorhanden, wenn der Merkurfinger krumm ist, die unteren Fingerglieder schwächer als die oberen, eventuell platt sind. Viele Querlinien auf dem Venusberg (Hemmungen im Liebesleben) und eine gewisse Schlaffheit der Hand sowie sehr zarte Haut (femininer Einschlag). Auf dem Venusberg finden sich manchmal sogenannte Angstlinien. Die Vorgeburtslinie verläuft schräg bis in oder über die Lebenslinie hinaus. Bild *37/94/B,* 18/14.

Leberverstopfung: Starke Verzweigung des oberen Teiles der Magenlinie in der Nähe der Herzlinie. Bild *37/95.*

Magenschwäche: Lebenslinie kurz und blaß, eventuell gegen die Kopflinie gegabelt, auch wenn der Anfang der Lebenslinie an der Kopflinie nur aus zusammengesetzten Fasern besteht. Bild *37/96.*

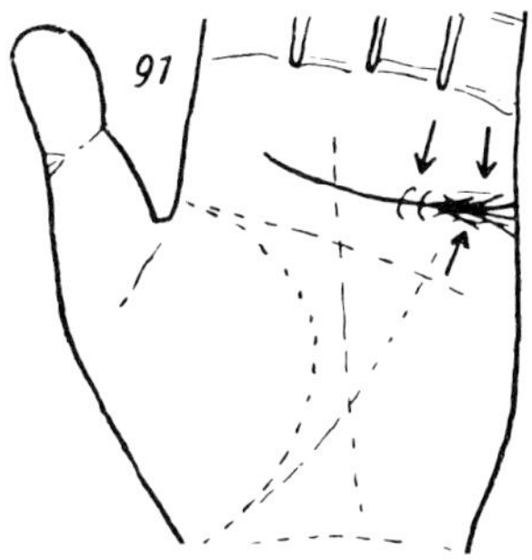

Hodenleiden

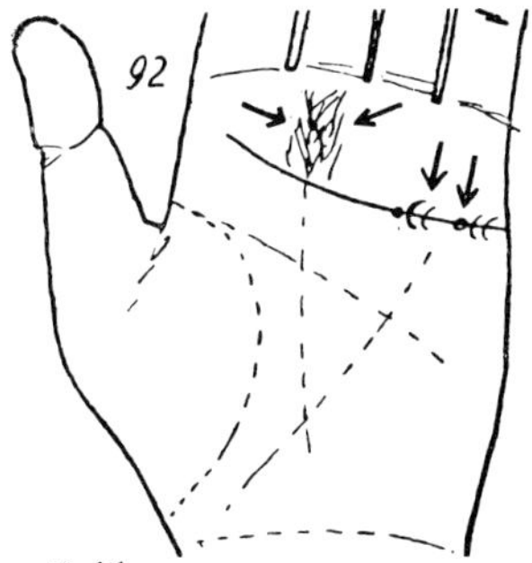

Kolik

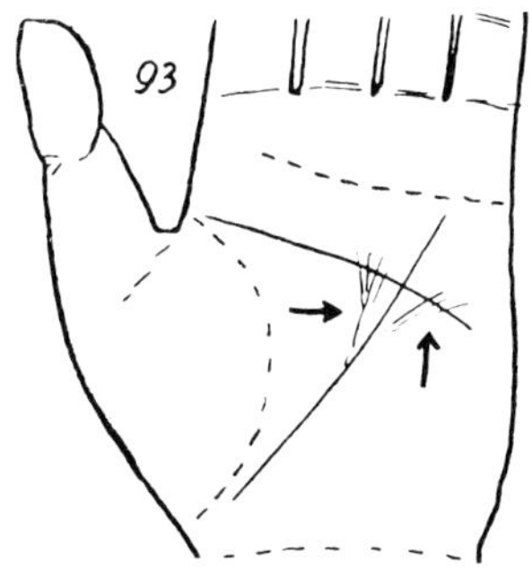

Leberentzündung

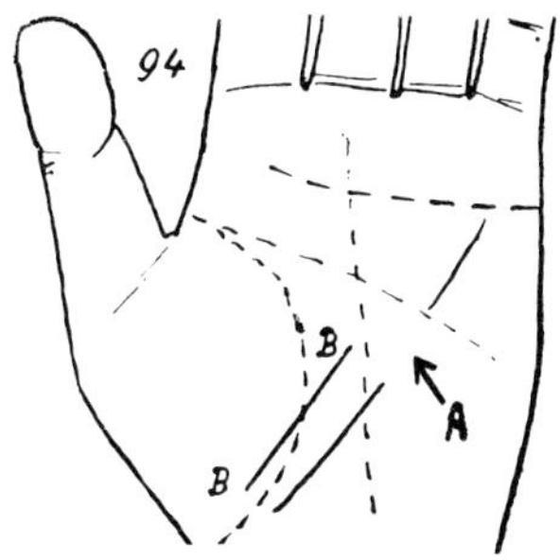

A: Leberschwäche

B: Vorgeburtslinie (seelische Störungen)

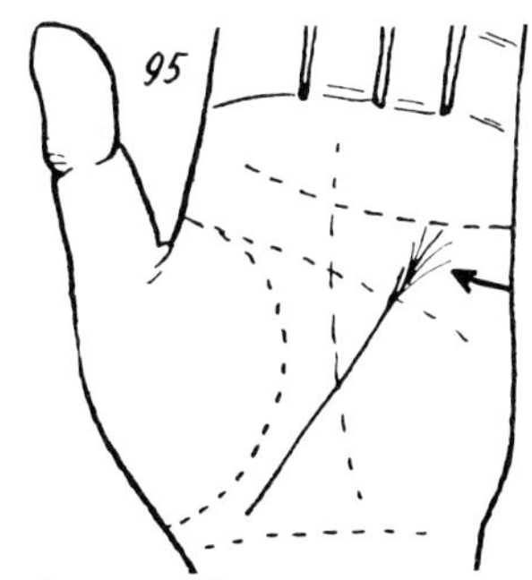

Leberverstopfung

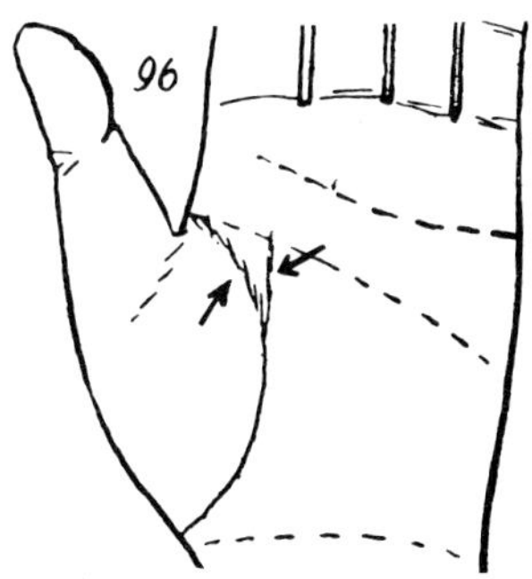

Magenschwäche

Bild 37

Milzhypertrophie: Eine anfangs gut gezeichnete, gegen das Ende breiter werdende Herzlinie, eine zerrissene Saturnlinie und ein mit Liniengewirr bedeckter Saturnberg. Verstärkt wird diese Bedeutung durch Liniengewirr auf dem Jupiterberg. Bild *38/97.*

Nervenkrankheiten: Eine auf dem Saturnberg sehr zersplitterte Saturnlinie, verstärkt durch die Saturnrune oder ein mißformtes, verkrüppeltes Dreieck auf Saturnberg. Bild *38/98.*

Sexuelle Schwäche: Grübchen im Anfang der Herzlinie oder auch dicke rote Punkte. Eine kettige, rissige Herzlinie und zersplitterte Magenlinie. Verstärkt durch besondere Rötung gegenüber den anderen Linien und durch kleine Bogenlinien am Anfang der Herzlinie. Krummer Merkurfinger, eventuell flacher Venusberg. Bild *38/99.*

Unterleibsschmerzen (Nabelgegend): Sehr rote, gegen den Jupiterberg kettig oder zersplittert auslaufende Herzlinie. Bild *38/100.*

Verdauungsstörungen, allgemein: Verdickter Knoten zwischen 2. und 3. Glied des Saturnfingers. Bild 10/4. Zerrissene, mehrfache Magenlinie. Bild 24/13, Bild 16/15, 16. Beachte auch Darmerschlaffung, Magenstörung. Bild 25/22. Verstärkt durch viele kleine Haarlinien in der Kopflinie, eine dünne und kurze, blasse oder auch verschiedenartig gefärbte Magenlinie mit vielen kleinen Haarlinien darin. Bild *38/101.*

Lungentuberkulose, Disposition zu: Ein flacher oder eingefallener Jupiter- und Merkurberg. Viele ungünstige Linien oder Zeichen auf dem Jupiterberg oder eine kurze, unter dem Mittelfinger endende Kopflinie verstärken die Bedeutung. Auch Rötung der Stelle an der oberen Magenlinie, wo diese sich mit der Kopflinie schneiden würde. Bild *38/102.*

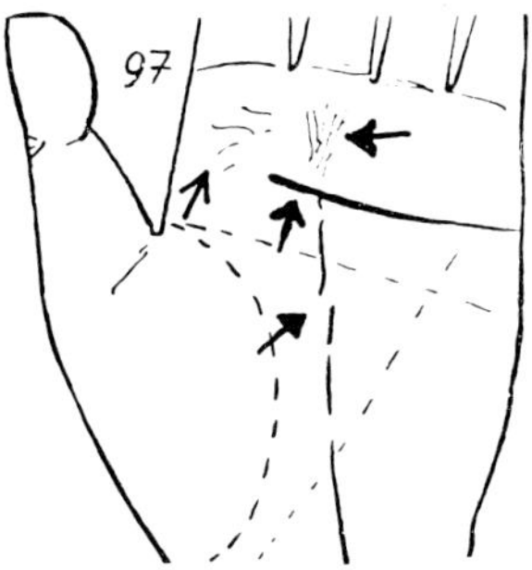

Milzhypertrophie

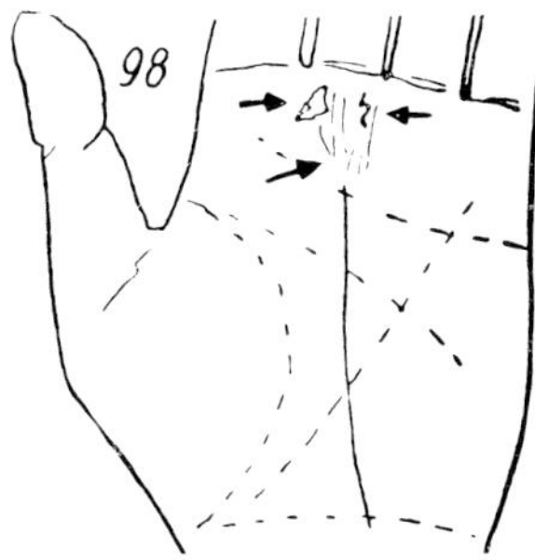

Nervenleiden (allgemein)

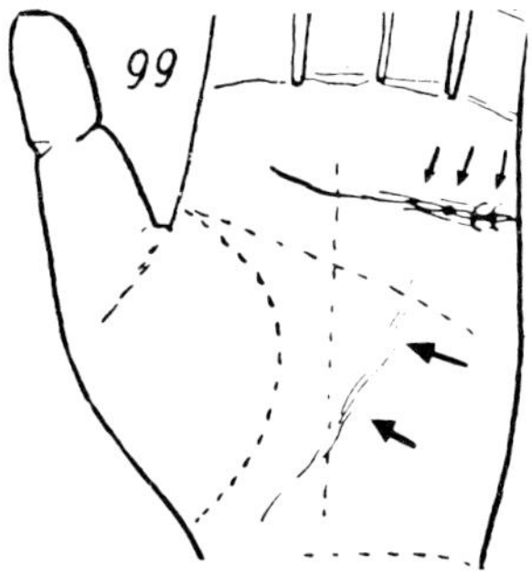

Sexuelle Schwäche

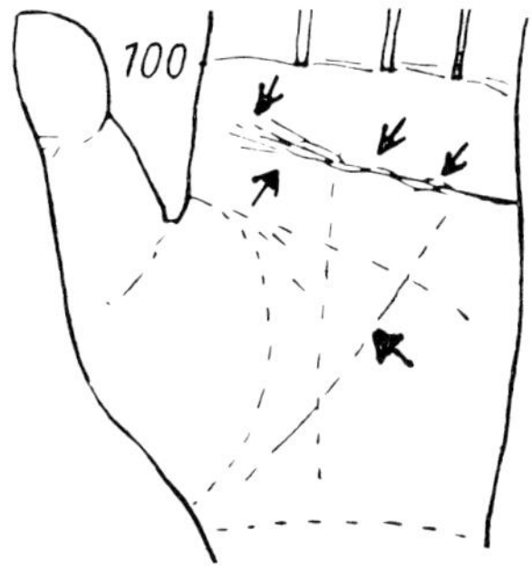

Unterleibschmerzen (Nabelgegend)

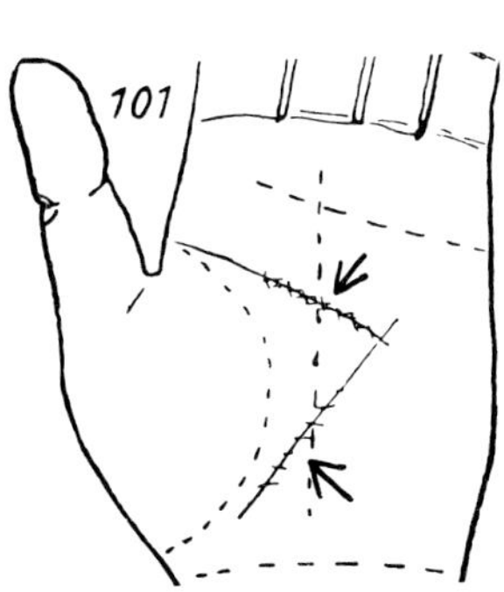

Verdauungsstörungen (allgemein)

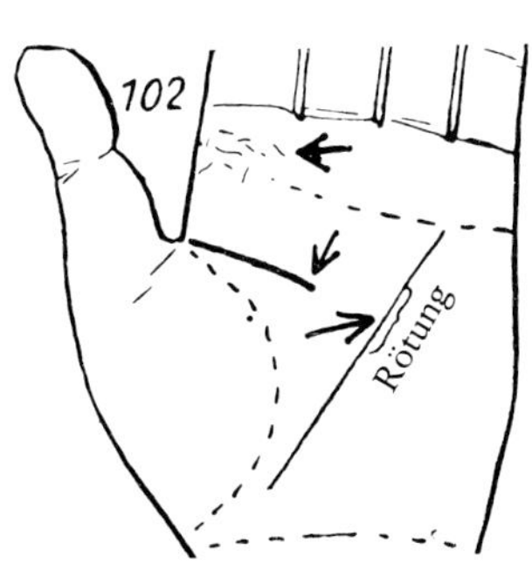

Disposition zu Lungentuberkulose

Bild 38

Ohnmacht und Schwindel in der Jugend, Disposition zu: Gabel am Anfang der Kopflinie. Bild *39/103.*

Triebleben, unterdrückt: Kurzer Venusgürtel: Schwäche im unteren Rückenbereich sowie Verhaltenheit in den Triebkräften. Bild *39/104.*

Gehirnnervenschwäche, vererbt: Insel, die der Magenlinie angehängt ist, unterhalb des kleinen Fingers. Bild *39/105/A.*

Schizophrenie: Große Insel vom Anfang bis über die Mitte der Kopflinie reichend: gestörtes Unterbewußtsein. Bild *39/105/B.*

Prostata- und Uterusbeschwerden, vererbt: Eckige Insel zwischen Zeige- und Mittelfinger. Bild *39/106.*

Seelische Behinderungen, angeboren: Bild *39/107:* A: Die Vorgeburtslinie bedeutet, daß die Mutter während der Schwangerschaft seelische Nöte hatte. Diese Linie erscheint am unteren Drittel der Lebenslinie, innerhalb des Venusberges. Zusammen mit der Vorgeburtslinie auf der Sonnenlinie erscheinende Inseln bedeuten: B: unterhalb der Herzlinie: Hinweis auf Schüchternheit und Erröten, C: oberhalb der Herzlinie: Hinweis auf Lampenfieber vor Prüfungen.

Alkoholismus bei Vorfahr: Zwei Kopflinien. Für den Handeigner selbst bedeutet dies, daß er zeitweise zweierlei Wesenszüge und Verhaltensweisen besitzt, sich wesensfremd ist. Bild *39/108.*

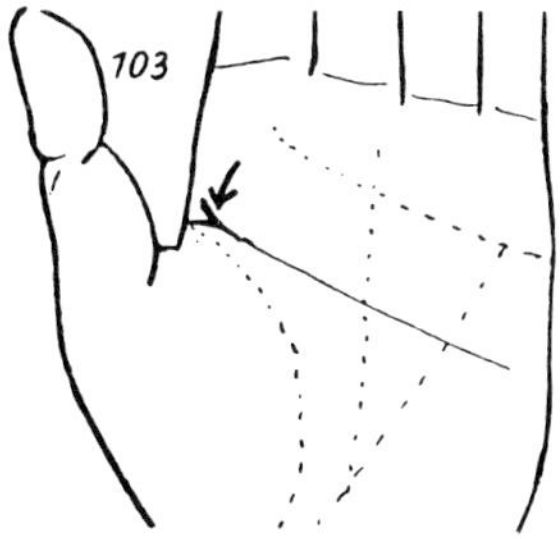

Disposition zu Ohnmacht und Schwindel in der Jugend

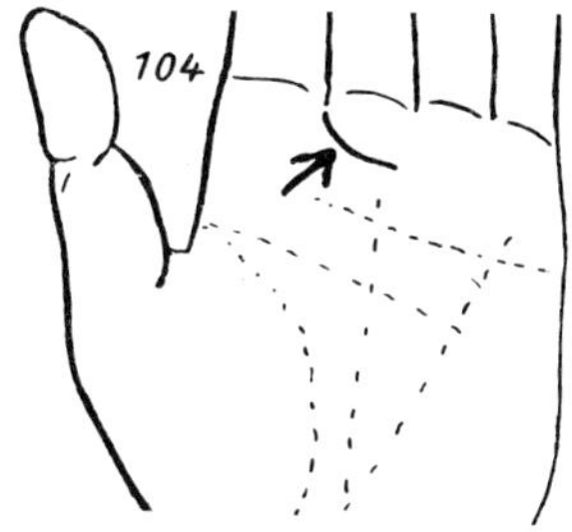

Unterdrücktes sexuelles Triebleben

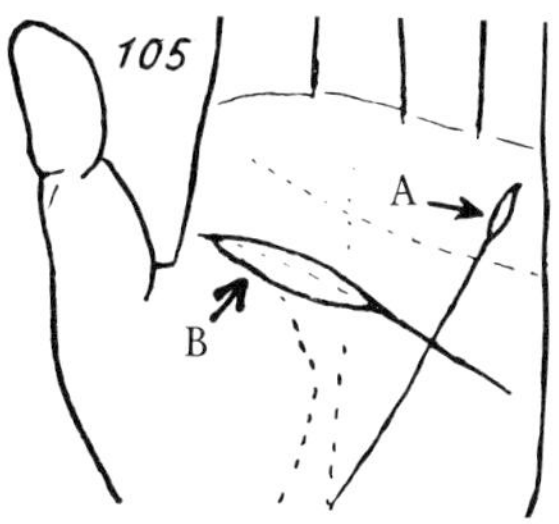

A: Gehirnnervenschwäche (vererbt)
B: Schizophrenie

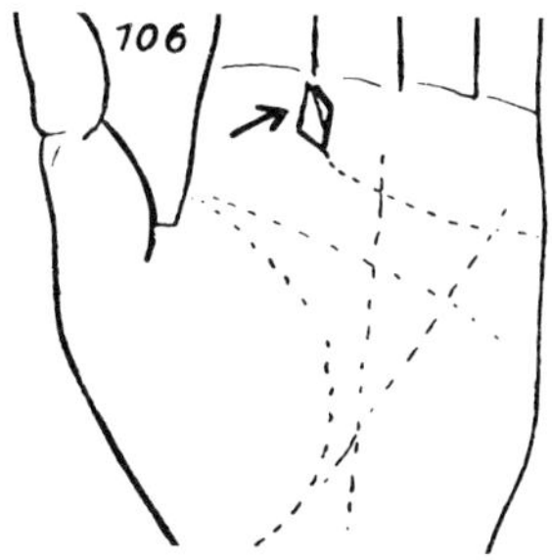

Uterusstörung (vererbt)

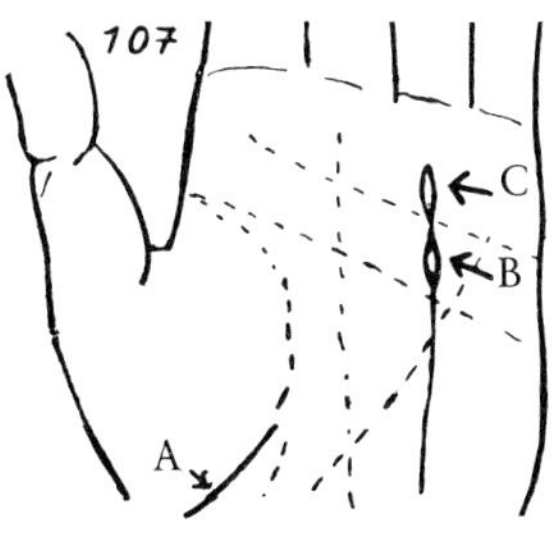

A: Vorgeburtslinie
B: Jugendschüchternheit (Erröten)
C: Lampen- und Bühnenfieber
(B und C als Folge von A)

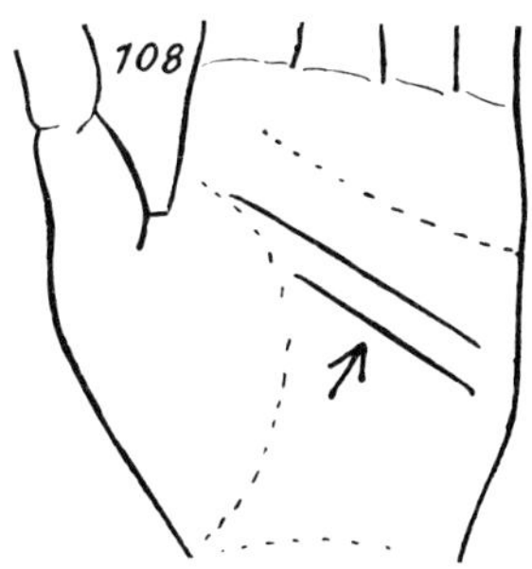

Zwei Kopflinien:
Alkoholismus bei Vorfahr

Bild 39

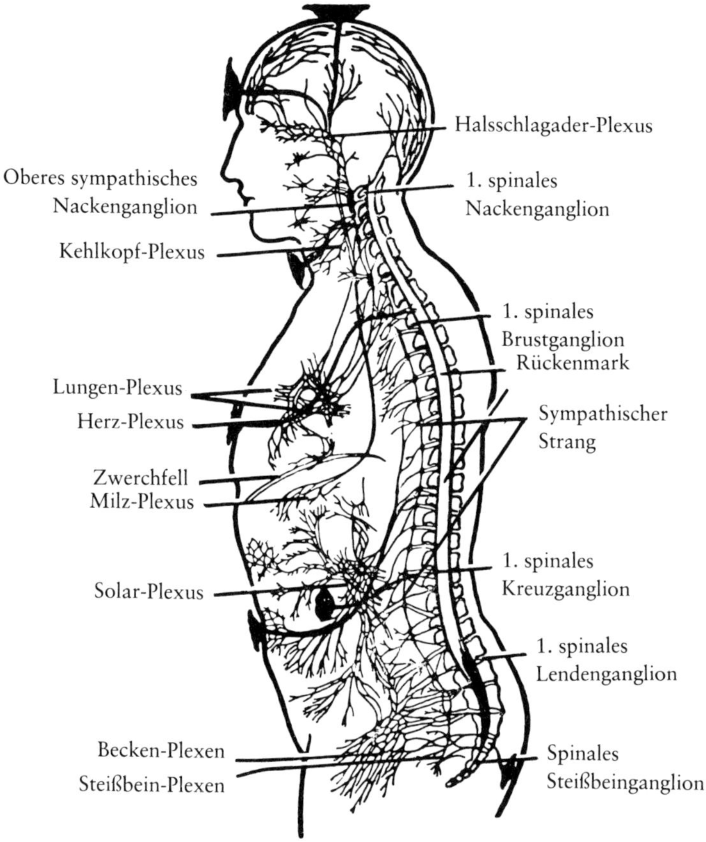
Halsschlagader-Plexus
Oberes sympathisches Nackenganglion
1. spinales Nackenganglion
Kehlkopf-Plexus
1. spinales Brustganglion
Rückenmark
Lungen-Plexus
Herz-Plexus
Sympathischer Strang
Zwerchfell
Milz-Plexus
1. spinales Kreuzganglion
Solar-Plexus
1. spinales Lendenganglion
Becken-Plexen
Steißbein-Plexen
Spinales Steißbeinganglion

Bild 40

Der irdische Mensch
in seiner unerleuchteten Natur
in Sternen und Elementen

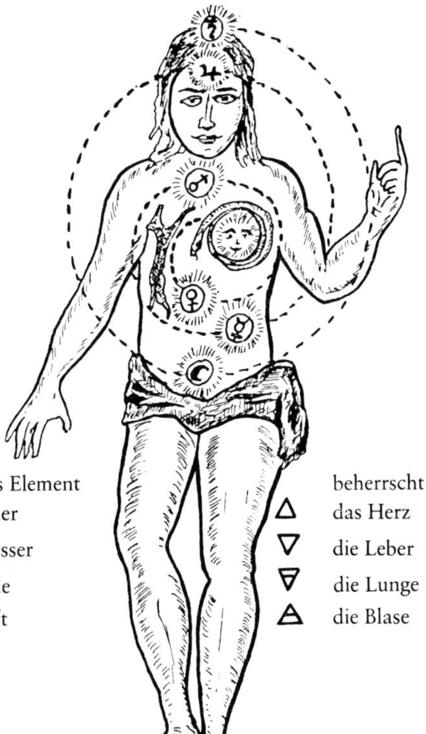

Die Chakras nach Johann Georg Gichtel
(siehe Seite 124)

Bild 41

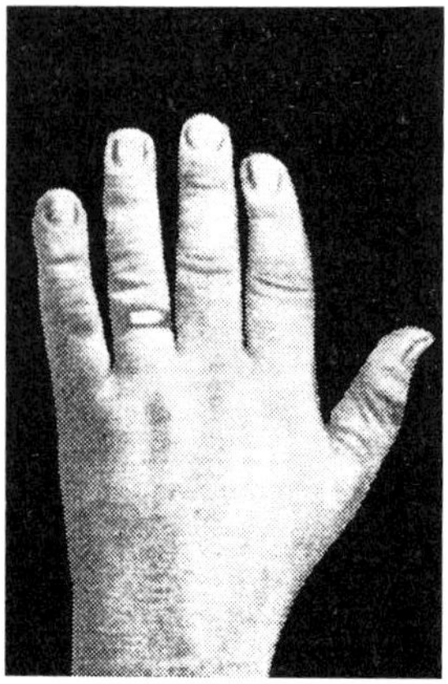

Bild 42 Elementar

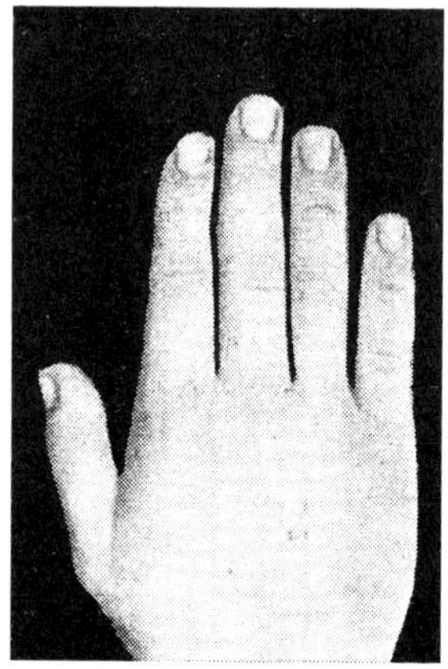

Bild 43 Spatel

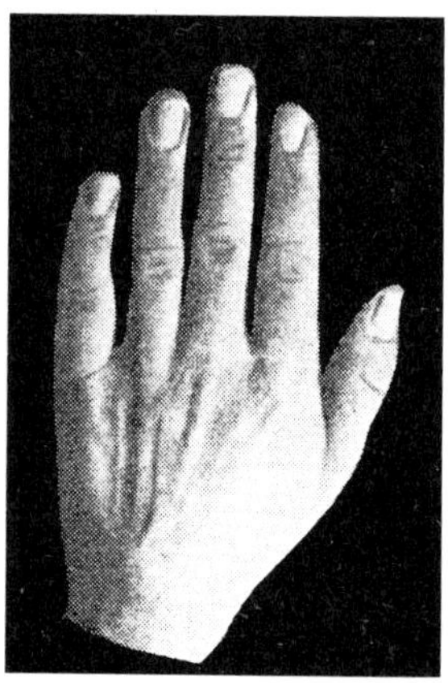

Bild 44 Eckig

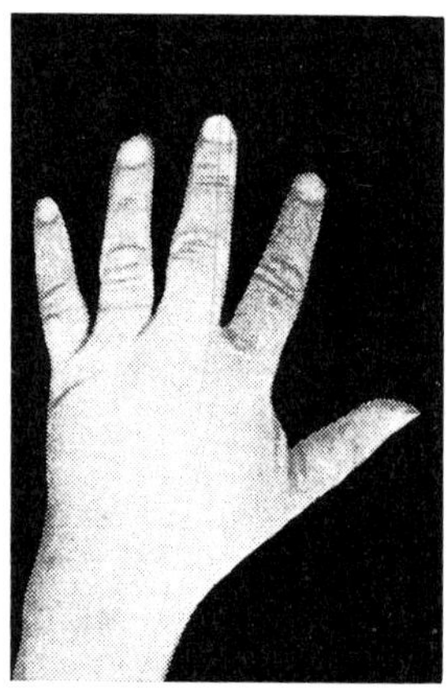

Bild 45 Konisch

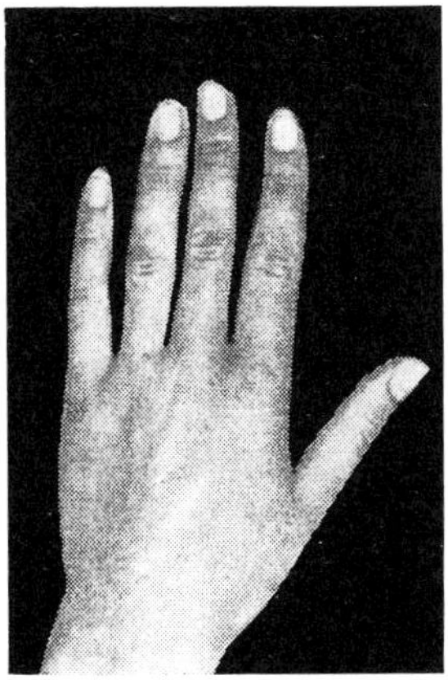

Bild 46 Ideal

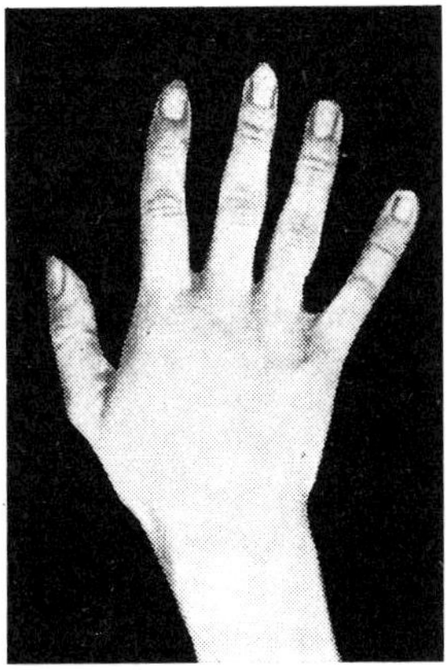

Bild 47 Knotig

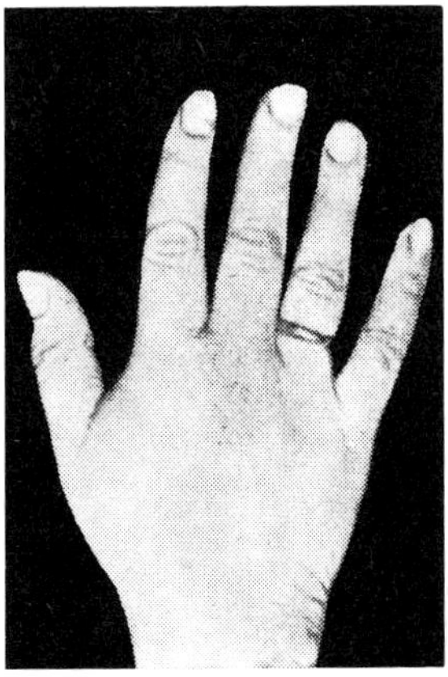

Bild 48 Gemischt

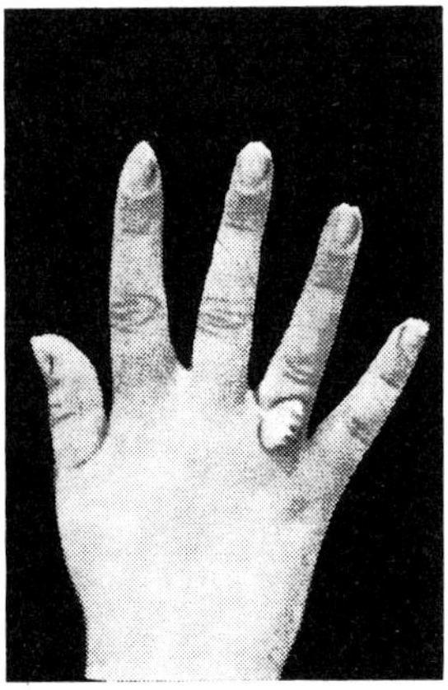

Bild 49 Genießer

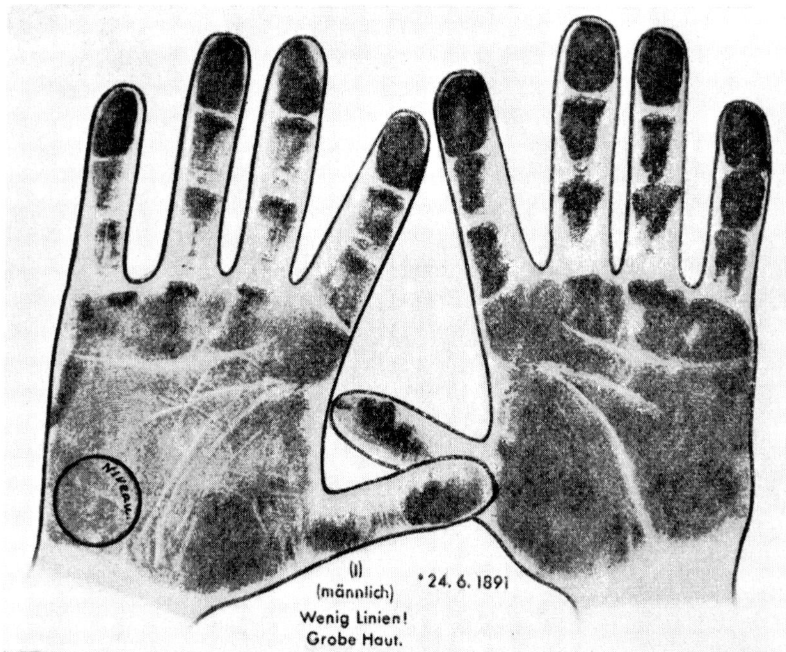

Bild 50 (siehe Seite 155)

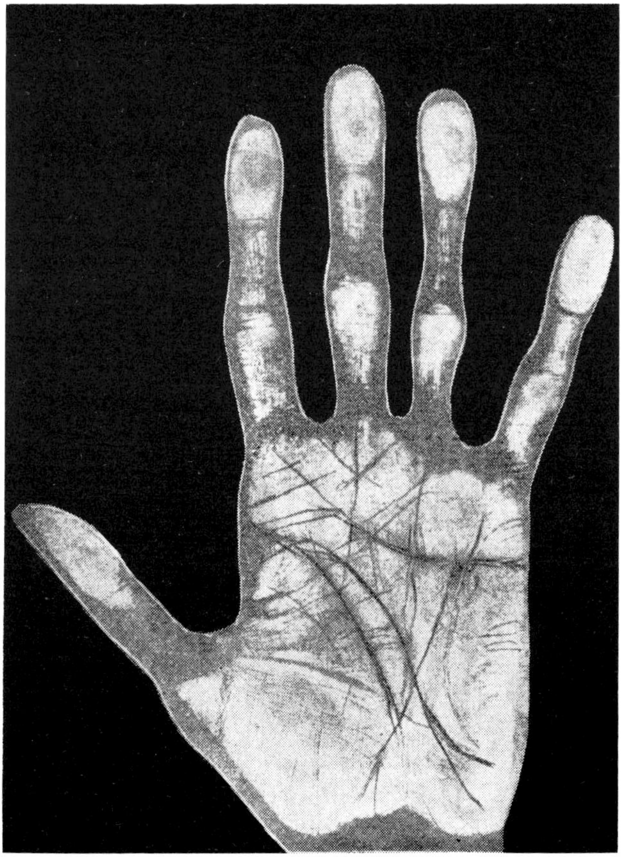

Hand eines Selbstmörders
(typische Kopflinienformation)

Bild 51 (siehe Seiten 155 bis 156)

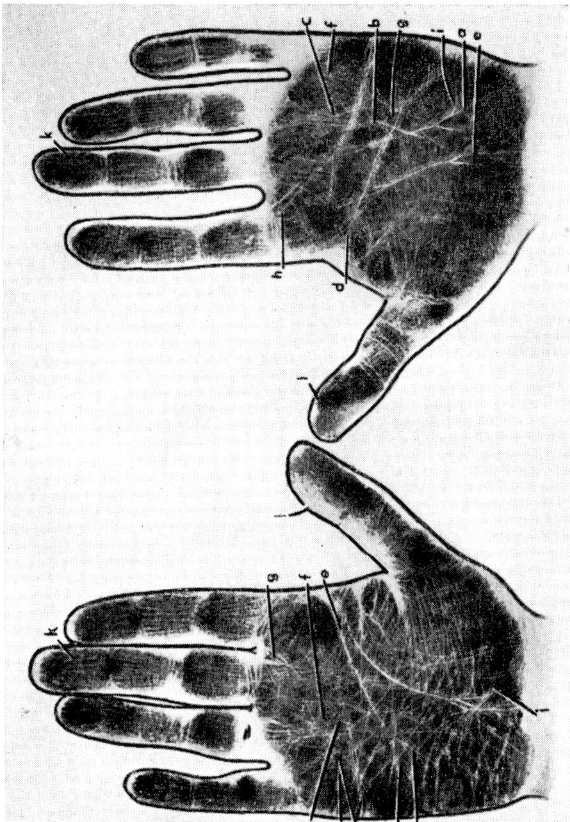

Bild 52 (siehe Seiten 157 bis 159)

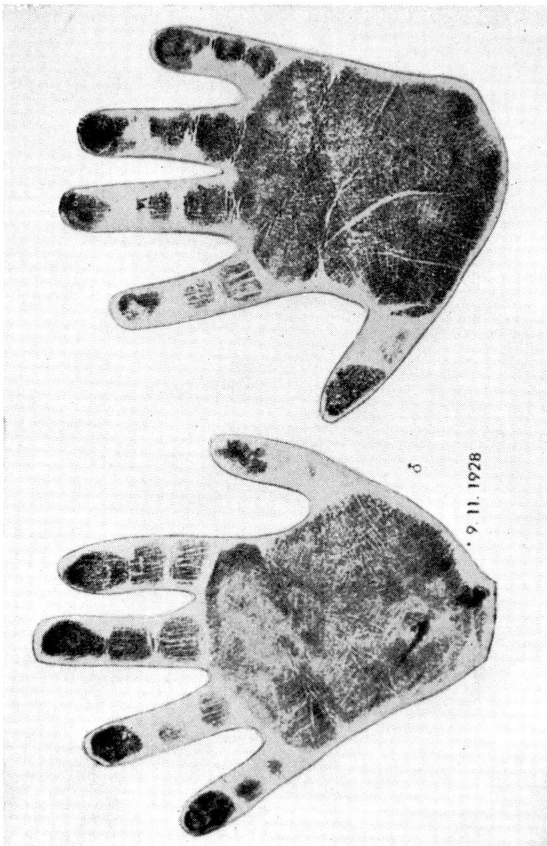

Bild 53 (siehe Seite 160)

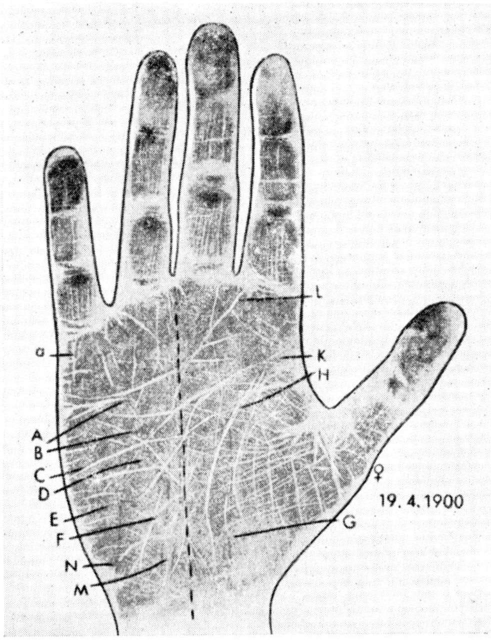

Bild 54 (siehe Seiten 160 bis 162)

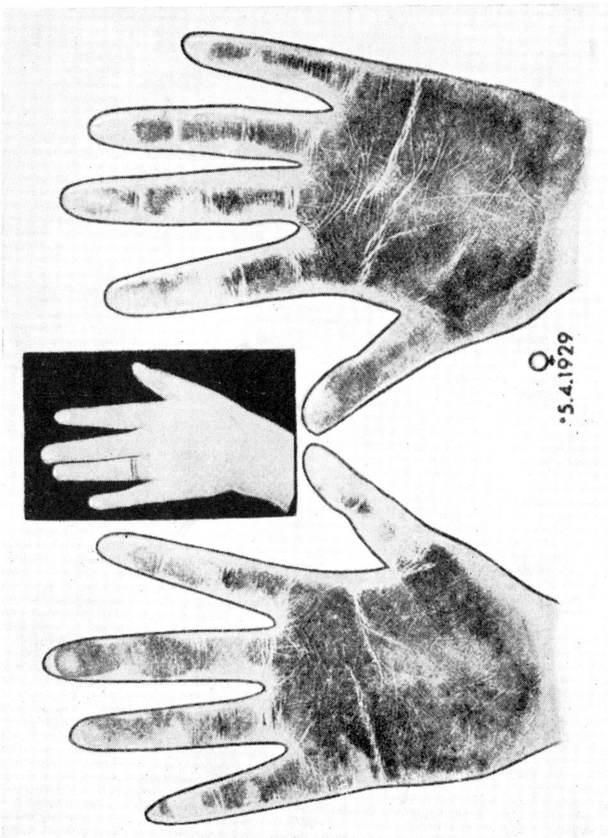

Bild 55 (siehe Seiten 162 bis 164)

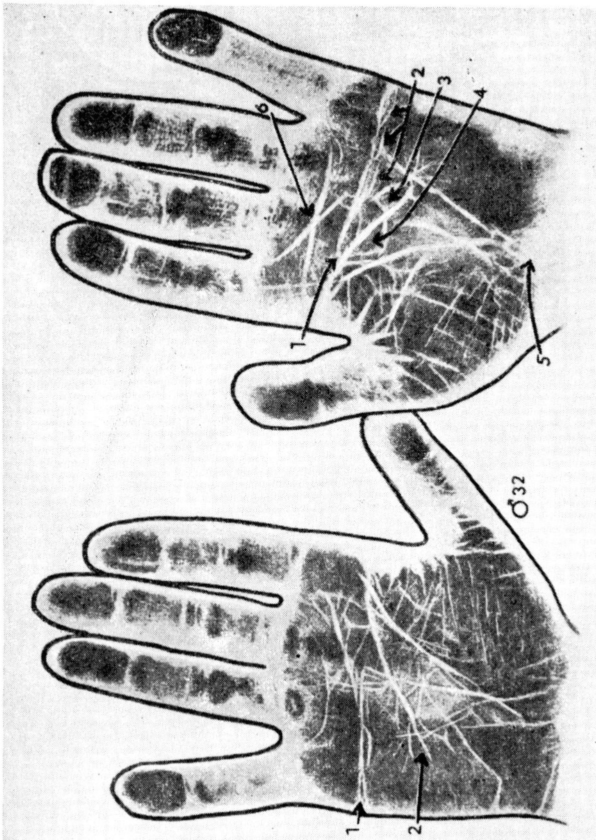

Bild 56 (siehe Seiten 168 bis 169)

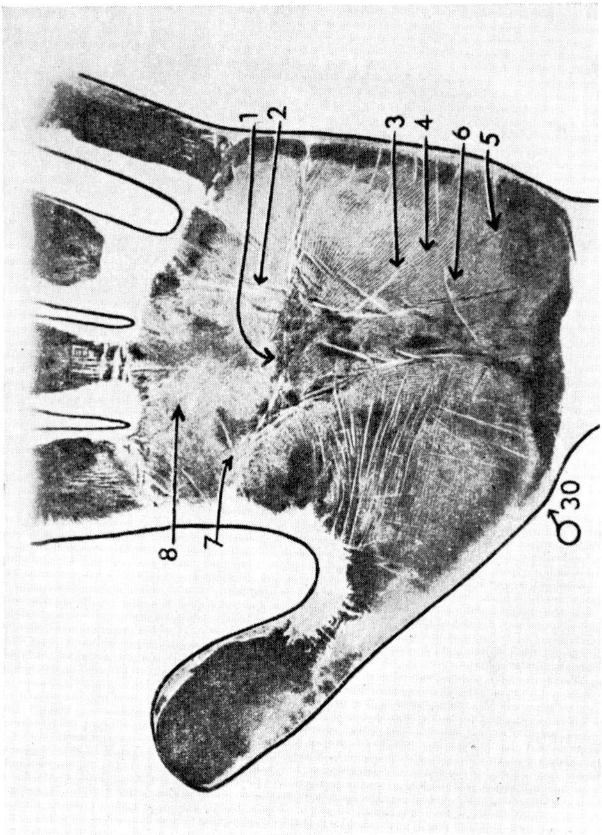

Bild 57 (siehe Seite 169)

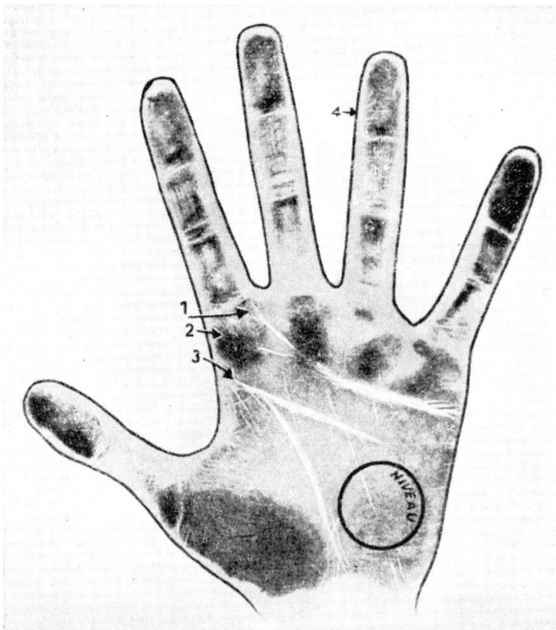

Bild 58 (siehe Seite 170)

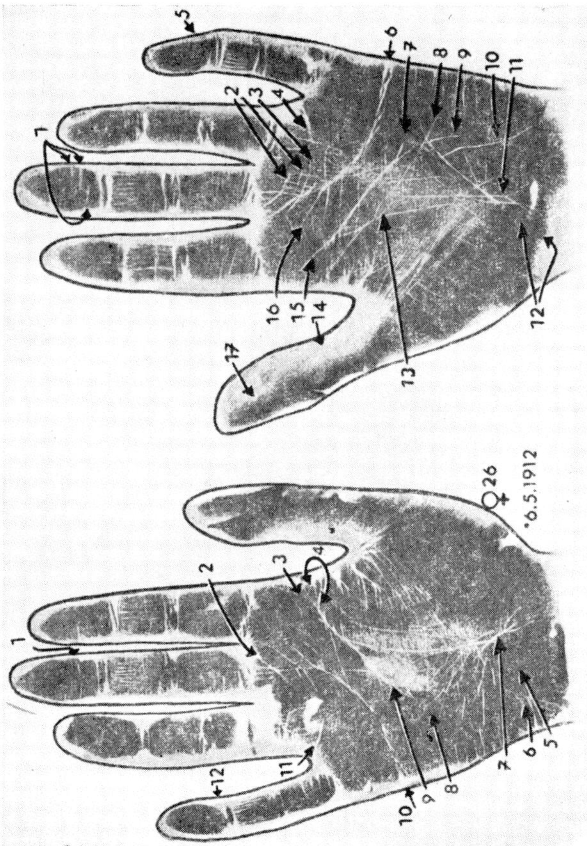

Bild 59 (siehe Seiten 170 bis 171)

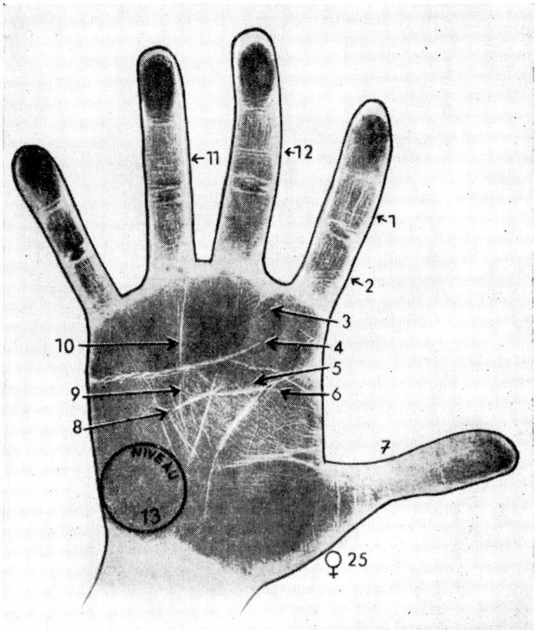

Bild 60 Handabdruck der linken Hand
(siehe Seite 171)

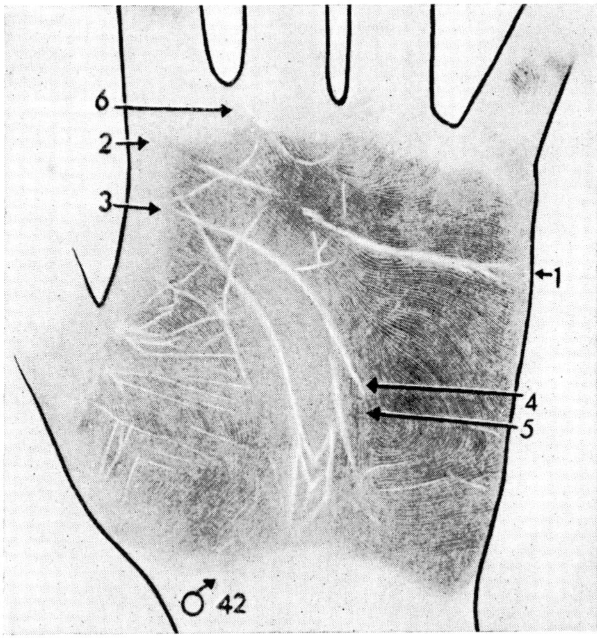

Bild 61 Handabdruck der rechten Hand
(siehe Seiten 171 bis 172)

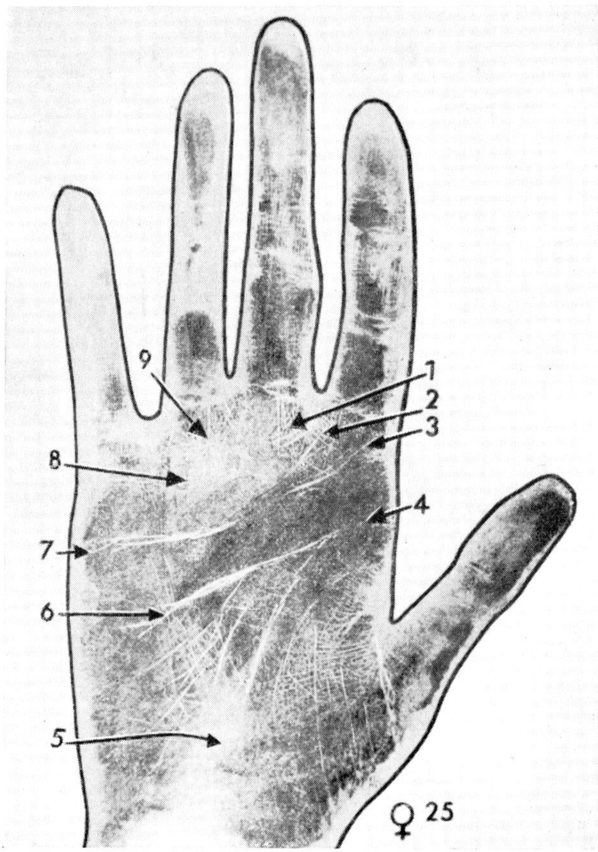

Bild 62 (siehe Seiten 172 bis 173)

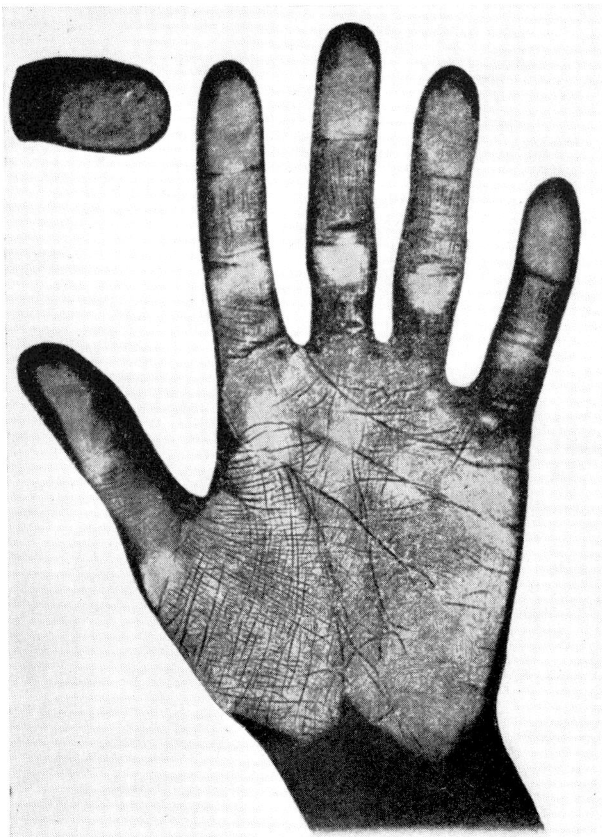

Bild 63 (siehe Seite 173)

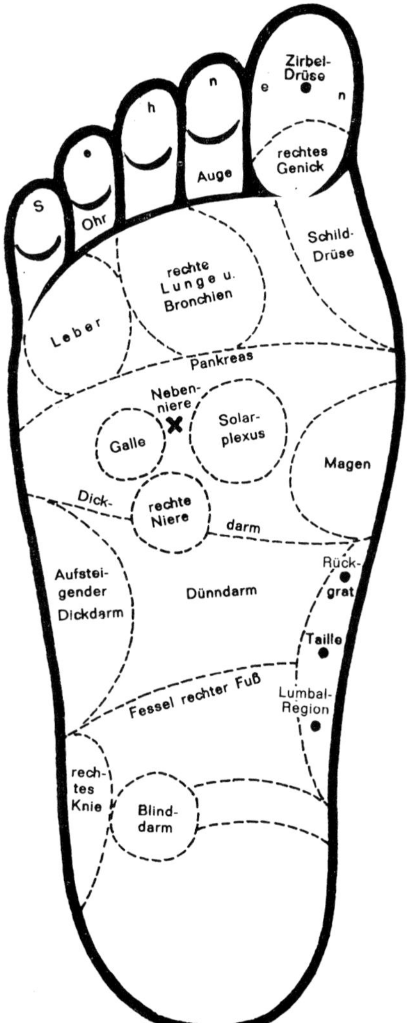
Zirbel-
Drüse
e
n
S
Ohr
h
n
Auge
rechtes
Genick
Schild-
Drüse
rechte
Lunge u.
Bronchien
Leber
Pankreas
Neben-
niere
Solar-
plexus
Galle
Magen
Dick-
rechte
Niere
darm
Rück-
grat
Aufstei-
gender
Dickdarm
Dünndarm
Taille
Fessel rechter Fuß
Lumbal-
Region
rech-
tes
Knie
Blind-
darm

Bild 64

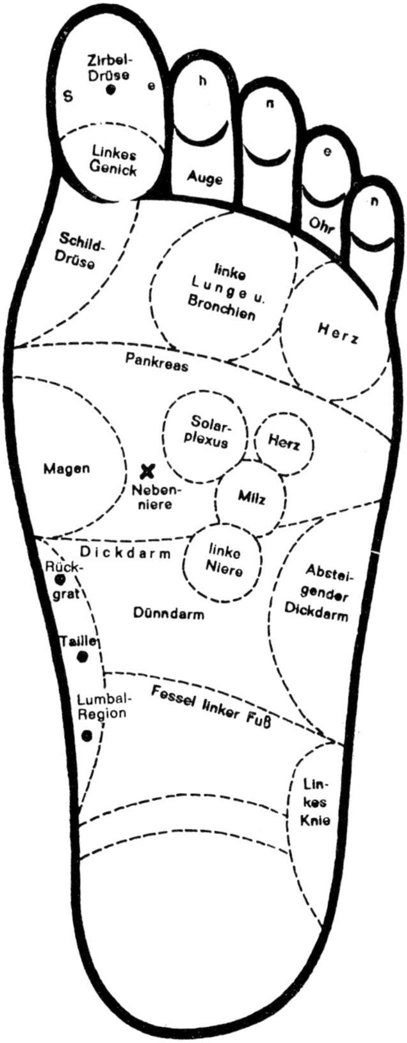

Reflexologie
(nach Dr. W. Fitzgerald, USA)

Verlag Hermann Bauer · Freiburg im Breisgau

Ernst Issberner-Haldane

Die wissenschaftliche Handlesekunst – Chirosophie

Die Weisheitslehre der Hand

13. Auflage, 448 Seiten mit 82 s/w-Abbildungen und 133 Zeichnungen, gebunden

Ernst Issberner-Haldane wurde bereits in seinem zwölften Lebensjahr auf die Handlesekunst aufmerksam gemacht. Von da an vertiefte er sich ganz in dieses Wissensgebiet. Es sollte zu seiner Lebensaufgabe werden. Die interessanten Ergebnisse seiner jahrzehntelangen Forschungen hat er in diesem Buch zusammengefaßt. Sie halten jeder Nachprüfung stand, und ihre Richtigkeit wurde schon unzählige Male bestätigt.
Was nützt die Beherrschung der Handlesekunst? In vielen, auch schwierigen Lebenslagen kann die Handlesekunst eine wertvolle Hilfe sein: sei es zur Prüfung der Berufseignung, bei der Partnerwahl oder in der Medizin, wo die Handlesekunst ein überzeugendes Hilfsmittel bei der Diagnose sein kann. Der Kundige liest Charakter und Schicksal eines Menschen aus den Formen und Linien der Hand wie aus einem offenen Buch. Nichts kann ihm verborgen bleiben. Durch die Kenntnis der Sprache der Hand können Enttäuschungen vermieden und kann dem Glück etwas nachgeholfen werden.
Der beste Weg zu diesem Wissen ist das Studium der Werke von Ernst Issberner-Haldane. Es ist ein vollkommener Lehrgang der Handlesekunst. Der leicht faßliche Inhalt und die vielen aussagekräftigen Abbildungen und Zeichnungen machen es dem Anfänger leicht, sich rasch einzuarbeiten. Der Fortgeschrittene wird manches überraschend Neue darin finden. Keiner aber, der sich ernsthaft mit der Handlesekunst beschäftigen will, wird auf dieses umfassende Standardwerk verzichten können.

Verlag Hermann Bauer · Freiburg im Breisgau